感谢"安徽大学高峰学科科研项目"(项目编号:2010111018)资助!

Government Guarantee and Debt Risk of Urban Investment Platforms

政府担保与融资平台债务风险

陈姗姗 著

图书在版编目(CIP)数据

政府担保与融资平台债务风险/陈姗姗著. —北京:北京大学出版社,2023.10
ISBN 978-7-301-34479-8

Ⅰ. ①政… Ⅱ. ①陈… Ⅲ. ①地方政府—债务管理—风险管理—研究—中国 Ⅳ. ①F812.7

中国国家版本馆 CIP 数据核字(2023)第 184522 号

书　　名	政府担保与融资平台债务风险 ZHENGFU DANBAO YU RONGZI PINGTAI ZHAIWU FENGXIAN
著作责任者	陈姗姗　著
责任编辑	姚文海　张宇溪
标准书号	ISBN 978-7-301-34479-8
出版发行	北京大学出版社
地　　址	北京市海淀区成府路 205 号　100871
网　　址	http://www.pup.cn　新浪微博:@北京大学出版社
电子邮箱	zpup@pup.cn
电　　话	邮购部 010-62752015　发行部 010-62750672　编辑部 021-62071998
印刷者	北京鑫海金澳胶印有限公司
经销者	新华书店
	730 毫米×980 毫米　16 开本　17 印张　261 千字 2023 年 10 月第 1 版　2023 年 10 月第 1 次印刷
定　　价	72.00 元

未经许可,不得以任何方式复制或抄袭本书之部分或全部内容。
版权所有,侵权必究
举报电话:010-62752024　电子邮箱:fd@pup.cn
图书如有印装质量问题,请与出版部联系,电话:010-62756370

前　言

　　2008年全球金融危机后，我国地方政府债务激增。本研究以地方政府融资平台为研究视角，探讨政府担保在我国地方政府债务扩张中的作用机制，从融资平台公司层面、地方政府层面以及中央政策层面说明我国地方政府隐性债务风险的多维成因，在此基础上，为我国地方政府规范化融资以及隐性债务风险化解提出一些建议。本研究按照发现问题—剖析问题—提出解决方案的思路进行撰写。全书共八章，分别如下：第一章，地方政府融资模式概述；第二章，融资平台公司发展背景和历程；第三章，城投债概况；第四章，融资平台信用风险的初步评估；第五章，外部担保与融资平台信用风险；第六章，政府显性担保与融资平台信用风险；第七章，政府隐性担保与融资平台信用风险；第八章，融资平台债务风险防范化解建议。

　　本研究发现，2008年后，融资平台发行的城投债规模呈现爆发式增长。由于融资平台以企业的身份承担政府投融资职能，并与地方政府在股权、资金以及建设任务等方面存在一定的关联，因此城投债也是地方政府隐性债务的重要组成部分。为了防范地方政府债务风险，2014年，国务院公布《关于加强地方政府性债务管理的意见》（国发〔2014〕43号）（下文简称"43号文"）。之后，城投债监管政策也越来越严格。与此同时，融资平台的盈利能力逐年下降，偿债压力逐年上升。然而，融资平台仍然能在市场上持续发债并以较低的成本获得融资。本研究认为，除了财务基本面之外，各种担保措施也可能是影响市场投资主体对城投债信用风险评价的重要因素。对此，本研究尝试从财务信息、外部担保、政府显性担保和政府隐性担保这四个方面逐步对我国城投债价格的决定因素以及信用风险定价模式展开分析。

第一，财务信息对城投债信用风险定价的影响。近年来，融资平台的基本面虽逐渐恶化，但其信用利差却显著低于盈利能力更强的一般企业。本研究发现，在城投债发行时，债券特征、地区经济以及融资平台行政层级等指标对其信用利差的影响较为显著，而资本结构以及盈利能力等财务指标对信用利差的影响相对较弱。

第二，外部担保对城投债信用风险定价的影响。为了防范城投债违约风险，部分条例鼓励融资平台采用外部担保来发挥信用增进的作用。外部担保是一种具有实质担保物或由明确第三方主体承担不可撤销连带担保责任的增信措施。本研究在控制财务信息、地区经济指标后发现，外部担保可以提高债项评级，尤其是对主体信用资质较弱的城投债，且专业担保公司的增信效果最好；但是外部担保并不能降低债券利差，反而预示着更高的信用风险。在2015年之后，采用外部担保的城投债规模增加，但其利差也相对无担保债券更高。这说明城投债融资成本的下降并非是由外部担保造成的。

第三，政府显性担保对城投债信用风险定价的影响。地方政府作为融资平台的第一大股东或实际控制人，一般会在财务上给予融资平台各类资产或资金支持。这一措施也被视为政府的显性担保。具体而言，在利润上，政府补贴能够提高融资平台净利润，但也预示着城投债具有更高的信用风险。在资产上，地方政府可能通过增资的方式帮助融资平台扩大净资产规模，然而这种增量信息对城投债信用利差的影响较弱。

第四，政府隐性担保对城投债信用风险定价的影响。近年来城投债信用利差整体不断走低，一个不容忽视的因素是市场对于政府隐性担保的预期。对此，本研究从投资者预期的角度，在控制财务信息和外部担保后，采用两种方法对城投债的隐性担保预期进行测度，并得到了较为一致的结论。结果表明,该预期使得城投债的信用利差比一般企业债券降低约四成。对于信用评级较低的城投债以及经济欠发达地区的地方融资平台所发行的债券,该预期更强。2014年"43号文"公布后,新增城投债的隐性担保预期出现短暂下降,而存量城投债的隐性担保预期不降反升,尤其是纳入置换计划的存量城投债。本研究进一步探究隐性担保的形成机制,发现一个省发行的置换债券的相对规模是市场对于当地城投债"隐性担保"预期的重要解释因素。另外,该预期也与地方融资平台的财务风险以及地方政府的财政实力正相关。因此,本研究使用隐性担保＝F(财务风险×地方政府财政实力×政府部门潜在的救助意愿)这个函数来概括地表示隐性担保预期的决定因素。

整体而言,在财务基本面逐渐恶化的背景下,评级较低的融资平台可以采用外部担保来提升信用评级,但是也显示了更高的信用风险;在城投债发行前,地方政府可能会提供各类财务支持,但是这些增量信息并不能降低城投债风险。而正是投资者对政府的隐性担保预期使得城投债风险大幅降低。基于上述研究内容,本研究从以下四个方面提出建议:第一,逐渐打破投资者对政府隐性担保的预期,调整城投债定价体系;第二,明晰融资平台产权关系,加快推进地方融资平台的市场化改革、提高自身经营盈利能力和偿债能力,降低对于政府财务支持的依赖;第三,加强金融基础设施建设,提高信息效率;第四,加快新型基础设施建设模式创新和融资工具创新。

本书在写作过程中,作者参考了大量的国内外文献,大多数已经列出,但由于篇幅限制,并未列出全部。在这里,作者对所有相关文献的作者表示感谢。同时,也感谢我的父母、弟弟和弟媳、同济大学钟宁桦教授(我的博导),以及安徽大学经济学院的领导和同事对本书写作的支持。最后,特别感谢北京大学出版社责任编辑提供的大量帮助。

目录

第一章 地方政府融资模式概述 // 001

  1.1 政府融资相关理论和融资渠道 // 001

    1.1.1 公共产品理论 // 001

    1.1.2 公债理论 // 004

    1.1.3 政府融资渠道 // 011

  1.2 我国地方政府融资平台模式 // 014

    1.2.1 融资平台的定义 // 014

    1.2.2 融资平台的类型 // 016

    1.2.3 运作模式 // 021

    1.2.4 案例分析 // 024

第二章 融资平台公司发展背景和历程 // 028

  2.1 制度背景 // 028

    2.1.1 分税制改革 // 028

    2.1.2 转移支付制度 // 032

    2.1.3 经济增长目标 // 033

    2.1.4 土地的财富效应 // 034

  2.2 发展历程 // 037

2.2.1　萌芽阶段（1978—1994 年）// 037

　　2.2.2　推广阶段（1994—2008 年）// 038

　　2.2.3　增长阶段（2008—2010 年）// 039

　　2.2.4　规范阶段（2010—2013 年）// 040

　　2.2.5　治理阶段（2014 年至今）// 042

2.3　市场影响 // 045

　　2.3.1　正向作用 // 045

　　2.3.2　不足之处 // 046

　　2.3.3　潜在风险 // 054

2.4　本章小结 // 058

第三章　城投债概况 // 060

3.1　城投债规模和风险 // 060

　　3.1.1　发行规模 // 060

　　3.1.2　偿债风险 // 063

3.2　理论分析 // 068

　　3.2.1　财政分权 // 068

　　3.2.2　预算软约束 // 069

　　3.2.3　委托代理 // 071

　　3.2.4　官员晋升 // 074

　　3.2.5　政府担保 // 075

3.3　信用风险评估思路 // 078

　　3.3.1　潜在影响因素 // 078

　　3.3.2　研究思路 // 081

第四章　融资平台信用风险的初步评估 // 082

4.1　理论分析 // 082

4.2　相关文献 // 087

  4.2.1 国外市场相关文献 // 087

  4.2.2 国内市场相关文献 // 089

 4.3 模型设计与数据说明 // 091

  4.3.1 模型设计 // 091

  4.3.2 数据说明 // 093

 4.4 财务信息对城投债定价影响的实证分析 // 096

  4.4.1 财务信息对城投债信用利差的影响 // 096

  4.4.2 异质性分析 // 098

 4.5 本章小结 // 101

第五章 外部担保与融资平台信用风险 // 102

 5.1 理论分析 // 102

 5.2 制度背景 // 106

  5.2.1 外部担保方式 // 106

  5.2.2 融资平台增信方式演变 // 108

  5.2.3 研究假设 // 110

 5.3 数据说明 // 111

 5.4 实证分析 // 113

  5.4.1 外部担保对发行评级的影响 // 113

  5.4.2 外部担保对城投债信用利差的影响 // 119

 5.5 本章小结 // 128

第六章 政府显性担保与融资平台信用风险 // 129

 6.1 理论分析 // 129

 6.2 研究背景 // 131

  6.2.1 政府显性担保的表现形式 // 131

  6.2.2 政府显性担保的案例分析 // 133

 6.3 数据说明 // 137

6.4 实证分析 // 138
    6.4.1 政府显性担保的表现 // 138
    6.4.2 政府显性担保对城投债定价的影响 // 142
    6.4.3 稳健性检验 // 150

6.5 潜在风险 // 155

6.6 本章小结 // 156

第七章 政府隐性担保与融资平台信用风险 // 157

7.1 理论分析 // 157

7.2 研究背景 // 163
    7.2.1 政府隐性担保带来的风险 // 163
    7.2.2 隐性担保预期的形成机制 // 166
    7.2.3 假说提出 // 168

7.3 数据说明与描述性统计 // 169
    7.3.1 数据来源 // 169
    7.3.2 模型设定 // 169
    7.3.3 变量说明 // 171

7.4 隐性担保预期的测度与分布 // 173
    7.4.1 隐性担保预期的估计 // 173
    7.4.2 隐性担保预期的分布特征 // 182

7.5 债务置换计划的政策效果 // 185

7.6 隐性担保预期的形成机制分析 // 204
    7.6.1 隐性担保预期的影响因素 // 204
    7.6.2 稳健性检验 // 210
    7.6.3 隐性担保预期的形成机制总结 // 214

7.7 本章小结 // 215

第八章　融资平台债务风险防范化解建议 // 218
  8.1　融资平台债务风险总结 // 218
  8.2　融资平台风险防范化解建议 // 221
    8.2.1　打破隐性担保预期 // 221
    8.2.2　加快融资平台转型 // 222
    8.2.3　加强金融基础设施建设 // 227
    8.2.4　创新基建模式和融资工具 // 234
  8.3　研究意义 // 238
    8.3.1　理论意义 // 238
    8.3.2　现实意义 // 242
  8.4　创新点与研究展望 // 243
    8.4.1　创新点 // 243
    8.4.2　研究展望 // 244

参考文献 // 246

附录 // 259

第一章
地方政府融资模式概述

在现代市场经济下，政府举债已成为调控经济的重要方式之一。这也是经济体中融资制度和金融市场发展成熟的重要标志之一。政府举债的目的主要是满足地方政府建设基础设施、提供公共产品的资金需求。地方政府举借的债务通常指，地方政府作为债务人，向债权人按照合同约定承担相应的义务。具体来说，地方政府债务主要包含三种类型：其一是地方政府通过信用手段取得的收入，包括由其担保的部分债务；其二是地方政府的某些欠款，如事业单位拖欠的职工工资等应付而未付款项；其三是地方政府所有部门的债务、隶属机构的债务和下级地方政府的各种债务。为了更深入地了解政府举债的理论基础，本章接下来围绕政府融资的理论范畴、举债目的、融资渠道等方面展开分析。

1.1 政府融资相关理论和融资渠道

1.1.1 公共产品理论

关于公共产品的经典定义是由萨缪尔森提出的，即"每个人对它的消费并不会减少其他人对该产品消费量的产品"。公共产品的四大典型特征是，消费或生产具有非排他性（non-excludability）、非竞争性（non-rivalness）、不可分割性（indivisibility）和非营利性（non-profit）。这也是界定某种产品或服务是否属于公共产品的重要依据。具体而言：（1）非排他性指一部分人消费公共产品时并不影响或妨碍其他人对公共产品的消费；（2）非竞争性指生产成本并不会随着消费者数量的增长而增加，即对于既定数量的公共产品，消费者增量的边际成本为零；（3）不可分割性指公共产品面向全社会，具有同受益、同消费的特点，其效益也为整体社会成员共同享有；（4）非营利性指公共产品的生产目标是社会福利和整体效益最大化，而非利润最大化。在这四种特性中，非排他性和非竞争性是公共产品的核心特征。

1. "搭便车"行为与公共产品供给

随着公共产品相关研究的深入，学者们发现"搭便车"（free rider）行为的出现会阻碍市场提供公共产品的自发性和有效性。此时，政府部门适当介入公共产品市场的供给，既可以有效弥补私人市场的不足，也可以兼顾当地居民的偏好，更符合帕累托最优原则[①]。但在政府通过举债的方式提供公共产品的过程中，也伴随着过度举债以及建设效率低下等问题。

2. 代际公平与公共产品供给

在公共产品领域，存在一类特殊产品，其生产周期很长，从而使得它们投入使用或者发挥作用的时间通常在项目完成很长一段时间后，甚至这种作用或影响会横跨几代人的生命周期，即投资人和受益人存在跨时空的利益关系。这类公共产品被称为"代际公共产品"。典型的代际公共产品有教育事业、港口和机场等大型基础设施。

代际公共产品投资时最大的障碍在于跨期协调不便以及由此产生的投资收益不匹配问题。对于地方政府而言，针对居民生活所缺乏的物质基础或条件进行公共投资建设是提高居民生活水平的重要方式，也是其应尽职

---

① 帕累托最优（Pareto optimality）指资源分配的一种理想状态，假定固有的一群人和可分配的资源，从一种分配状态到另一种状态的变化中，在没有使任何人境况变坏的前提下，使得至少一个人变得更好，这就是帕累托改进或帕累托最优化。

责。对于这些代际公共产品的建设,如果由当代人直接投资或者由政府强行督促当代人集体投资,可能会面临收益不足,占用过多社会、环境等资源,甚至产生损害后代人利益的行为。此外,这些大型公共投资工程往往需要大量的前期投资且建设周期长,当代人未必来得及使用或享受,但是后代却可以无偿使用,这就进一步降低了当代人的幸福感和公平感。

此时,如果由政府部门来充当双方代理人的角色,不失为调和代际矛盾的较好方式。具体而言,政府先发行公债为代际公共产品建设进行融资,在债券契约到期后偿还本息。对于这类债券,民众自愿购买,从而享受公共投资带来的资本收益,并尽可能降低基础设施建设中的代际分配不公问题。因此,政府发债融资对于解决代际分配问题是一种非常重要的方式。

3. 政府干预与公共产品供给

凯恩斯(2017)政府干预理论是政府提供公共产品的理论基础。凯恩斯理论产生于 20 世纪 30 年代世界经济大萧条期间。此次经济危机表现为产能过剩和居民大量失业。他认为,经济危机产生的根本原因是资本家对投资前景不看好而减少投资,因此经济的恢复重点应该在于,提振市场参与主体的消费信心和投资信心,提高有效需求。而这只有国家进行干预和调节才可能实现。

为解决投资和就业问题,凯恩斯从三个层面提出经济复苏政策:(1)在财政层面,扩大政府支出,增加国家投资和消费,允许政府部门发行公债和出现财政赤字。比如,政府投资公共事业,承担社会福利责任,对特困人群实行救济,对私人企业提供贷款等。(2)在货币层面,压低贷款利息率以鼓励投资,同时实行通货膨胀政策以压低实际工资、提高企业利润。这是因为,通货膨胀既能影响利息率从而刺激投资,又能降低工人实际工资提高利润率,且极具隐蔽性,不易被工人察觉。(3)在外贸层面,扩大商品输出和资本输出,保持贸易顺差,进一步增加并刺激国内投资,为国内过剩商品找到新的销售渠道、扩大有效需求并增加就业率的同时,也为过剩资本寻到投资场所,增加了资本回报率。

凯恩斯用有效需求不足的理论替代了新古典经济学市场自动均衡假

设，重视制度性因素和未来不确定性对经济行为的影响，并认为失业和经济危机的出现具有必然性。凯恩斯认为市场需要政府参与经济运行，发挥宏观调控作用，但同时也强调政府干预经济时尽量不直接参与资源配置，即便参与也要用市场的手段进行，避免行政手段直接干预。面对市场失灵，国家应通过货币政策和财政政策来调控商业周期，增加投资和消费，稳定经济增长。凯恩斯主义理论强调了政府举债融资进行公共产品投资在促进经济增长中的重要作用，其理论体系和政策方法为世界各国政府进行公共产品融资奠定了牢固基础。

1.1.2 公债理论

公债，通常是指一个国家的政府部门举借的债务。按照举借主体进行划分，由中央政府举借的债务被称为"国债"，而由地方政府举借的债务被称为"地方债务"。本书在研究地方政府债务风险时，既考虑到公债都可能引致的问题，也考虑了不同层级政府部门举债可能形成的差异。因此，在梳理地方政府债务的理论基础时，兼顾了国家公债和地方政府债务的不同。

20 世纪 30 年代后，公债理论得到了深入的发展，总体可以划分为四个阶段（孙玉栋、孟凡达，2019）。第一阶段是 30 年代以前，以古典经济学的自由主义基础上的"公债有害论"为主；第二阶段是 30 年代至 60 年代末，以凯恩斯主义的政府干预基础上的"公债扩张理论"为主；第三阶段是 70 年代至 80 年代中期，以新古典宏观经济学派、公共选择学派以及供给学派的"公债中性论"为主；第四阶段是 80 年代中期至 20 世纪末，主要围绕凯恩斯主义对公债中性论的反驳以及公债的财富跨期分配效应等问题。本节将不同学派以及不同公债理论下的关注点和核心内容总结如下。

1. 新古典经济学——巴罗-李嘉图等价定理

李嘉图等价定理的思想可以简要表述为，在特定条件下，如完备的资本市场、一次总付税、代际利他和理性人等假设情形，当公众意识到当期政府举债只是减少了当期的征税额度,未来将通过增加税收的方式偿还债务时,居民可能会增加储蓄以应对将来纳税增加的风险(李嘉图,2014)。20世纪70年代,布坎南首次对这一观点进行总结并提出"李嘉图等价定理"。李嘉图的观点受到当时自由竞争观点的约束,即政府不应该干预市场进行生产性资本的投入。在国家非生产性前提下,李嘉图提及的政府举债针对的是纯粹消费性的政府支出而非生产性的资本投入,那么为了筹集纯粹消费性的支出资金,不管是征税还是借债,都会导致民间可用于生产性支出的资本减少,转变为不提供任何利润和利息收入的非生产性消耗。在理性人假设及博弈结果可预期的假设下,债务融资不过是当期税收的延后。李嘉图等价定理中涉及的公债并不涵盖外债,从而推出债务利息支付仅是国民收入的内部转移,并不影响社会财富总量。

巴罗(Barro,1974)等人在李嘉图等价定理的基础上,纳入无限生命周期模型,扩大了理论的解释范围。在原有的理性人假设条件下,对于周期较长的公债,其债务举借主体和偿付主体可能并不是同一代人,甚至可能跨越两代人以上。巴罗假定人们普遍具有"利他性",即在举债时,当代人考虑到后代人的税负可能会加重,进而增加储蓄,为后代人提供足以应对税负增长的遗产。这一理论也称为"巴罗-李嘉图等价理论"。

20世纪30年代经济大萧条发生后,凯恩斯主义逐步兴起。政府支出中生产性投资占比不断扩大,实践检验了政府进行生产性投入对经济的拉动作用。但该理论对70年代出现的滞胀现象解释较为乏力,从而引发了新一轮反思,其中包括巴罗-李嘉图等价理论涉及的针对传统凯恩斯主义发行赤字国债以支持减税、扩大消费需求的政策主张。随着政府职能转变,以公债为资金来源的公共投资用于非生产性消费的占比越来越低。由于假设条件过于严苛,该理论的实用性存在争议。但是该理论在比较政府举债和征税两种筹资方式带来的赤字预期变化对储蓄行为的影响方面有一定适用性。

巴罗-李嘉图等价理论还对挤出效用做出了有益补充。在不考虑公债引发未来税收预期变化的前提下,赤字扩大将导致弥补赤字的公债发行量增加，导致实际利率上升，从而挤出部分私人投资。这种挤出效应并不适用于经济衰退期，因为经济衰退将引起货币需求的下降，导致利率下行，衰退期货币当局也倾向于宽松的货币政策。

2. 新古典综合学派——萨缪尔森的公债理论

萨缪尔森（萨缪尔森、诺德豪斯，2004）是最早将凯恩斯观点应用于政府政策的经济学家之一，也是凯恩斯主义的代表人物。其理论强调的内容如下：

公共债务与私人债务的区别。萨缪尔森主要从债务负担的角度进行区分，认为公债确实存在一定实质性负担，但这种负担并不影响政府灵活运用公债政策进行宏观调控。对于公债的风险、债务负担的评价应该与私人债务有所区别。

内债与外债的区别。萨缪尔森认为本国政府向国际举借的外部债务才是一个国家的真正债务负担，会导致公民可支配资源净减少。而针对国内居民所筹借形成的内部债务，其负担实质不同。根据巴罗-李嘉图等价定理，内部债务只是财富在民众内部的再分配。但萨缪尔森进一步指出，由于债务资金的利用效率、资本替代等因素变动，导致储蓄、投资等经济行为的扭曲并未对经济增长产生影响，这种负担应该引起重视。另外，由于财富再分配可能引起公平问题，能否妥善处理非常关键，处置不当可能引致新的风险。

公债会减少社会资本存量。萨缪尔森认为公债会引起资本替代效应。资本替代效应不同于财政赤字引起的挤出效应。假设人们持有的资产可以划分为政府债券与住房等资产及公司股票等金融资产，其中公司股票代表对私人资本存量的所有权。资本替代效应中公债可能取代的是一国私人资本存量的所有权。在资本总量既定的情况下，人们增加公债持有量必然会减少私人资本的形成，因而公债替代了一部分私人资本。但公债增加引发利率上升，意味着私人借贷成本增加。从撬动私人储蓄来看，高利率可能增加人们将银行存款等低利率的储蓄行为转化为企业债券、股票等风险相对较高的资产的可能。但是，这种替代效应的大小取决于本国居民及外国居民的储蓄能力，难以准确估算。此外，公众对债务的恐慌情绪可能造成更多负面的预期，而预期债务增加将引致实际利率的上升，可能加剧公债对私人资本的挤出。萨缪尔森发现，当名义利率小于名义 GNP 增长率时，公债与 GNP 的比率最终会趋向于零。

3. 公共选择学派——布坎南的公债理论

布坎南思想起源于对公债的研究，其核心的学术思想包括两方面内容，其一是拥护自由市场经济，二是支持公共选择学派（布坎南、马斯格雷夫，2000）。关于公债的论述主要集中在以下几方面：

公债负担。在比较公债筹资与税收筹资引致的债务负担差异后，布坎南从行为扭曲角度反驳了"转移观点"，即国内公债仅是财富的再分配，尤其是纳税人和债权人重合时，公债并未引起私人效用的减少。但前提是，公债发行后政府不会通过增加税收的方式偿还债务。布坎南通过比较公债与私债的还款结构发现，公债的利息支出如果以税收增加而实现，则加重了纳税人包括债券持有者的负担。

此外，征税与举债之间的根本区别在于，公债利息偿付与税收增加会导致公债负担变化。具体而言，征税是在财政支出发生时加重人们的负担，举债是在财政支出发生后通过增加税收将负担转嫁给纳税人，同时债权人取得利息会增加消费，纳税人则因税负增加而减少了消费。征税与举债在负担上的区别不仅是时序上的，也存在于债务负担的分布上。最后，由于纳税人寿命有限，举债引起的纳税负担有相当一部分将转移给下一代，因而很少出现债权人与纳税人利益相一致的情形。当财富下降或币值上升时，未来纳税人的债务负担将加重，且未来纳税人可能要承受政府给债券持有者支付利息时产生的不能补偿的负担。该观点支持了战争等突发事件、高福利财政引致的举债现象，但也印证了政府为基础设施建设进行举债的合理性。

虚假债务问题。布坎南根据债务持有者的不同将公债划分为"实际公债"和"虚假债务"两部分。实际公债是指向个人或集团发行的债务，牺牲了当期的购买力或流动性。虚假债务是指政府从中央银行及商业银行举借的债务。因为中央政府具有货币创造的法定职权，而政府从银行的借款是以货币创造的形式而实现的，因此政府购买力的增加并不会挤出私人部门的购买力，也被称为"隐蔽的货币制造"。这种债务区分方式有助于理解不同经济形势下公债政策的选择问题。如，在充分就业状态下，政府应该以实际公债的形式为将来能够获得长期收益的政府支出而筹资，从而稳定币值与物价水平。而在大量失业与产能过剩的萧条状态下，应采用银行借款的形式举债，增加货币供给。在实际操作中，向商业银行举债是否会带来货币创造还受到央行货币政策的影响。

债务的公平性。债务的公平性是指举债主体与纳税人是否一致，公债应该用于长期公共投资，本息偿付也应该控制在投资项目投入使用的期间内。布坎南还区分了实质性清偿与"借新还旧"式偿债的差异，前者是财富在不同代际纳税人之间的净转移。由于偿债的纳税人对于政府举债行为并没有多少直接责任，也因此没必要将自己的可支配收入转移给享受债务提供服务的下一代。由于偿债主体与享受服务主体的错位，因此过去的债务未必应该当期偿还。公债的本息偿付压力可以通过公债管理来逐步减轻，比如通过温和的通胀、经济增长以及债务市场操作等途径实现。

此外，债务融资比税收融资更容易助长政府规模扩张。税收决策迫使政府面临当期的成本压力，而债务决策则将债务成本后移，弱化了实际成本与收益的比较，可以绕过应有的约束和政治势力牵制。

4. 供应学派相关公债理论

供应学派兴起的背景是20世纪70年代"滞涨"导致传统凯恩斯主义应对无力。区别于凯恩斯主义需求引导和供给决定的思想，该学派主张需求依附于供给，且能够被供给决定和创造，其中产品和劳务的供给是需求的结果，而生产要素供给则是前提，供给效率是枢纽和关键。对于滞涨，该学派建议，从凯恩斯主义倡导的扩大政府开支的需求管理转向通过大幅减税、缩减政府开支的供给管理。该学派侧重税收对储蓄、投资等经济行为的研究。

供应学派同样认为公债具有挤出效应，即公债吸引私人储蓄，影响了资本形成率；公债会提高实际利率，影响私人部门投资。对此，该学派主张缩减公债规模。但相对于征税，公债仍是弥补赤字的最佳手段。因为税收通常落在对资源利用最有效率的产品和劳务的生产者身上，而在一个相对有效率的资本市场中，公债能够把资源从利用效率最低的生产者中转移出来。

关于公债与利率的关系，该学派并未给出一致性结论。菲尔德斯坦（Fieldstein and Eckstein，1970）发现，在控制私人部门信贷需求变动后，公债必然引起债券利率乃至市场利率的提高，并在此基础上推断公债的挤出效应，认为公债会挤出私人有价证券，较高的市场利率会降低投资预期收益，提高预期收益机会成本，挤出边际企业。而罗伯茨（2018）放开私人部门的借贷需求假设，认为赤字与利率伴随着经济运行周期的不同阶段呈反方向变动关系，即当经济繁荣时，赤字减少，公债发行量减少，但利率却因私人部门投资与消费的兴盛而上升；当经济衰退时，赤字增加，公债发行量增加，但利率却因私人部门的信贷需求萎缩而下降。两者结论不同的原因在于假设条件的差异。从这些学者的研究理论不难发现，公债发行并不必然引致利率上升。

5. 其他代表性的公债理论

公债用途与负担的关系。20世纪80年代以来的公共财政理论，从将政府财政从传统经济学中的非生产性机构转变为公共部门而展开。斯蒂格利茨（2009）认为，政府举债若用于可长期使用的道路、学校、科研项目，则具备一定的合理性。虽然政府投资挤出了当期的私人投资，但是并不影响未来的经济产出与人们的生活水平。倘若政府举债用于支付公职人员薪酬等消费性支出，则不利于未来的经济产出与生活水平，且随着债务积累加剧，还会损害政府未来的偿债能力。

开放经济条件下的公债理论。在引入开放经济条件和资本市场要素进行分析后，斯蒂格利茨认为公债不一定会挤出国内私人储蓄和投资，可能通过海外认购防止本国私人储蓄挤出，也可能由于公债增发，挤入外资。此外，赤字债务可能导致贸易赤字的出现，因为公债增发会导致实际利率上升，从而引入外国投资，汇率上升，最终形成出口下降、进口提高的贸易赤字。总体而言，开放条件下外国资本流入对公债经济效应的影响受制于本国债务和投资环境吸引力等因素。

公债对消费和储蓄的影响。斯蒂格利茨认为公债认购改变的是其储蓄方式，并未影响其终生消费量。哈维·S.罗森（2015）通过迭代模型，假定社会中由人数相同的青、中、老三代群体构成，控制收入水平、储蓄等条件后，青、中年认购政府发行的公债，老年人因生命有限而不予认购。最终，老年组享受到公债投入带来的福利，而新生的青年组则通过纳税为老年组填补供应成本，实现了财富在不同代人之间的转移。

整体而言，公债理论围绕债务的"借用还"三个环节展开。在债务的融资成本上，既有理论主要聚焦于利率的影响。对于债务资金的使用，理论研究重点集中于对投资性支出效益和消费性支出效益的探讨。债务偿还问题目前是公债理论研究的重中之重。公债带来的风险主要取决于偿债的主体，若由地方政府代偿，则公债的风险最终转为全国层面的财政压力，可能出现公平性问题；若自行偿还，则可能通过资本市场操作对债务进行展期、延后偿债时间，但最终的偿债压力和风险并未消除，并导致政府可支配资源减少。

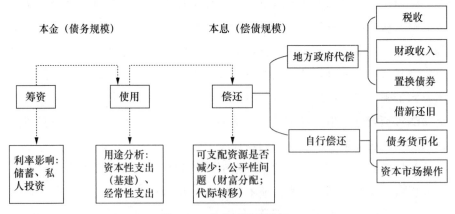

图 1.1　公债理论结构图

资料来源：作者根据黄仁东（2016）自行整理。

1.1.3 政府融资渠道

对于地方政府而言，举债融资有其必要性和合理性。地方政府提供的公共产品多数需要大量的前期投资，同时建设周期和回款周期较长，特别是一些代际公共产品，偿债人和受益人并不完全重叠。这就要求地方政府出面主持公共产品的建设，通过举债的方式完成项目融资，实现资金跨期调节配置，平衡好代际之间的债务和权益，提高建设效率。

通常，融资是指基于市场机制和契约关系，利用资金的所有权和使用权的转移，把处于储蓄状态的资金转化为投资状态。根据是否通过中介机构，融资活动可以分为直接融资和间接融资两类。间接融资是借助金融中介机构实现资金供给者和需求者之间的资金融通，双方分别与金融机构形成各自独立的债权债务关系，双方信息不透明，如银行贷款。与之对应，直接融资指资金供需双方直接构成债权债务关系，常见的方式有股票、债券和商业票据等。相比于间接融资，直接融资工具受金融市场成熟度的影响更大，资金供给方承担的信用风险也更高。因此，债务融资规模的扩张也传递了当地金融市场发展良好的信号。

统计数据显示，绝大部分国家都允许地方政府举借债务。通常，政府举债有两种方式：其一是向银行等金融机构借款，其二是发行债券。英国、法国等欧洲国家较多以银行借款为主要资金来源，美国、日本和印度以发行市政债券为主，德国兼而有之。

1. 银行贷款

无论是在发达国家还是发展中国家，专业银行是政府募集资金、补充资金不足的重要渠道，特别是在供水供热、污水垃圾处理以及市政道路建设等基础设施投资方面。银行贷款占比较大的部分国家，还设立了基础设施专门银行为地方政府提供资金，其贷款申请条件通常比私人借贷者更为宽松，如美国、欧洲各国和日本等国家。这些专业银行的资金大多数来源于储蓄机构、储蓄基金、部分养老基金和政府资金。

2. 市政债

在资本市场较为发达的国家，其地方政府通常采用市政债来进行建设融资。一般而言，市政债是地方政府或其授权机构发行的并承诺在一定期限内还本付息的债券，其发行利率会低于银行贷款利率。

根据偿债资金来源的不同，市政债券可以划分为一般责任型市政债、收益型市政债和混合型市政债。一般责任型市政债是指以地方政府的税收收入作为偿债资金的债券，由于不与特定的项目挂钩，实际上就是地方公债。收益型市政债是指以特定项目的收入（而非税收）作为偿债资金来源的债券，其还本付息的资金来源于项目收益，如高速公路、水电气的收费。混合型市政债是指以特定项目收入和地方政府税收收入共同偿债的债券。即，债务到期时先以项目收入偿付，不足部分再由地方政府在约定范围内承担还本付息的责任。

按照发行方式的不同，市政债又可以分为公募债券和私募债券。公募债券是指向社会公开发行，任何投资者均可以购买并能在证券市场上转让的债券。私募债券是指向与发行者有特定关系的少数投资者募集的债券，其发行和转让均有一定的限制。

市政债的发行主体、募资用途和投资项目均有特定性。具体而言，市政债发行人必须是某级政府授权的代理机构（如市政建设公司），所筹资金必须用于公用基础设施的建设，不得用于弥补短期行政经费开支。偿债资金主要来源于项目自身收益，政府也会给予一定限额的补助。在投融资过程中，可以享受特殊的优惠待遇，一般可以免缴或减收利息税。

3. 其他

国债转贷融资。在一些国家，地方政府可以向上级财政借款。对于法律不允许中央借款给地方政府的国家，可以专门为住房、环境保护、水资源管理等项目设立政府基金，或者提供贷款申请流程和信用分析培训，帮助地方政府申请商业贷款。其中一种典型的中央扶持地方融资的间接模式是国债转贷，如英国地方政府融资主要是来自公共工程贷款委员会和商业银行的贷款，隶属于英国财政部债务管理办公室的公共工程贷款委员会通过转贷来自国债资金的国家贷款基金,为地方政府提供了近80%的借款①。1998年,我国财政部制发《国债转贷地方政府管理办法》(财预字〔1998〕267号)②,允许中央政府发行国债筹集资金,再由财政部转贷给地方省级政府,在该省内统借、统还。国债转贷资金有着明确的资金用途要求,仅限于农林水利、交通建设、城市基础设施和环境保护投资、城乡电网改造等方面。一般情况下,中央转贷给沿海发达地区的资金还贷期限为6年,含宽期限③2年,年利率在5.5%左右;转贷给中西部地区的还贷期限为10年,含宽期限2年,年利率为5%;转贷资金从财政部拨款之日开始计息。国债转贷资金的资金流动和运行模式见图1.2。

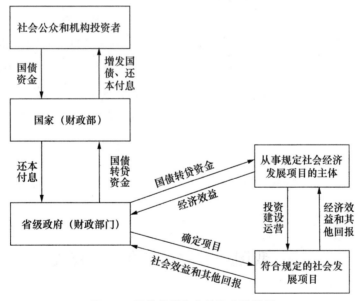

图 1.2　国债转贷资金的资金流转图
资料来源:作者根据侯合心(2008)自行整理。

---

①　周燕来(湖北省黄石市审计局):《浅析国外地方政府债务管理经验与借鉴》,审计署官网2011年1月25日,https://www.audit.gov.cn/n6/n1558/c113743/content.html,2021年5月15日访问。

②　目前该文件已废止。

③　宽限期即债务的延缓偿还期间。

一些国家还设立市政发展基金或基于中介机构的市政建设基金。这些基金一般受到政府部门的资助，是在本国资本市场未充分发展之前为市政建设提供长期资金支持的过渡性机制。通常，市政借款的中介机构在不同国家有不同的表现形式。如印度尼西亚的区域开发账户（regional development accounts），以市场利率为基准向外发放贷款，目的是给地方财政当局 3—5 年的时间回笼资金、展示良好的财政管理水平，从而使得它们能直接从银行和资本市场借款。泰国筹建了泰国担保基金，为城市环境基础设施向私人金融机构和商业银行的贷款提供担保，并允许发行债券为城市环境基础设施融资，拓宽投资人融资渠道。

境外资本也是一国政府投资的重要资金来源。比如巴西政府曾经是全世界外债最多的国家之一。在 20 世纪 70 年代中期的世界石油危机期间，中东国家急需输出石油美元，巴西政府大量借入外债，超过千亿美元，大肆兴建基础产业和基础设施，促进国内经济的快速发展，也带动了其他产业的发展。对于我国而言，2005 年国家发展和改革委员会（下文简称发改委）出台了《国际金融组织和外国政府贷款投资项目管理暂行办法》（发改委令〔2005〕28 号），明确指明境内企业、机构和团体均可申请国外贷款。这些贷款主要用于公益性项目和公共基础设施建设，保护和改善生态系统，促进欠发达地区的经济发展。

1.2　我国地方政府融资平台模式

1.2.1　融资平台的定义

关于地方政府融资平台的定义，不同学者或不同文件的说法存在细微差异。概括来看，巴曙松（2009）将融资平台定义为"通过划拨土地等资产组建一个资产和现金流大致可以达到融资标准的公司，必要时再辅之以财政补贴等作为还款承诺，重点将融入的资金投入市政建设、公用事业等项目之中"。祝志勇、高扬志（2010）突出了融资平台是承担政府主导的重大产业投融资任务的特殊国有企业，其成立时地方政府划拨的资产包括土地、股权、规费、债券、税费返还等。肖钢（2010）认为，平台主要负责运用财政资金对外投资，且投融资项目主要涉及城市水电气热的生产供应、城市交通、环境治理、土地储备、园区开发等。詹向阳（2010）强调，对于平台投融资活动形成的债务，其还款来源除了经营收入、公共设施收费外，还有财政资金。

国家有关部委也对地方政府融资平台的概念进行过界定。融资平台首次出现在官方文件中是在2008年全球金融危机后的稳增长时期。2009年3月，中国人民银行联合中国银行业监督管理委员会（下文简称"银监会"）发布《关于进一步加强信贷结构调整 促进国民经济平稳较快发展的指导意见》（银发〔2009〕92号）（下文简称"92号文"），提出"支持有条件的地方政府组建投融资平台，发行企业债、中期票据等融资工具，拓宽中央政府投资项目的配套资金融资渠道"。此后，一系列文件不断对融资平台的定义进行界定和规范。

2010年6月10日，国务院印发《关于加强地方政府融资平台公司管理有关问题的通知》（国发〔2010〕19号）（下文简称"19号文"），核定融资平台公司是由地方政府及其部门和机构等通过财政拨款或注入土地、股权等资产设立，承担政府投资项目融资功能，并拥有独立法人资格的经济实体，包括各类综合性投资公司以及行业性投资公司，如交通投资公司等。这也是官方首次对政府融资平台进行明确定义，突出了融资平台的地方国有企业属性，以及承担政府投资项目融资的职能。

随后，2010年7月30日，财政部、发改委、中国人民银行、银监会四部委联合发布《关于贯彻国务院关于加强地方政府融资平台公司管理有关问题的通知相关事项的通知》（财预〔2010〕412号）（下文简称"412号文"），文件中进一步明确了融资平台公司的范畴，即由地方政府及其部门和机构、所属事业单位等通过财政拨款或注入土地、股权等资产设立，具有政府公益性项目投融资功能，并拥有独立企业法人资格的经济实体，包括各类综合性投资公司以及行业性投资公司。"412号文"对地方政府融资平台的定义与"19号文"基本一致，但"412号文"在"19号文"定义的"政府投资项目"的基础上加上了"公益性"，使得融资平台承担的项目更加明确，并通过列举法进一步明确了融资平台的范围。

2010年10月，《国家发展改革委办公厅关于进一步规范地方政府投融资平台公司发行债券行为有关问题的通知》（发改办财金〔2010〕2881号）中拓宽了融资平台承担的项目类型，将"412号文"中定义的"公益性项目"完善成"公益性或准公益性项目"。

2011年，银监会《关于印发地方政府融资平台贷款监管有关问题说明的通知》（银监办发〔2011〕191号）中，将地方政府融资平台定义为由地方政府出资设立并承担连带还款责任的机关、事业、企业三类法人。

2015年5月，国务院办公厅转发财政部、人民银行、银监会《关于妥善解决地方政府融资平台公司在建项目后续融资问题意见的通知》（国办发〔2015〕40号），将融资平台的定义还原为"19号文"的初始定义，将融资平台的承接项目模糊化为"政府投资项目"。

1.2.2 融资平台的类型

目前对融资平台的分类方式有很多，可以按照项目性质、从事的行业或行政级别分类等方法进行划分。

1. 按照公益性与准公益性划分

公共产品具有典型的非竞争性和非排他性。这些特征一方面使得公共产品面临社会的广泛需求，另一方面也使其难以通过市场的方式确定其均衡供给，从而使得地方政府具有通过参加公共产品的供给履行其自身职能的必要性。然而，根据公共产品自身属性和功能的差异，其供给方式也不同，政府可能只是部分公共产品的最优供给方，其余公共产品的最优供给方可能更加依赖市场的力量，从而为公共产品的市场化供给提供了可能。在供给决策中，主要参考的信息是公共产品的公益性和准公益性。

目前对"公益性"的最早定义可追溯至2010年7月发布的"412号文"和《关于印发〈地方政府融资平台公司公益性项目债务核算暂行办

法）的通知》（财会〔2010〕22号）。其中均规定"公益性项目"是指为社会公共利益服务、不以营利为目的，且不能或不宜通过市场化方式运作的政府投资项目，如市政道路、公共交通等基础设施项目，以及公共卫生、基础科研、义务教育、保障性安居工程等基本建设项目。《国务院办公厅关于做好全国政府性债务审计工作的通知》（国办发明电〔2013〕20号）（下文简称"20号文"）中提及"新的举债主体用于公益性项目的债务仅包括用于交通运输（铁路、公路、机场、港口等）、市政建设（地铁、城市道路、公共交通、广场、文体场馆、绿化、污水及垃圾处理等）、保障性住房、土地收储整理等的债务，不包括企业法人和自然人投资完全按市场化方式运营项目形成的债务"，强调公益性项目具有不能按照市场化方式运营的属性。除此以外，陆续有文件提及"公益性资产"概念，如《国家发展改革委办公厅关于进一步规范地方政府投融资平台公司发行债券行为有关问题的通知》（发改办财金〔2010〕2881号）中认定"公益性资产"是指主要为社会公共利益服务，且依据国家有关法律法规不得或不宜变现的资产。大部分文件提及的"公益性资产"都包括公立学校、公立医院、公园、事业单位资产等。

整体来看，公益性项目具体涵盖哪些行业目前尚无统一规范，需要视具体情况而定。既有文件资料提到的相对稳妥的"公益性项目"有市政道路、公共交通、保障性住房（参见图1.3）。"准公益性项目"较少被提及，尚没有公开的文件说明，大致可能包含以下两类：一类是公共服务项目，包括供水、供电、供气、供热等；另一类是公共交通建设运营项目，包括高速公路、铁路、港口、码头、机场、轨道、城市道路等交通投资。通过与文件中"公益性项目"定义对比，可以发现准公益性项目的显著特征是其能够产生部分经营性收入，存在市场化运作的潜力。

在城市化进程中，城市发展所需要的基础设施公共产品包括纯公共产品和准公共产品。按照这些公共产品的特性，匹配不同类型的投融资建设主体。其中，纯公益性项目对应的项目建设主体称为"公益性融资平台"，主要针对经营性较弱且不能获得投资收益的公共产品。由于其可能带来较高的社会效益和外部收益,且在其消费过程中存在"搭便车"问题,因此政府部门是该类产品的最优供给方,如城市照明、市政环保绿化、城际轨道交通、城市垃圾污水处理等。准公益性项目对应的项目建设主体称为"准公益性融资平台"。这些项目对应于能够带来现金收益的准公共产品性质的基础设施,如城市自来水工程、供电供热供暖、收费公路等,根据其自身盈利能力或投资回报率不同,运用市场化机制引入适当比例的私人资本参与,采用市场化和政府补贴或特许经营权相结合的方式进行供给。

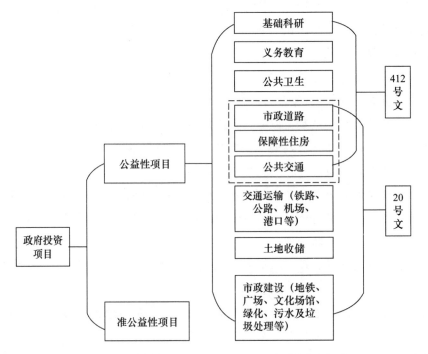

图 1.3 "412号文"与"20号文"对公益性项目分类

资料来源:国务院,以及财政部、发改委、人民银行、银监会、国金证券研究所。

2. 根据行政层级划分

我国地方政府融资平台按照政府层级主要分为三类：省级、地市级和县级。根据2019年第三季度中国银行保险业监督管理委员会（下文简称"银保监会"）发布的融资平台名单显示，我国现存融资平台共计11488家，省级、地市级和县级融资平台占比分别为25%、55%和20%。

对于省级（直辖市、副省级城市、计划单列市）融资平台而言，其资本金来源主要是财政资金、部分国债转贷资金、国有股权资产、政府注入的土地资产以及高速公路等固定资产。其股权结构以国有独资为主，有个别国有联合投资以及政企合作投资。股权投资集中于平台所属领域的国有企业，以及该省的优质企业。融资平台的主要职能是管理所属领域的国有资产、基础设施投资以及进行贷款和担保融资等。省级综合类融资平台通常履行多个职能，既投资实体领域也涉及金融领域。省级专业类地方融资平台的职能相对单一，是专项投资公司，一般只在某个领域进行融资行为，如市政基础设施、公路建设、文化旅游、能源等领域，以便发挥政府组织协调优势，带动社会资金，加快该产业领域发展。

地市级融资平台（简称"市级平台"）是指地级市政府将财政资金、国有资产收益、土地使用权收益作为资本金注入公司，成立国有独资或合资公司。这些公司主要从事城市基础设施建设和公益性项目建设，对城市建设的政策性项目和重要行业进行开发、投资和管理，依法经营管理授权的国有资产，确保国有资产保值增值，以及和大型企业合作成立相应的企业以促进产业结构调整和经济发展。

县市级（市辖区）融资平台和市级融资平台没有本质区别，只是规模相对较小，因地方政府财政实力有限，从而债务风险较大。这也是地方政府融资平台体系中较为薄弱的一环。

从地方融资平台的区域分布看，东部地区融资平台数量最多，占全国平台总数的50%左右；中西部地区低层级平台占比较高，在西部的四川、云南和中部的湖南、江西这些区域，省级以下平台占比82%以上。

3. 依据业务类型划分

融资平台有多种分类方法，按业务划分也是一种比较清晰的方式。由于在银保监会口径下，不少平台公司的主营业务不够清晰，因此本节依据 Wind 数据库统计口径下城投债对应的融资平台公司做出如下统计。据 Wind 数据库统计，截至 2021 年 7 月末，全国现存 11000 家以上的投融资平台，其中 70% 左右为地级市和区县级平台。现存并仍在发债的融资平台共计 2786 家。按照申万行业一级分类标准，这些发债融资平台的行业分布如图 1.4 所示。其中，1577 家融资平台从事建筑装饰行业，其次是综合类和交通运输行业，分别为 499 家和 138 家。由此可见，地方融资平台的行业分布比较集中。进一步而言，这三类行业的融资平台的总资产规模分别占全部发债融资平台总资产的比重为 44%、30% 和 11%。因此，目前融资平台的主要业务还是围绕城市基础设施建设、土地整理开发、交通运输而展开。同时，叠加转型压力，从事非公益性项目（其他类）的平台也不在少数。

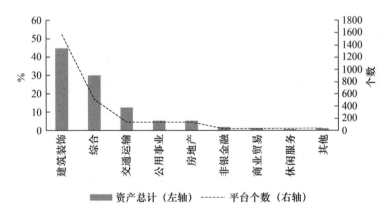

图 1.4 融资平台所属申万行业类别（一级行业）分布统计

资料来源：Wind 数据库。

Wind 数据库统计显示，市场上不同行业融资平台具体从事的经营范围如下：(1) 建筑装饰：包括房屋建设、装修装饰、基础建设、专业工程和园林工程等。(2) 综合类：指包含多个核心业务的平台公司。(3) 交通运输：包括港口、高速公路、铁路、城市公交、航空运输、机场和物流等。(4)公用事业：指具有各企业、事业单位和居民共享的基本特征，服务于城市生产、流通和居民生活的各项事业的总称。具体来说，包括环境卫生、安全事业、交通运输事业、自来水、电力、煤气、热力、其他公共日常文化娱乐等。(5)房地产：包括棚改，即公益性住房，包括棚户区、保障房、安置房、经济适用房、廉租房等。(6)非银金融：包括证券、保险和多元金融等。(7)商业贸易：包括一般零售、专业零售等。(8)休闲服务：包括旅游、餐饮、酒店、景点和其他休闲娱乐服务等。(9)其他：指部分融资平台公司承担的非公益性项目，如房屋租赁、贸易、住宿餐饮、金融、煤炭开采等。

1.2.3 运作模式

一般而言，某区域内融资平台提供的公共产品至少包括土地开发和工程建设两个主要业务，以及建设—移交（Building-Transfer，简称BT）等常见业务。因而，行业集中度相对较高。除此之外，融资平台的投资运营模式也具有一定的独特性。如图1.5所示，对于各类建设项目，地方政府通常会通过税收优惠、政策性补助、财政资金或经营性资产注入以及土地

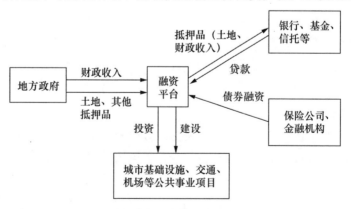

图 1.5 融资平台运作模式图
资料来源：作者根据相关资料自行整理。

资产划拨等方式帮助平台融资业务在资本市场顺利推进，进而将筹措的资金用于项目建设。因此，融资平台公司的经营目标并非以利润最大化为导向在某个行业深耕发展，而是更多地以企业的身份承担政府投融资职能。因此，融资平台在形式上需要建立一定的企业化运作方式，即建立可持续经营的业务模式、具备自平衡能力以及保证一定的资产规模和净利润要求。在这些运作目标下，本研究发现近年来融资平台整体上表现出债务规模大且增速快、盈利能力较差等财务特征。

通常，中央各部委均会采用专项补助资金用于支持地方上某些重点基础设施项目或重大产业发展战略。中央补助资金注入较多的地方融资平台公司往往是那些中央重点支持项目的承接平台，如高速公路、铁路和轻轨项目等。此外，地方财政补助注入也是各地方融资平台持续和稳定的资本金来源。特别是对于一些公共产品属性较为突出的平台或区域内核心平台，往往能够获得较大比例的地方财政补助。除了资金补助外，一般情况下，融资平台生产经营活动产生的税费先由所属辖区的地方政府征收，而后再由地方政府返还给地方融资平台。这种税收返还或者税收直接优惠除了可用于补充平台运营资金、偿还债务本息之外，还可作为资本金注入平台。一些经济并不发达、财力较差的省份能够源源不断地将各类资产和资金注入平台公司，使得这些融资平台能够不断运用金融杠杆，达到融资和基础设施建设的目的。

对于地方政府融资平台而言，其职能定位创新的演变过程和趋势大致可以分为单一职能定位、多元化混合职能定位和职能定位整合分化三个阶段。

单一职能阶段：该阶段是指地方政府融资平台成立伊始阶段，主要职能是完成政府的政策性融资任务，实施国有资产的战略性重组，盘活国有资产，确保国有资产保值、增值。

多元化混合职能阶段：随着我国经济社会的发展，市场对产业发展和产业结构调整提出了新的要求，特别是在部分区县政府融资平台债务高企、边远地区社会经济和产业发展结构落后的情况下，地方融资平台作为我国地方政府整合经济资源和推动社会经济发展的重要工具,理应义不容辞地承担产业升级和产业结构优化、引导边远山区和贫困地区社会经济良性发展、缩小地区经济发展差距的历史重任。这就要求各融资平台转变原有的单一职能,向政府投融资平台和产业发展平台相结合的职能转变;要求各个融资平台公司在履行部分政府职能的同时,立足各地现有的基础和资源,优化资源配置,做深做长产业链,做大做强平台公司的现有产业和潜在产业,使平台公司逐步成为真正实体化的地方产业发展集团及地方工农业发展的投资和经营主体。

整合分化阶段:随着我国政治经济体制改革的不断深入和市场化程度的不断提高,政府利用行政手段直接配置经济资源的行为将逐渐减少,市场将在资源配置中发挥决定性作用,地方融资平台可能根据其承担的公益性职能和经营性职能比重的不同而发生分化和整合。承担经营职能较多的融资平台可能会将其承担的公益性职能剥离出去,之后按照市场化经济制度组建自主经营、自负盈亏的现代企业集团,进而完全退出政府投融资平台体系。承担公益性职能较多的融资平台可能会将其承担的经营性职能分离出去,而去组建类似于政府机关和事业单位的法人主体,进而纳入地方政府行政事业体系规范管理。还有部分投融资平台可能会在保留现有公益性职能和经营性职能的情况下,按照现代企业制度要求进行股份制改造、组建完全按照市场化方式的新型融资平台。此时,地方政府与新型融资平台之间是一种以股权为纽带的、纯粹的股东与企业的关系,主要体现为如下两个方面:一是地方政府在按照市场化原则定量测算新型融资平台承担的公益性职能及产生的社会效益的基础上,通过地方政府购买公共服务的方式对平台承担的公益性职能进行补偿;二是新型融资平台在利用市场化方法对其承担项目产生的经济收益和社会效益进行定量测算的基础上,根据股份数量对总收益进行分配,确定地方政府作为股东应得的收益,并将新型融资平台承担的公益性职能及产生的社会效益作为红利回报给地方政府,以经营性收益反哺公益性项目建设的方式履行地方政府赋予的职能。

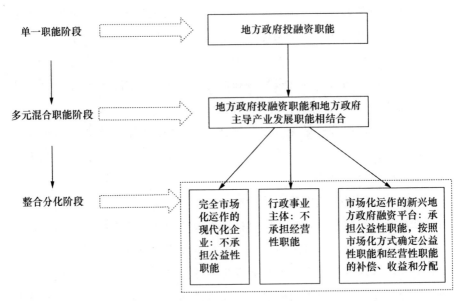

图 1.6 地方融资平台职能定位演变过程
资料来源：作者根据宋军（2015）自行整理。

1.2.4 案例分析

截至 2022 年 6 月末，安徽省共有 3 个省级融资平台公司，包括 2 个专业性平台和 1 个综合性平台，分别为安徽省交通控股集团有限公司、安徽省铁路发展基金股份有限公司和安徽省投资集团控股有限公司（下文简称安投集团）。这三个平台公司分别负责安徽省高速公路投资建设及运营、安徽省铁路建设投资、国有资本运营和基建投资。下面以综合性平台——安投集团为例，分析其运作模式和发展情况。

1. 设立背景

在 20 世纪末国有企业改革的背景下，安徽省的国有资本逐步从企业退出，改制成股份制企业。在这种情况下，退出的国有资本需要一个载体进行管理经营，确保国有资产的保值增值。与此同时，随着安徽省建设发展和基础设施投资需求的迅速扩张，地方政府为了弥补财政缺口，需要向银行大规模融资。因此,在1998年6月,经安徽省人民政府批准,将原安徽省建设投资公司、安徽省农业投资公司和安徽省铁路建设投资公司合并,成立了一个新的投资主体——安投集团,来运作这些企业。安投集团的成立有助于明确原先的国有产权关系,并为安徽省的基础设施建设提供资金。

2. 股权结构

安投集团是经安徽省人民政府批准和授权成立的投资主体和国有资产运营机构,注册资金60亿元,为大型一类企业,其所有权属于安徽省人民政府。省政府将部分国有资产划拨进来,使其拥有一定资产以便能向银行借贷,用来弥补财政资金的不足,帮助地方政府从事交通运输、水利工程、棚户区改造等公益性项目。此外,为了增加优质资产、便于获得银行贷款,安投集团还会参股一些优质企业。截至2022年底,安投集团总资产规模超3000亿元,旗下拥有80家全资及控股子公司,主要分布在安徽、上海、深圳、香港等地。

在人事关系上,由于安投集团是地方政府批准设立的国有独资平台公司,由安徽省人民政府国有资产监督管理委员会行使出资人权利,对集团的重大事项和重大活动进行监督管理,包括主要负责人的任命等。在实际操作中,安徽省国资委按照法定程序,组织部门对集团的主要负责人参与审核,并上报常委会,最终进行委派。本质上,安投集团是安徽省人民政府可支配财力的扩大,是在制度约束下通过市场方式从银行获得资金支持的载体。

3. 运营模式

安投集团通过自身资产和项目资质向银行进行融资。项目运作的一般过程是,由现有实施公司提出项目建设计划,财务部门根据项目情况,判定贷款数额和项目可行性,确定还款方式是财政还款还是企业还款,随后向政府部门打报告。如果批准的话,由安投集团向银行贷款,或者对实施主体提供担保以便于其获得银行贷款;项目建成后,根据还款方式向银行还贷。其还款来源通常包括两部分,一部分是财政资金,如省政府建立的偿债基金，直接来自财政拨款，或者在该公益项目中，得到政府的配套资金支持来偿还贷款；另一部分是项目收益，如果该项目能够获得净收益，安投集团一般只是提供贷款担保或者出面代之借款，由该项目具体运营方负责偿还。

4.承担的职能

安投集团成立以来，在安徽省委、省政府和省国资委的领导下，按照"省政府重大项目投融资主体和市场竞争主体"的定位，履行区域公共设施基本建设、社会公益性项目建设、重点开发项目投融资，不断拓展投资领域、优化资产结构，逐步形成了以铁路、汽车、建材、化工、矿业、金融、房地产和服务贸易为主的产业格局。

迄今为止，在产业发展方面，安投集团投资参股了全国性以及省内的铁路公司（如京沪高铁、合九铁路、合武铁路、合福铁路）、省内主要的汽车项目（如奇瑞汽车、安凯客车、星马汽车等）和部分化工企业（如中石化股份、安徽铜化集团、安徽华塑股份、安庆曙光等）。在兼并重组方面，2011年6月通过股权划转和收购，安投集团成功重组了上海裕安投资集团有限公司，开展对外经贸合作、物流、旅游业等业务。2014年10月，安投集团与深圳安徽实业总公司实现重组，并按照现代企业制度的要求，完善了企业法人治理结构。集团内设有董事会、监事会和经理层，成立了党委、纪委、工会和团委。

在金融投资和资本运作方面，安投集团不断加大参与力度，相对控股了安徽投资控股公司，参股了华安证券、长盛基金、长安责任保险等金融类企业。这些企业和项目是安徽经济发展的支撑点和增长点。安投集团还全资成立了皖投信用担保公司，为中小企业贷款提供担保业务；成立了安徽省创业投资公司，开展创业投资业务；成立了金融投资管理分公司，强化金融板块的投资和开展资本运作业务。同时，安投集团已着手在香港设立子公司，实施"走出去"战略，面向全球开展资产并购重组业务。

5. 债务情况

安投集团的定位是为城市公共建设进行投融资的综合性平台。Wind数据显示，截至2021年末，公司主要业务为触控显示器件材料，占2021年总营收的35.56%，公司业务公益性不强。截至2022年3月末，公司总债务约为1387.87亿元，占安徽省财政收入约40%，占地方政府综合财力的13%（2021年安徽省一般公共预算收入为3498.19亿元，地方政府综合财力为10710.77亿元，地区生产总值为42959.18亿元）。同时期，公司对外担保余额31.94亿元，占上一报告期净资产比重2.54%；获得银行授信总额956.60亿元，未使用额度417.28亿元。整体而言，公司当前资产负债率52.45%，债务规模可控。

第二章
融资平台公司发展背景和历程

我国地方融资平台经历了二十多年的发展演变，在平台的设立、运营和管理方面积累了丰富的实践经验，本章以融资平台的发展和壮大为主线，对融资平台发展的制度背景、历史进程以及市场影响进行详细阐述。

2.1 制 度 背 景

2.1.1 分税制改革

改革开放之前，我国实行"集中"式的财政管理体制，特别是1951年中央政府提出"统一领导，分级负责"的基本方针后，初步划定中央政府和地方政府的收支范围和财政责任。改革开放后，中央把一部分权力下放至地方，逐步转向以"放权让利"为总体基调的管理模式。1980年，中央开始试行"划分收支，分级包干"的办法，明确划分中央和地方的收支范围，尝试"分灶吃饭"的财政体制。1985年，"分灶吃饭"进一步发展为"划分税种，核定收支，分级包干"，并推广至全国大部分省区市。

上述模式并未一直延续，其关键转折点为1988年7月国务院颁布《关于地方实行财政包干办法的决定》，推出了财政承包制，即在保证中央财政收入稳定增长的前提下，让地方政府在其自身的职责范围内拥有更大的自主权,从而刺激了地方政府增加财政收入的积极性,但也导致地方本位主义行为①不断增多。地方政府通过隐瞒超额部分或者将部分财政收入留作下一年弥补财政不足等方式,增加同中央政府对年度指标的谈判能力,使得地方政府掌控的财源不断增加。这导致中央财政收入占全国财政总收入的比重不断下降,1993年降至全国总收入的22%。此时,中央政府不仅无力承担庞大的开支,也缺乏对宏观经济的干预能力。

对此,国务院于1993年12月公布《关于实行分税制财政管理体制的决定》,一方面对中央政府和地方政府的收入分成比例进行了重新划分,另一方面也对中央和地方事权及支出进行了切割。这次改革增强了中央政府的财力集中度,同时也调动了地方政府的积极性,并使得中央和地方在税种上有了较为清晰明确的界定。不同于财权划分,中央和地方在事权范围的界定上却比较模糊。同时,我国上级政府对下级政府有着较严格的管理机制,使"财权上移、事权下移"的现象出现,并形成了分级财政,即一级财政一级事权。财政资金出现多部门管理、多渠道支付、分层次负担等现象,即条块结合体制②。这种两权不匹配进一步加大了地方可支配财力不足的困境。在地方政府重铸财务、平衡事权的过程中,地方政府外部融资的需求得到强化。与此同时,1995年出台的《中华人民共和国担保法》(下文简称《担保法》)第八条规定:"国家机关不得为保证人,但经国务院批准为使用外国政府或国际经济组织贷款进行转贷的除外。"由此可见,中央政府在保证预算硬约束的同时,也为各地政府留下了一道口子,使得各种类型的地方融资平台应运而生,成为筹措公共投资建设资金的现实选择。此外,由于财政资金制度划拨较为复杂,无法与金融体系垂直管理的模式实现有效对接,而地方融资平台在整合注入财政资金后,形成了对金融资金长期有效的承接平台。

---

① 本位主义,意指在处理单位与部门、整体与部分之间的关系时只顾自己,出自毛泽东《关于纠正党内的错误思想》一文。

② 指在具体事务的领导中,地方职能部门既接受地方政府的领导,也受上级对口部门的业务指导或领导。

表 2.1 分税制改革前财政体制变迁（1980—1993 年）

时期	年份	财政体制	具体内容	备注
1980—1988年"分灶吃饭"财政体制改革	1980	"划分收支、分级包干"财政体制	(1) 四川、陕西、甘肃、河南、湖北、湖南、安徽、江西、山东、山西、河北、辽宁、黑龙江、吉林、浙江省等，实行"划分收支、分级包干"的办法。(2) 对广东、福建两省实行"划分收支，定额上缴或定额补助"的特殊照顾办法。(3) 内蒙古、新疆、西藏、宁夏、广西 5 个自治区和云南、青海、贵州少数民族比较多的 3 个省，实行民族自治地方财政体制，保留原来对民族自治地区的特殊照顾。(4) 江苏继续实行固定比例包干办法	
	1985	"划分税种，核定收支，分级包干"的财政管理体制	从 1985 年起，各省、自治区、直辖市一律实行"划分税种、核定收支、分级包干"的新的预算管理体制：(1) 基本上按照利改税第二步改革以后的税种设置，划分各级财政收入。(2) 仍按隶属关系，划分各级财政支出。(3) 区分不同情况实行上解、分成、补助。各省、自治区、直辖市，按上述规定划分财政收支范围后，凡地方固定收入大于地方支出的，定额上解中央；地方固定收入小于地方支出的，从中央、地方共享收入中确定一个分成比例留给地方，还不足以抵拨其支出的，由中央定额补助。收入的分成比例和上解、补助的数额确定以后，一定五年不变。(4) 广东、福建两省继续实行财政大包干办法。(5) 对民族自治区和视同民族地区待遇的省，按照中央财政核定的定额补助数额，在五年内，继续实行每年递增 10% 的办法。(6) 经国务院批准实行经济体制改革综合试点的重庆、武汉、沈阳、大连、哈尔滨、西安、广州等城市，在国家计划中单列以后，也实行全国统一的财政管理体制	

(续表)

时期	年份	财政体制	具体内容	备注
1988—1993年多种形式的地方财政包干体制	1988	"收入递增包干"办法	以1987年决算收入和地方应得的支出财力为基数，参照各地近几年的收入增长情况，确定地方收入递增率（环比）和留成、上解比例。在递增率以内的收入，按确定的留成、上解比例，实行中央与地方分成；超过递增率的收入，全部留给地方；收入达不到递增率，影响上解中央的地方，由地方自有财力补足	北京市4%和50%；河北省4.5%和70%；辽宁省（不包括沈阳市和大连市）3.5%和58.25%；沈阳市4%和30.29%；哈尔滨市5%和45%；江苏省5%和41%；浙江省（不包括宁波市）6.5%和61.47%；宁波市5.3%和27.93%；河南省5%和80%；重庆市4%和33.5%
	1988	"总额分成"办法	根据前两年的财政收支情况，核定收支基数，以地方支出占总收入的比重，确定地方的留成和上解中央比例	天津市46.50%；山西省87.55%；安徽省77.50%
	1988	"总额分成加增长分成"办法	在上述"总额分成"办法的基础上，收入较上年增长的部分，另定分成比例，即每年以上年实际收入为基数，基数部分按总额分成比例分成，增长部分除按总额分成比例分成外，另计"增长分成"比例	大连市27.74%和27.26%；青岛市16%和34%；武汉市17%和25%
	1988	"上解额递增包干"办法	以1987年上解中央政府的收入为基数，每年按一定比例递增上缴	广东省14.13亿元和9%；湖南省8亿元和7%
	1988	"定额上解"办法	按原来核定的收支基数，收大于支的部分，确定固定的上解数额	上海市105亿元；山东省（不包括青岛市）289亿元；黑龙江省（不包括哈尔滨市）2.99亿元

(续表)

时期	年份	财政体制	具体内容	备注
1988—1993年多种形式的地方财政包干体制	1988	"定额补助"办法	按原来核定的收支基数，支大于收的部分，实行固定数额补助	吉林省、江西省、福建省、陕西省、甘肃省、海南省、内蒙古自治区、广西壮族自治区、贵州省、云南省、西藏自治区、青海省、宁夏回族自治区、新疆维吾尔自治区 湖北省和四川省划出武汉、重庆两市后，由上解省变为补助省，其支出大于收入的差额，分别由两市从其收入中上缴省一部分，作为中央对地的补助

资料来源：财政部官网。

"以政控财，以财行政"的财政制度是影响我国政府行为的重要因素。自1978年改革开放以来，我国一直在探索财政体制改革。由于财权不断上移、事权不断下移，同时中央转移支付无法满足需要，地方政府不得不通过外部融资来弥补财政收支缺口，进而完成事权和支出责任。在这一财政逻辑下，地方政府融资平台得以迅速发展，并形成现有格局。即，在20世纪90年代，地方融资平台作为地方政府的融资载体，在全国层面展开积极探索并取得不俗的成绩。然而，在2009年的"一揽子刺激计划"实施后，融资平台债务与地方政府性债务、银行信贷风险等问题成为各界关注的焦点。

2.1.2 转移支付制度

为了实现基本公共服务均等化和区域经济协调发展的目标，从1995年开始，我国在分税制的基础上逐步建立起较为规范的中央对地方的财政转移支付制度，用以弥补地方财政的收支缺口。该支付制度体系由税收返还、财力性转移支付和专项转移支付三部分构成。具体而言有以下几点：（1）税收返还中包括增值税、消费税两税返还和所得税税基返还三个部分，前两种税收返还额度遵循中央和地方 1∶0.3 的比例进行计算，所得税返还额度与地方净上解至中央的收入正相关。税收返还名义上是中央财政收入，实际上是地方财政可资助安排和使用的税收返还资金。（2）财力性转移支付，是中央财政为了弥补财政实力薄弱地区的财力缺口、均衡地区间财力差距，安排给地方财政的补助支出。财力性转移支付包括一般性转移支付、民族地区转移支付、县乡财政奖补资金、调整工资转移支付、农村税费改革转移支付等科目。（3）专项转移支付，是中央财政为实现特定的宏观政策和战略发展目标以及对委托地方政府代理的一些事务进行补偿而设立的补助资金，主要用于教育、医疗、社会保障、发展支农工业等公共服务领域。

中央财政转移支付对地方财政支出起到了支撑作用，但是转移支付并不能有效增加地方财政支出。一方面，转移支付结构不合理，占主导地位的税收返还不具有分配效应，财力性转移支付和专项转移支付都有特定用途，不能增加地方财政的可支配财力；另一方面，专款专用的政策性资金试图通过发挥中央资金的杠杆作用，进而引导地方政府资金的投向。但在实际操作中，真正需要专款资金扶持的贫困地区由于缺乏配套资金而没有能力申请专项拨款，反而背离了专项转移支付均等化的目标。此外，转移支付在额度的确定、专项补助对象的遴选、转移支付资金的监督等问题上均存在一定随意性。这些不足使得转移支付制度难以实现平衡地方财政收支的目标，地方政府财力不足的局面依然存在。

2.1.3 经济增长目标

自改革开放以来，我国经济一直保持着较高的增长率。1990 年至 2021 年，我国平均经济增速高达 9.1%，甚至在 1997 年和 2008 年经济危机的影响下，经济增长率也保持在7%以上，高于世界上其他国家的经济增长率。在经济高速增长的背景下，地方政府财政收入的规模也在不断扩大，其平均增长率达到17%。高速的经济增长和财政收入增长趋势使得地方政府对当地的经济发展和财政收入持乐观态度。因此，为实现这种预期目标，看似超前的公共基础设施建设和过度投资可由未来完全足够的新增财力解决，故而具备一定的决策合理性。对于目前存在的财政赤字或者债务规模等隐患，地方政府认为将来高速的经济增长可以消除这些赤字和债务。此外，由于地方政府投融资所形成的公共项目是社会经济发展的坚实基础，且属于公摊成本，良好的基础设施可以改善当地的投融资环境，吸引国内外资本投入，适当超前则有助于降低私人成本的挤出，并对私人投资有挤入效应，这些都有可能导致财政过度投融资，进而转化为地方融资平台债务规模的不断扩张。另外，高速经济增长预期和目标也会对官员形成一种压力，为了追求政绩，很多政府官员盲目举债发展当地经济，且目前任期制下的财政制度导致地方政府在资金的使用和归还上脱节，同时，官员问责制度的不完善加剧了地方政府的过度举债。

2.1.4 土地的财富效应

1. 土地财政模式

对于地方政府而言，土地产生的财富是地方财政收入中的重要组成部分，形成了"土地财政"模式。土地财政是指，地方政府通过出让土地使用权而获得收入，维持地方财政支出，又被称为"第二财政"。土地财政模式起源于1998年我国住房市场开始改变与计划经济相匹配的福利分房制度。1998年国务院下发的《关于进一步深化城镇住房制度改革加快住房建设的通知》提出，实行住房匹配货币化，取代住房分配制，建立和完善以经济适用房为主导的多层次城镇住房供应体系。自此，拉开了我国住房市场改革的帷幕。此后，房价不断飙升，其核心生产要素也随之水涨船高，并为地方政府带来了大量的税收和税费。而今，土地收入在我国地方财政收入中占比非常高，部分地区土地直接税收及城市扩张带来的间接税收与地方预算内收入的比值达到40%，而土地出让金净收入占政府预算外收入达60%以上。财政部官方数据①显示，2021年地方政府财政收入中44%来自政府性基金收入，包含土地出让收入和房地产税收。这些数据说明土地出让收入在我国地方财政中占据了重要地位。随着房地产价格的节节攀升，土地价值随之增加，地方政府的财政收入也不断提高。

2. 以地融资模式

土地是融资平台的重要资产。在融资平台成立早期，地方政府向融资平台直接注入土地资产为其增资，包括生地（用于土地储备）和熟地（用于出让或划拨用地）。关于这些土地，融资平台有两种运营模式。其一是土地储备中心模式，即融资平台承担土储职能，直接负责土地平整、"三通一平"②等业务，除了一级开发业务，也负责前期的土地征购和土地资产入账，参与二级开发，涉及"招拍挂"③拿地、政府划拨、一二级联动等多种拿地方式。其二是代建模式，即融资平台仅与土地储备机构签订代建协议，实际进行土地整理流程后将熟地交还土储机构，待土地挂牌上市后由政府按照成本加成模式返还整理成本并给予一定收益。在这种模式下，土地资产不计入账面资产价值，仅将开发成本计入"存货"或者"其他流动资产"科目。

土地的财富效应为融资平台的兴起和繁荣打下了坚实基础。一方面，各个地方的融资平台一般都会拥有或多或少的土地资产，土地资产的价格相对公允，融资平台可以依靠土地资产扩充其资产规模，且土地资产可以为融资平台融资提供增信，通过抵押土地使用权来提升融资能力，不仅可

---

① 参考财政部网站：http：www.gov.cn/xinwen/2022-01-29/content_5671104.htm。

② 三通一平是建设项目在正式施工以前，施工现场应达到水通、电通、道路通和场地平整等条件的简称。

③ 我国国有土地使用权出让方式有四种：招标、拍卖、挂牌和协议方式。《中华人民共和国土地管理法》及国土资源部相关的部门规章规定，对于经营性用地必须通过招标、拍卖或挂牌等方式向社会公开出让。其含义是指经营性用地必须通过上述方式出让，统称为招拍挂制度。

以帮助融资平台实现融资，而且能够在一定程度上降低融资成本。对于优质的土地资产，融资平台可以通过住宅房地产开发、商业写字楼、工业园区等方式进行开发销售，成为融资平台的重要收入来源。融资平台在面临紧急资金需求时，可以通过出让土地资产的方式筹集资金，确保能够为融资平台提供应急资金，也有融资平台依托土地资源与土地开发经验优势推动市场化转型。另一方面，土地资产的价格波动也会影响到融资平台土地抵押资产的价格，融资平台不仅存在补充抵质押的风险，也有加大现金流压力的可能。从融资平台的实际运营情况来看，很多融资平台的成立是地方政府通过以部分财政拨款配比较大规模土地资产注入的方式，账面上拥有较大规模土地资产。即，融资平台在诞生之初就与土地资产之间产生了密不可分的关系。因此，土地资产对于融资平台的重要性不言而喻。

十多年来，地方政府通过土地财政经营城市化，并发展出"以地融资"模式。具体可以描述为，地方政府通过土地储备中心进行土地收储和初级开发，以土地使用权向银行或者其他机构进行抵押贷款等融资活动。贷款偿还除了项目本身产生的收益外，更主要的是希望通过开发区招商引资，带动工业和商业的发展，由未来的土地收入来弥补和调节。有的地方政府甚至提倡"反方向融资模式"，即在没有财政支持的情况下，先通过地方融资平台公司获得资金，后通过未来的税收增加和土地增值来消化债务。但在现实中，该模式存在诸多问题。一是虚假注资，将不符合法律法规要求的土地资产注入融资平台。二是土地资源的有限性极大制约了平台的长期融资能力。城市土地资源存在上界，不可能无限供应，加上国家对房地产行业的宏观调控政策日趋严格，使得土地资源升值空间有限，未来再以土地抵押取得融资的难度倍增。

2.2 发展历程

2.2.1 萌芽阶段（1978—1994 年）

1978 年改革开放后，我国开始小范围实施"拨改贷"制度，即采用"银行贷款有偿使用"的原则逐步取代计划经济时期"财政无偿拨款"的管理模式。直到 1985 年，"拨改贷"全面开始在全国各行各业推行。在市场化投融资体制改革下，广东省在 20 世纪 80 年代初开始通过借贷的方式完成道路修建，并通过后期道路通行车辆收费来偿还贷款。1987 年，城市基础设施建设的投融资主体"上海久事公司"[①] 成立，以公司名义向国内外金融机构提供贷款。这是上海乃至全国第一家综合性投融资平台公司，推动了我国城市基础设施建设投融资策略的转变——由政府主导转向市场主导，可以说是我国政府投融资体制改革的里程碑。

1988 年，国务院《关于印发投资管理体制近期改革方案的通知》（国发〔1988〕45 号），提出让企业成为长期建设投资主体，成立专业公司进行固定资产投资开发和经营等要求。为此，中央政府带领成立了能源、交通、原材料、机电纺织、农业和林业六大专业投资公司，代表国家进行项目投资。随后，地方政府也相继成立了建设投资公司和国有资产管理公司。地方政府融资平台的雏形初现。

1992 年邓小平"南方谈话"为投融资体制改革提供了重要契机。1992

---

① 上海久事公司起源于"94 专项"。1986 年 8 月 5 日，中央人民政府以《国务院关于上海市扩大利用外资规模的批复》（国函〔1986〕94 号），批准上海采取自借自还的方式，扩大利用外资，以加强城市基础设施建设，加快工业技术改造，增强出口创汇能力，发展第三产业和旅游业。第一批利用外资的规模扩大了 32 亿美元，其中 14 亿美元用于城市基础设施建设，13 亿美元用于工业技术改造，5 亿美元用于第三产业和旅游业，此项政策称为"94 专项"。为确保"94 专项"的运作成功，当时，上海市人民政府作了一个意义非凡的决定：尝试利用经济手段，通过成立专门的经济实体，对"94 专项"进行统一的资金筹措、调剂和管理。1987 年 12 月 30 日，上海久事公司应运而生，取名"94"谐音。

年上海市城市建设投资开发总公司正式成立，并发行了我国第一只城投债券，融资规模为5亿元，募集资金主要用于支持浦东新区的城市开发和建设项目。1993年，中共十四届三中全会通过《中共中央关于建立社会主义市场经济体制若干问题的决定》，提出了深化投融资体制改革的主要方向和内容，建议把项目建设分为竞争性、基础性和公益性三类，并分别根据其特点进行资金筹集和调度安排。此阶段，由于只有直辖市和省级的平台才有发债资格，城投债融资模式并未在全国范围内大规模推广。

2.2.2 推广阶段（1994—2008年）

分税制改革后，地方政府的财政缺口逐渐增大。1994年颁布的《中华人民共和国预算法》（下文简称《预算法》）不允许地方政府发债融资。

1997年，亚洲金融危机爆发，全球经济受到巨大冲击，我国经济发展也受到严重影响。为拉动经济增长，中央采取了积极财政政策，通过扩大财政投入刺激经济发展。在积极财政政策引导下，地方政府融资平台大量出现。1998年，国家开发银行在安徽芜湖试点，由地方政府组建融资平台，以财政出具的还款承诺作为偿债保证，将若干基建项目打包统一向银行进行贷款，获得银行贷款的项目将市场化运作，开启了"银政合作"模式。此后，各商业银行逐步涉足此模式。

从2001年开始，对于不需要国家投资且投资额低于2亿元的项目，地方政府出资参与的直接由地方政府审批，不必报中央审批，地方政府的投资权限进一步扩大。2002年，建设部印发《关于加快市政公用行业市场化进程的意见》（建城〔2002〕272号），提出开放市政公用行业市场，建立市政公用行业特许经营制度，并鼓励社会资金、外国资本采取独资、合资等多种形式参与市政公用设施的建设。由于政策的放宽，地市级融资平台也开始有资格发行城投债。同时，城投债的信用评级和债券期限结构也逐渐多元化。

此阶段，各地政府在不断推进投融资体制改革，探索融资平台的发展模式，但是总体而言，这一阶段城投债的新增规模有限，且发展尚未充分的融资平台债务风险已经有所显现。财政部调研报告指出，2004年融资平台总债务约占城市总负债的50%，且在此次抽样调查中，52%的融资平台资产负债率超过60%的警戒线。2004年7月，国务院颁布《关于投资体制改革的决定》（国发〔2004〕20号），要求转变政府管理职能，规范政府投资行为。2006年4月，中央各部委又发文叫停"银政合作"模式，整顿和规范各类打捆贷款，禁止地方政府对《担保法》规定之外的贷款和其他债务提供任何形式的担保或变相担保，防范项目的信用风险和法律风险。这在一定程度上限制了融资平台的盲目扩张。

2.2.3 增长阶段（2008—2010年）

为应对2008年金融危机，中央政府推出"四万亿经济刺激计划"[①]，旨在通过政府大规模投资基础设施建设来迅速提升经济绩效。为了保证该计划的推进，中央政府支持地方政府通过成立地方融资平台来融资，并推出了一系列鼓励城投债扩张的政策。首先，国务院于2008年12月明确提出要扩大债券发行规模，加大对积极财政政策和货币政策的金融支持力度。随后，中国人民银行和银监会于2009年3月放宽了融资平台利用债务工具融资的信贷条件和监管要求。这使得相当一部分原先不具备城投债发行资格的融资平台拥有了发债资格，进而促使城投债规模持续扩张。2009年，我国新增城投债的发债规模达到1896.3亿元，相较于2008年增加了近十倍。

2010年6月10日，国务院印发的"19号文"阐明了融资平台具有国有企业属性，承担政府投融资职能。因此，融资平台公司通常也被视为城

---

① 2008年9月，全球金融危机全面爆发，各国经济显著下滑。我国经济增速也出现"断崖式"下滑，2008年较2007年末下降4.5%。从2008年11月起，我国外贸进出口首次出现负增长；2009年，我国的进出口总值同比下降13.9%。许多大型工厂停工停产，实际失业率显著上升。危局之下，我国政府于2008年11月推出了进一步扩大内需、刺激经济增长的十项措施。为实施这十大措施，到2010年底约需投资4万亿元，相当于2008年GDP的12.5%；这项计划也因此被称为"四万亿经济刺激计划"。事实上，据粗略估计，在几年中，这个计划动用的资金超过了10万亿元。

市建设投资公司，主营业务包括土地一级开发、基础设施建设、城市公共事业运营等项目。在融资方面，除银行贷款外，融资平台往往通过财政与金融结合的方式进行跨期借贷，比如发行城投债以及借助信托、理财等"影子银行"渠道融资，部分平台还通过产权交易以及特许经营等方式获得融资。在这些融资方式中，城投债券融资因具有短期内不会加大地方政府偿债压力和纳税人负担的优点（张军华，2019）而备受平台推崇。2010年后，随着银行信用贷款渠道收紧，城投债逐渐成为融资平台最主要的融资方式。

目前，城投债的主要品种包括公司债、企业债、中期票据、短期融资券以及非公开定向融资工具（private publication notes，简称PPN）等。从发行规模上来看，公司债、企业债以及中期票据这三类债券占比最高。其中，企业债是唯一可以在沪深证券交易所和中国银行间市场同时进行交易的债券凭证，流通性较好，发行期限一般以7年期为主，与项目的回款周期较匹配。但是企业债募资的资金用途存在一定约束，即必须用于具体的募投项目，严格禁止用于借新还旧，因此需要债务展期或者债务置换的公司较少选择发行企业债。公司债的流通性相对弱于企业债，但其募集资金的用途比较灵活，既可以用来借新还旧，也可以用于补充流动资金。相比前面两种债券，中期票据市场起步较晚，2008年才开始推出并在中国银行间市场发行和交易。中期票据的发行期限主要集中在3至5年，改善了我国信用债券市场上中长期产品短缺的情况。它的用途也比较灵活，既可以用于支持项目建设，也可以用于置换银行贷款以及补充公司营运资金等。

2.2.4 规范阶段（2010—2013年）

2010年1月，国务院全体会议提出"尽快制定规范地方融资平台的措施,防范潜在财政风险"①。2010年2月,财政部发布通知,严禁财政部门和人大继续为地方融资平台项目提供担保,以切断金融风险向财政风险转移的链条。② 2010年,国务院第四次全体会议把"尽快制定规范地方融资平台的措施,防范潜在财政风险"列入当年宏观政策方面重点抓好的工作之一。2010年6月,国务院印发"19号文",在肯定地方政府融资平台公司积极作用的同时,指出了地方政府融资平台发展中出现的问题,包括举债融资规模迅速膨胀、运作不规范、地方政府违规或变相提供担保、部分银行业金融机构对融资平台公司信贷管理缺失等,并要求各级地方政府对融资平台公司债务进行全面清理和规范。

此后,发改委、财政部、中国人民银行、银监会等相关机构多次下发指导意见,对地方融资平台进行整顿,整改地方政府对融资平台的注资和担保行为,防止政府债务风险向社会公众扩散。2011年3月,银监会下发《关于切实做好2011年地方政府融资平台贷款风险监管工作的通知》(银监发〔2011〕34号),提出要严格加强新增平台贷款管理,并全面推进存量平台贷款整改工作。2012年12月,财政部、发改委、中国人民银行、银监会联合发布《关于制止地方政府违法违规融资行为的通知》(财预〔2012〕463号),明确指出部分地方政府违法违规融资的问题,规范地方政府融资,明令禁止违规采用集资、回购(BT)等方式建设公益性项目,违规向融资平台公司注资或提供担保,以及通过财务公司、信托公司、金融租赁公司等违规举借政府性债务等行为。通过不断完善融资平台的清理规范工作和投融资机制,地方政府融资平台贷款持续高增的态势开始缓解,地方政府通过增加注册资本、注入优质资产、完善法人治理结构等方

---

① 《温家宝主持召开国务院全体会议》,《光明日报》,2010年1月20日01版, https://epaper.gmw.cn/gmrb/html/2010-01/20/nw.D110000gmrb_20100120_5-01.htm, 2021年12月20日访问。

② 《规范地方融资平台——政府和人大"担保函"可能无效》,《重庆商报》,2010年2月24日, https://business.sohu.com/20100224/n270402800.shtml, 2021年12月20日访问。

式,大大提高了融资平台公司的资产质量和偿债能力。据审计署的审计结果,2012年各省市融资平台平均资产负债率相较2010年下降约5%。

在治理整顿地方政府融资平台的同时,我国进一步深化投融资体制改革。2013年9月,国务院公布《关于加强城市基础设施建设的意见》(国发〔2013〕36号),提出要建立政府与市场合理分工的投融资体制,地方政府应集中财力建设非经营性基础设施项目,要通过特许经营权、投资补助、政府购买服务等多种形式,吸引包括民间资本在内的社会资金,参与投资、建设和运营有合理回报或有一定投资回收能力的可经营性城市基础设施项目。虽然地方融资平台规范治理工作初见成效,债务风险有所缓解,但是风险并未完全消除,仍需要保持警惕。根据2013年国家审计署公布的地方政府债务审计结果,截至2013年6月底,融资平台公司举借的地方政府性债务是各类举债主体中规模最大的,占比高达39%。[1]

2.2.5 治理阶段(2014年至今)

为了遏制地方政府债务继续膨胀,2014年中央政府开始确立监管框架,严格约束融资平台债务。具体而言,2014年10月,国务院公布的"43号文"明确规定政府债务不得通过企业举借,并且企业债务不得推给政府偿还,切实做到谁借谁还、风险自担。随后发改委、中国银行间市场交易商协会以及证监会等相关部门积极配合并颁布相应的文件[2],大幅提

---

[1] 根据2013年《全国政府性债务审计结果》,融资平台公司举借的债务中,政府负有偿还责任的债务、政府负有担保责任的债务和政府可能承担一定救助责任的债务分别为40755.54亿元、8832.51亿元、20116.37亿元,总计69704.42亿元,地方政府性债务合计为178908.66亿元,融资平台公司债务占比为39%。参见http://www.gov.cn/gzdt/2013-12/30/content_2557187.htm,2021年12月22日访问。

[2] 2014年9月发改委发布《关于全面加强企业债券风险防范的若干意见》,对企业资产质量、发债规模等方面做出了要求。2014年12月中国银行间市场交易商协会发布《关于进一步完善债务融资工具注册发行工作的通知》,对债券募资用途提出一定的限制。2015年1月中国证监会发布《公司债券发行与交易管理办法》,禁止列入银监会监管类名单的地方政府融资平台发行公司债。

高城投债的发行标准。

2015年经济下行压力较大，央行多次降准降息，稳增长的诉求上升，对政府融资平台的监管政策有所放松。2015年5月11日，国务院办公厅转发财政部、中国人民银行、银监会《关于妥善解决地方政府融资平台公司在建项目后续融资问题的意见》（国办发〔2015〕40号），要求支持在建项目的存量融资需求，银行不得盲目抽贷、压贷、停贷，规范实施在建项目的增量融资。2015年5月25日，发改委办公厅印发《关于充分发挥企业债券融资功能支持重点项目建设促进经济平稳较快发展的通知》（发改办财金〔2015〕1327号），鼓励优质企业发债用于重点领域、重点项目融资，放宽对满足特定领域融资平台的发债限制。在这种宽松的环境下，部分地方政府出现通过违规操作产业基金、政府购买服务、政府和社会资本合作（public-private partnership，简称PPP）模式、政府承诺函等多种方式变相融资行为。这一时期，地方政府债务再次高企，且多是风险更大的隐性债务。

2016年底，在遵循"43号文"原则的基础上，政策再次收紧。2016年10月，国务院办公厅《关于印发地方政府性债务风险应急处置预案的通知》中进一步明确地方政府债务界限，并规范融资过程中衍生的新的违规操作。2016年11月，《中共中央 国务院关于完善产权保护制度依法保护产权的意见》提出对官员的终身问责制，即政府官员需要终身对其任期内的所在辖区债务负责。2017年，审计署、财政部开始对各地违法违规举债担保行为进行整治，新疆、湖南等多地的政府类基建项目被压减或暂停，同时通过发布问责报告和设定"负面清单"等形式强化地方政府性债务风险防控。2017年4月，财政部、发改委、财政部、司法部、中国人民银行、银监会和证监会联合发布《关于进一步规范地方政府举债融资行为的通知》（下文简称"50号文"），明确表示规范地方政府融资，严格控制地方政府债务增量。结合2016年开展的融资平台公司债务等统计情况，在2017年7月底前进行第二次地方政府及其部门融资担保行为摸底排查，推动融资平台公司市场化运营和市场化融资，融资平台公司举债时应当向债权人主动书面声明不承担政府融资职能。2017年7月14日，习近平总书记在全国金融工作会议上指出，各级地方党委和政府要树立正确的政绩观，严控地方政府债务增量，终身问责，倒查责任。2017年7月24日，中央政治局会议提出要积极稳妥化解累积的地方政府债务风险，有效规范地方政府举债融资，坚决遏制隐性债务增量。

2018年3月，财政部发布《关于规范金融企业对地方政府和国有企业投融资行为有关问题的通知》（财金〔2018〕23号），规定除购买地方政府债券外，不得直接或间接通过地方国有企业、事业单位等渠道为地方政府及其部门提供任何形式的融资，不得违规新增地方融资平台公司贷款，将非地方政府融资平台企业的国有企业也纳入严控地方政府债务的监管范围。2018年下半年，中美贸易摩擦升级，经济下行压力加大，基建稳增长又被提上日程。2018年8月17日银保监会办公厅发布《关于进一步做好信贷工作提升服务实体经济质效的通知》（银保监办发〔2018〕76号），提出按照市场化原则满足融资平台公司的合理融资需求，对必要的在建项目要避免资金断供、工程烂尾。2018年8月，国务院非公开发布《中共中央国务院关于防范化解地方政府隐性债务风险的意见》（中发〔2018〕27号）（下文简称"27号文"），随后监管部门又在"27号文"的基础上非公开下发《地方政府隐性债务统计监测工作指引》《政府隐性债务认定细则》，以及《地方政府隐性债务问责办法》（中办发〔2018〕46号文）等一系列配套文件，开始第三次全国性地方政府隐性债务统计排查工作，并要求在5—10年内化解隐性债务。2018年10月11日，国务院办公厅发布《关于保持基础设施领域补短板力度的指导意见》（国办发〔2018〕101号），要求按照市场化原则保障融资平台公司的合理融资需求，不得盲目抽贷、压贷或停贷，防范存量隐性债务资金链断裂风险；对必要的在建项目，允许融资平台公司在不扩大建设规模和防范风险的前提下与金融机构协商继续融资，避免出现工程烂尾。

2019年第二季度，国务院办公厅非公开下发《关于防范化解融资平台公司到期存量地方政府隐性债务风险的意见》（国办函"40号文"）（下文简称"40号文")提出,在不新增隐性债务的情况下,允许金融机构对隐性债务进行借新还旧及展期。2019年11月银保监会非公开下发《关于配合做好防范化解融资平台到期存量地方政府隐性债务风险工作的通知》(银保监会发〔2019〕45号)(下文简称"45号文")对"40号文"的相关规定进一步细化完善。

2020年12月20日,中国银行间市场交易商协会要求排查涉及地方隐性债务的企业。2021年1月,中国银行间市场交易商协会和交易所根据地方债务率分档情况,并按照募集资金用途对城投债进行分档审理,红橙黄档(风险预警)企业的发债用途均受到不同程度的限制。2021年7月末,《银行保险机构进一步做好地方政府隐性债务风险防范化解工作的指导意见》(银保监发〔2021〕15号)(下文简称"15号文")再次明确,严禁新增地方政府隐性债务。短期来看,在政策强调平台"按照市场化原则合理融资"的情况下,融资平台不大会面临类似2017年下半年强监管的政策环境,监管很有可能继续维持宽松。但是长期来看,平台转型并实现与地方政府信用脱钩是大势所趋,只是时间问题。融资平台公司未来将在保持原有筹资建设开发职能的前提下,向市场化、盈利化转型,但这并不意味着脱离筹资开发建设的本质职能,否则平台公司将失去核心竞争力。

2.3 市场影响

2.3.1 正向作用

地方融资平台是我国二十多年来地方政府在投融资实践中不断成熟的国有企业形式。在融资平台发展过程中,学者们客观地评价了其作用及合规性。李扬等(2012a,2012b)认为融资平台问题滋生于地方政府财权和事权不匹配以及不允许地方举债的财政体制,在管理合规上不能简单否定融资平台的合理性,解决平台债务问题的根本在于调整财权。巴曙松(2010)认为,在地方政府不允许直接举债以及债券市场发展严重滞后的前提下，银行贷款依然是地方政府筹集资金的主要渠道，这个过程可能伴随着整个城市化进程。计承江（2010）认为，在当前财政金融体制下，发展地方融资平台有其必然性，借助融资平台举债融资是地方政府筹集经济建设资金的最优途径。

从地方融资平台角度来看，这些平台承担了大量的基础设施建设和公共事业服务职能，与竞争性企业、制造型企业存在很大的区别。融资平台最关心的问题是，如何高效完成政府赋予的基础设施建设或公用事业供应任务。事实上，地方融资平台对促进当地经济发展，特别是在一些低效益、高投资的重大民生和社会事业项目建设上发挥了积极作用，产生了良好的社会效益。许多学者也认为，地方融资平台是地方政府不能直接发债、不能直接借贷和不能直接进行担保等情况下的"巧妙设计"，是财政分税制、投融资体制和金融体制等制度变迁下的共同产物，是解决地方政府财力不足、筹资受限问题的客观选择。但是，在平台发展过程中一些问题也逐渐暴露，潜在风险不容小觑。

2.3.2 不足之处

1. 战略目标和发展方向不明确

融资平台作为国有独资企业，理应具有企业的一切属性，在创立初期就制定出明确的战略目标和清晰的发展方向，并在企业发展过程中适时进行调整。对于从事公益性项目建设任务或者同时承担经营性项目的地方融资平台，应该明确阐明企业在未来5—10年需要实现的中长期社会效益目标及平台公司的存续时间和终极目标，即平台结束使命的时间。但是迄今为止，从融资平台公司的运营实际情况来看，大多数融资平台都在地方政府的直接指示下开展投资建设和经营工作，没有体现出企业的独立法人特性，更没有展示明确的发展战略目标和清晰的发展方向。

2. 职能定位不准确，政企关系未厘清

从融资平台建立的初衷、发展历程和现状来看，虽然其表面上的职能有两个：一是承担地方基础设施投资建设的主体职能，具有公益性和非经

第二章　融资平台公司发展背景和历程

营性，二是承担地方产业发展的主体职能，具有准公益性和经营性。但其实际的职能就只有一个，那就是利用市场化和行政化结合的手段为地方政府完成基础设施建设任务和产业发展任务筹借资金。这就导致在实际运营中，融资平台沦为地方政府的融资工具和地方政府的职能部门，不能准确把握自身作为独立法人的国有企业的定位，也不能厘清平台公司与政府之间的关系，违背了社会经济发展规律和企业经营规律，完全按照地方政府的意志进行决策和经营。同时这也可能使得融资平台在地方政府的支持下获得大量地区优势资源，包括市场资源和政策资源，占据绝对垄断优势，进而对其他相关市场主体产生事实上的不公平，违背市场经济规律，导致经济倒退。在这种情况下，部分地方融资平台为某些需要而采取的某些短期行为就不难理解。

此外，现阶段地方融资平台的高管普遍存在行政化官员任职的现象，这从侧面反映出地方融资平台并未做到政企分开。

3. 治理机制不完善，市场运作不规范

作为拥有独立法人资格的国有独资企业，融资平台理应按照现代企业制度的要求，构建完善的法人治理结构，并以股东和其他利益相关者的利益最大化为目标，以规范的市场化方式进行运作和经营。但是，从融资平台实际运营状况来看，大多数平台并未设立股东大会，而是由地方政府指派的部门行使股东大会职能，有的甚至连董事会和监事会都未设立，投资决策与战略管理委员会、预算管理委员会、专家咨询委员会以及提名与薪酬委员会等对企业决策和发展至关重要的专业委员会更是凤毛麟角。同时，资本市场、经理人市场以及融资平台特定的产品市场不完善，又使得融资平台的外部治理机制严重缺失。而作为代理股东的地方政府对平台的融资担保行为更是违背了现代企业制度和有限责任公司的基本原则，极大破坏了公司的治理机制。这显然不符合现代企业的制度要求，也无法对公司高管人员形成有效的激励、监督和约束机制，更无法使平台公司按照市场规律进行正常决策和经营。

此外，政府担保下的地方融资平台不符合现代企业制度的基本原理

(陈其安，2016)。从现代企业的发展历程来看，企业从无限责任到有限责任的转变是企业发展的重大进步，这种转变将企业法人财产与股东个人财产严格区分开来，强化了企业法人的人格独立性和法律地位。当企业因经营不善而进行破产清算时，公司股东只以其对公司的出资额为限对公司债务承担有限责任，而不会因为企业破产而影响个人财产的安全。这显然在股东财产和个人财产之间设置了一道屏障，一定程度上较好地保护了股东的个人权益，免除了股东的后顾之忧，降低了企业的投资风险，进而使得股东更愿意向企业投资，企业也相应地能够获得更多资金来进行研发和生产，为社会创造出更多财富。但是，在我国地方融资平台经营过程中，作为平台公司代理人的地方政府存在大量的兜底、信用担保（包括隐性信用担保和显性信用担保）和国有土地质押行为。如果融资平台在债务到期时不能连本带息全额偿还，那么银行等债权人将首先向融资平台公司进行追索。如果融资平台公司因各种原因实在无法偿还贷款，那么银行等债权人将根据地方政府为融资平台提供的担保约定，忽视融资平台作为有限责任公司的独立法人人格，突破融资平台公司与其代理人之间的屏障，要求地方政府代为清偿平台所欠债务。如果此时融资平台的财政资金比较充裕或者资源比较丰富，那么地方政府可能会履行其担保承诺，向银行等债权人偿还融资平台公司所欠债务；如果此时地方政府的财政资金比较紧张或者资源不足，那么地方政府可能部分履行或完全不履行其担保承诺。由此可见，在融资平台公司因经营不善或其他原因无法偿还债务的情况下，地方政府或者其上级政府甚至中央政府可能会为融资平台承担巨额债务。

根据担保理论，地方政府在代替融资平台向银行偿还其担保的债务后，有权向融资平台公司追索损失。但是由于融资平台作为地方政府的国有独资企业，两者属于利益共同体，即融资平台的所有净债务都来源于或者属于地方政府，那么地方政府在代偿融资平台债务后再向其追索损失将毫无意义。因此，地方政府不会像其他担保人一样，在代偿后向负债主体追索损失。换言之，融资平台公司产生的损失最终只能由当地政府、上级政府乃至中央政府承担。而地方政府、上级政府和中央政府都只是全体人民的代理人，它们可能会把融资平台造成的损失以各种显性或隐性的方式转嫁给融资平台公司的终极股东，即全体人民，进而使得全体人民成为融资平台债务的实际承担者。

综上可知，作为代理股东的地方政府对融资平台公司提供融资担保的行为，在一定程度上改变了融资平台有限责任属性，挑战了其法人人格的独立性，冲破了有限责任公司与其股东之间的保护墙。这不仅严重背离了现代企业制度的有限责任原则，使得名为"有限责任公司"的融资平台公司演变成实质上的"无限责任公司"，破坏了公司的治理机制，同时也使得平台的终极股东——区域内全体人民对融资平台公司承担了无限责任，增加了潜在的社会风险。

4. 资产质量不高，杠杆率较高

我国地方融资平台特别是区县级融资平台，大多是根据地方政府的融资需求通过整合所在地区政府的存量资产组建而成的，且绝大多数融资平台都是土地依赖型。在平台建立初期，为了做大做强平台，需要注入可供抵押的资产。在资产选择上，由于公益性资产注入受限，股权等资产价值存在不确定性，唯有土地使用权具有合规性及升值空间大等优势，遂成为资产注入的理想选择。这种土地依赖模式也使得平台公司的资产类型较为分散，关联度不强、质量不高、盈利能力较弱。在财务报表上体现为资产负债率较高。事实上，融资平台较高的资产负债率与其经营方式密切相关。融资平台的一个重要职能是向金融机构融资，而金融机构为了防范信贷风险，对信用贷款和保证贷款的发放较为谨慎，通常更倾向于发放抵押、质押贷款。可以观察到，融资平台的资产端大部分是公益性资产，如轨道交通、城市公路、供水设施等。这些资产难以用于抵押、质押等用途。而融资平台能够用于抵押、质押的资产主要是经营性项目，如项目收费权以及土地使用权等金融机构认可的资产。因此，融资平台取得资金的一般流程是，地方政府向融资平台资产端注入土地资产，而后融资平台用其作为抵押物向金融机构借款，并将资金用于公共工程建设。公共设施建成后，由于其公益属性无法转让，仍然作为固定资产存在于公司的账簿上。当需要偿还原有金融机构借款时，融资平台只能借新还旧，再次以土地资产作为抵、质押物取得借款。由此，融资平台债务不断膨胀，资产负债率不断提高。

正常的资产负债率管理要做到融资期限与投资期限相匹配，即长期投资需由长期资金来支持，短期亦如是。目前，地方融资平台普遍存在资产与负债结构不匹配等问题。较高的财务杠杆和错配的资金期限结构使得企业面临较高的财务风险。一方面，债务到期无法偿债，融资平台有破产风险；另一方面，利率会提高财务成本，在融资平台债台高筑、非流动负债占比较高，且所有者权益与付息债务相当的情况下，利率的提升会使得净资产收益率大幅下降。

5. 发展模式不够科学，业务层次不强

我国地方融资平台大多采用集基础设施和产业发展职能于一体的资本经营和资产经营兼容型发展模式。在该模式下，融资平台公司根据自身承担的基础设施建设和产业发展投资经营职能，合理规划自己的主营业务，估计公司履行公益性职能所需要的资金数量和自身发展所需的资金需求，利用拥有的政策资源和资产资源优势，以"政府信用、公司资产和公司信用"为担保，通过多种渠道的融通资金，将筹集到的资金直接投向地区基础设施建设或用于实体化的产业投资经营，通过创办和经营产业经济实体来获取经营利润，同时推动地区优势产业和重点产业的发展。

然而，一些地方政府特别是市县区级地方政府，为了达到能够利用市场化手段筹措资金建设地区基础设施、提升地区经济发展水平甚至达到政绩工程的目的，将辖区内的大部分国有资产和国有企业不分主次地组合在一起，形成一个或数个拥有数亿、数十亿的融资平台。由于这些平台承担着基础设施和产业发展的双重职能，业务领域宽泛，涉及多个产业，而且随着地区社会经济的发展，平台业务可能会进一步扩展。如果不分轻重缓急、不分主次地对如此众多的业务领域和项目着力，必然会产生公司经营业绩不佳、难以完成历史使命的恶果。所以，必须要求更加科学地发展运营模式与之相匹配，提高业务经营的层次性。然而，不幸的是，大多数平台特别是低层次平台都没有根据融资平台公司的发展现状和职能定位，沿着产业链有计划、按步骤、分层次地逐步拓展其在相关产业内的业务范围，对其现有业务项目和潜在业务项目进行统一规划和有效整合，建立起以基础设施建设为中心的层次分明、逐层递进的运营结构。

  本章以安徽省一个县级融资平台为例，分析其主营业务分布特征，以此来展示一般性融资平台业务模式的待改进之处。全椒县城市基础设施开发建设有限公司（下文简称"全椒建投"）是安徽省滁州市一家从事水利、环境和公共设施管理业的综合型县级融资平台，其经营范围包括城市道路、桥梁、给排水、供气、供热、公共交通等基础设施的投融资、建设、运营和管理，以及城镇土地经营、矿山整治与生态修复等经相关部门批准后方可开展的经营活动。[①] 近年来，全椒建投的业务范围不断扩大，表 2.2 是该公司前九大控股子公司，投资范围涉及医院、林业、建筑、建材、水务、金融资产和国有资产管理等。经过分析发现，全椒建投控股的这九家公司所经营的业务，有些是对公司长期生存和发展至关重要的核心层业务，如项目组织管理服务类企业，包括全椒县宏伟建设工程有限公司、滁州市共赢建设工程有限公司、滁州海螺新型建材有限公司、全椒海螺建筑科技有限责任公司；有些是对公司发展有重要作用，对公司经营业绩有重要影响的紧密层业务，如全椒县利民医院管理有限公司、全椒县森园林业综合开发有限公司和全椒县源洁水务有限公司所从事的业务；有些是对公司发展有重要作用，对业绩有一定影响的半紧密层业务，如全椒县徽银城镇化壹号基金管理中心（有限合伙）、全椒国厚资产管理有限公司所从事的业务。全椒建投的发展运营模式和业务拓展层次并非个案，类似

---

① https://www.tianyancha.com/company/1311187660，2021 年 12 月 20 日访问。

的"全面发展"的发展运营模式和"遍地开花"的经营模式在其他政府融资平台中也很常见。这种比较松散、层次性不强的模式可能会制约融资平台未来的长远发展。

表 2.2 全椒县城市基础设施开发建设有限公司的主要控股子公司

企业名称	注册资本（万元）	出资比例（％）	成立日期	状态
全椒海螺建筑科技有限责任公司	30000	10	2019-11-18	存续
全椒县源洁水务有限公司	601.04	10	2019-05-10	存续
滁州海螺新型建材有限公司	1100	30	2018-05-23	存续
全椒县森园林业综合开发有限公司	100000	100	2017-12-12	存续
全椒国厚资产管理有限公司	3000	35	2017-09-05	存续
滁州市共赢建设工程有限公司	7200	10	2017-06-15	存续
全椒县利民医院管理有限公司	300	100	2017-01-04	存续
全椒县徽银城镇化壹号基金管理中心（有限合伙）	60	83	2015-12-31	注销
全椒县宏伟建设工程有限公司	2500	100	2005-08-08	存续

资料来源：同花顺数据库。

6. 融资行为不规范，土地依赖性较强

融资平台向银行贷款时存在多头借款、违规挪用等行为。由于地方基础设施项目建设和主导产业发展项目需要大量资金，融资平台通常需要从多家银行分别贷款。为了方便资金的统一调度和使用，一些平台公司会把从不同银行借来的贷款汇总起来，而后根据项目的进度随时提取。但是，这样可能会给贷款银行带来较大的风险。贷款银行无法有效监控贷款资金的使用情况，更无法追踪贷款的去向，可能产生信贷资金违规挪用的风险。

融资平台借款时担保资产具有单一性。从借款条件上看，地方融资平台大多采用了抵押借款、保证借款、质押借款和信用借款等多种借款方式，但是每种方式都或多或少有地方政府信用和土地财政的影子。其中抵押借款大多以土地使用权作为抵押物，保证借款则主要以融资平台内部各个子公司和关联公司的相互保证为主,质押借款大多以资产权益和所持股权作为质押物,信用借款则以地方政府信用为隐性后盾。地方政府融资平台公司虽然拥有独立法人资格,且在法律上具有完全民事行为能力,但其融资能力和还款能力实际上都是以地方政府显性或隐性担保为条件的。为了满足融资平台公司银行贷款条件,必须有充分保证的要求,在《担保法》明确规定国家机关不能作为保证人的前提下,不少地方采取了以财政预算提供贷款保证的办法,保证担保的效力。因此,部分地区以抵押、担保和财政兜底的方式向银行借贷,将地方财政作为最后的偿债保障。

融资平台的财务基础较为脆弱,资产存在泡沫化风险。无论是银行借款,还是发行债券、信托贷款和委托贷款等融资渠道,出资人都要求融资平台公司在资产规模和偿债能力等方面满足一定条件及要求。在这种情况下,地方政府为了帮助融资平台在资本市场上顺利地筹集到所需资金,会将地方政府管辖范围内的相关和不相关资产都糅合在一起划归融资平台,以做大其账面资产规模。这种行为很有可能是违背市场经济规律的,会导致融资平台资产泡沫化,使得融资平台自有资产具有很大的脆弱性。资产泡沫化严重影响了融资平台的偿债能力。从目前来看,地方融资平台的账面资产规模都比较庞大,在当地企业中都是名列前茅。但是融资平台的资产整合大多是在地方政府直接干预下根据融资需要而进行的,没有严格按照市场经济规律和产业链发展规律打造政府投融资平台,致使地方融资平台缺乏将产业链做深、做长、做强的能力。这种先天性不足必然会导致融资平台自身造血功能低下,偿债能力不足。此外,各个省级、地市级和区县级融资平台都在地方政府支持与主导下成为当地首屈一指的大型企业,在账面上基本达到了资本市场的融资要求。这就使得融资平台对地方政府和土地升值的依赖性过深。具体而言,地方政府融资平台在融资过程中常常依赖于地方政府担保或当地人民代表大会出具的安慰函来获得银行贷款,而这些担保大多建立在对土地价格上涨预期的基础上。如果土地价格上涨,土地顺利出让,其收入就可以顺利地偿还贷款;如果地价下跌,土地出让困难,就会严重削弱地方政府及其融资平台的还款能力,进而给社会经济发展带来严重的负面影响。随着土地的增值空间随着地价的攀升而逐步缩小,这必将为融资平台后续的融资能力带来严峻挑战。

2.3.3 潜在风险

融资平台的出现克服了地方政府不能借款的限制,并且平台之间可以互相担保和借款,极大程度上发展和丰富了金融工具在地方建设中的作用。Wind 数据库统计显示,2021 年融资平台有息负债规模高达 50 万亿元,一旦发生债务危机,庞大的债务规模有可能演变成巨大的系统性风险,对地方财政、金融市场和社会经济等宏观主体产生系列影响。下面,分别从财政、金融和经济角度对融资平台的影响展开分析。

1. 地方财政

地方融资平台与同级财政之间紧密相连,一旦融资平台债务负担过重,无法偿还债务,信用风险将会传递给地方财政,引发财政风险。融资平台在形式上是独立法人,通过银行贷款和发行债券等方式产生企业债务,但本质上仍属于政府负债。其原因在于,地方政府融资平台一般是由当地政府出资设立的,地方政府对其拥有实际控制权和管理权。因此,融资平台债务属于地方政府的或有债务。

地方融资平台债务风险传导至各级政府的具体路径为:(1)地方政府借助融资平台大肆举债,并将筹措资金投向城市基础设施建设项目,一旦还款出现问题,产生债务违约,不得不举借新债,债务负担更重。(2)当地方政府融资平台债务融资难以为继时,求助于地方政府,地方政府将负责筹措资金还款。(3)当下级政府财力不足以承担融资平台债务时,必然向上级政府求助,寻求更多的转移支付或项目资金支持。(4)债务风险经由各级政府传导,最终将自下而上演变成中央财政风险,中央政府成为债务的最终偿还者。这种传导路径显示,如果融资平台债务风险不能及时化解,将逐层向上传递,甚至形成中央政府的债务风险,从而威胁国家财政体系的稳定和经济的发展。

但是，在中国当前的财政体制下，高企的投资风险并不能使地方政府破产。地方政府的投融资活动不是以自己的财力、信息披露、管理能力以及权衡各类筹资方式的成本和效益为基础，相反，其借助融资平台过度融资以获取超额的政绩。因此，遏制政府过度举债的重要举措就是严格的财政制度，并对政府投融资行为实行问责制度。但在我国现行的财政制度下，即使是投资失误导致地方财政危机也有中央政府进行兜底，所以地方政府有时并不严格遵守纪律，特别当我国不同地区的地方政府均有此类行为时，中央政府将面临法不责众的窘境。由于发生财政危机的地方政府往往是经济欠发达地区，不排除上级政府鼓励和默许其赶超行为，特别是当各种投融资决策及程序都合法合规时，上级政府和中央政府很难对发生财政危机的地方官员进行追责。这种逆向选择机制将导致地方政府借助融资平台举债的行为更加肆无忌惮。

2. 金融市场

地方融资平台的债务资金最终来源于银行等金融机构，当平台发生债务违约时，债务风险将迅速在各金融部门之间传递，引发金融风险。地方融资平台举借的债务主要基于政府信用和财政担保，同时银行等金融机构对融资平台的贷款较为宽松，且借贷主体之间存在一定的信息不对称，借款主体拥有更多的信息优势。以银行贷款为例。如多家融资平台向一家银行进行借贷；或一家融资平台公司分别向多家银行进行借贷，形成多头融资。当银行对融资平台的实际资产负债情况、信贷资金以及偿还能力无法做出有效判断时，传统银行的风险管理措施落空，容易产生债务风险。一旦地方政府无力偿还债务时，则会形成不良资产。

此外，银行借贷资金多投向中长期建设项目，周期长、数额大。当地政府融资平台获得前期贷款并投入项目建设之后，再次向银行借贷时，银行为了避免前期发放的贷款形成不良贷款，势必会再次放贷并将资金集中到已经开工的项目上，从而形成一种政府"绑架"银行的现象。而对银行来说，由于自身独立性不足，在对融资平台贷款时容易受到当地政府及其领导的影响，且审批程序存在问题，没有真正评估借款者的偿债能力和还款来源，对融资平台信贷缺失管理，加速金融风险出现。

3. 社会经济

地方融资平台从银行等金融机构获得融资后，一般会直接通过子公司投向实体经济。一旦融资平台出现债务风险，将会直接将风险传导给建设项目，引发实体经济风险。融资平台投资项目大多数属于非经营性、准经营性项目，比如城市道路、文化广场、环境整治等，这些项目的共同特征是建设周期长、回报率低。当地政府融资平台陷入财务困境、资金链断裂时，即便投资项目已经完成，也可能无法从项目中及时获得经营回报，难以依靠项目投资收益化解风险。如果投资项目尚未完成，则后续的资金需求仍会给融资平台带来极大的压力。如果融资平台无法继续提供资金支持，则项目无法按期完成，前期资金也有可能无法收回，并进一步扩大资金缺口，给实体经济带来风险。

(1) 项目投资过度，资源浪费严重

此外，地方政府之间的投资竞赛加剧，容易造成资源浪费严重。由于以 GDP 为主要衡量标准的地方经济发展水平是考核地方政府官员的主要指标，较高的基础设施建设水平能够在表面上给上级政府带来良好的印象，所以地方政府官员必然会加大对地方基础设施建设和主导产业发展项目的投资力度，制定出宏伟的投资规划，进而表现出强烈的基础设施投资偏好和竞争动机。而融资平台以地方政府信用和土地储备为基础的融资行为能在短时间内筹集到巨额投资资金，为政府规划的实施提供资金支持，强化了地方政府参与投资的欲望。地方政府的投资偏好与融资平台的行为结果相互强化，导致平台公司在地方政府支持下筹集的资金越来越多，进而使得地方政府开展大量的政绩工程，加剧地方之间的投资竞赛程度，最终在全国范围内形成你追我赶的局面。

融资平台的巨大融资潜力为地方政府实施其宏伟的投资计划提供了资金支持，而地方政府在短时间内实施众多大型投资项目，可能会出现违背市场经济发展规律的形象工程以及劳民伤财的政绩工程。这些动辄几亿元甚至数十亿元的大型投资项目必然产生巨大的资源消耗。如果这些项目的投资建设不能产生社会、经济效益，就会造成严重的资源浪费，产生严重的经济后果。近几年屡次出现的"鬼城"现象，就是一个很好的佐证。例如贵州黔南独山县举债 2 亿元打造的"天下第一水司楼"、占地 1.5 万亩却只进驻了两家学校的独山大学城、投资 56.5 亿打造的"盘古庄"等系列政绩工程，使得当地政府背负高达 400 多亿元[①]规模的债务。值得注意的是，独山县的这些债务大多数融资成本超过 10%，每年光利息支出就接近 40 亿元，远超当地政府的年均财政收入。

这些案例在三、四线城市比比皆是。耗费大量土地、财政和自然等资源建造的豪华新城不仅无人制止，地方政府还乐此不疲，趋之若鹜。

(2) 土地价格攀升，房地产泡沫加剧

地方政府信用和土地储备已经成为融资平台各个融资链的主要担保工具，也是银行特别是政策性银行和商业银行愿意向融资平台发放贷款的重要条件。土地作为地方政府掌握的重要资源，当地方政府的税收收入不足以满足其巨额投资需求时，必然会充分利用其掌握的土地资源来帮助融资平台融资。同时，作为理性经济人的银行在地方政府背书下向融资平台发放贷款时，清楚地方政府并不富裕的财政实力和融资平台相对低下的经营能力，也非常清楚自己所处的弱势地位。当平台公司因经营不善出现违约时，如果地方政府不愿意或者没有足够财力履行对融资平台的担保责任，那么银行也不可能强制地方政府偿还债务，地方政府也不可能破产。在这种情况下，为什么银行还愿意向融资平台提供巨额贷款呢？

除了地方政府对银行施加的压力以及银行因产权不明晰而产生的道德风险等因素外，银行可能更看重地方政府持有的土地资源所具有的变现价值和增值保值潜力。因此，从本质上来说，融资平台在地方政府背书下的融资也建立在土地资源上。土地资源已经成为融资平台融资的唯一基础，

---

① 韩声江：《起底独山县 400 亿债务另两名关键人：鬼才建筑师与黑道老板》，澎湃新闻，2020 年 7 月 16 日，https://www.thepaper.cn/newsDetail_forward_8294254，2021 年 8 月 20 日访问。

是维系地方政府、融资平台和银行三方均衡的核心要素。地方政府将土地资源以资产注入的方式划拨给融资平台，融资平台以政府划拨的土地为抵押向银行举债融资，并按照地方政府的指令将获得的融资用于政府规划的项目中。在这种情况下，融资平台能够从银行源源不断地借得债务资金的关键是土地价格不断上涨。因此，土地是融资平台融资的现实标的资产，银行具有促使土地价格上涨的现实愿望，地方政府具有推动土地价格上涨的内在动力。尽管地方政府可能为了响应中央政府政策在形式上号召平抑房地产价格，避免经济出现泡沫化。但实际根据杠杆效应，土地价格下跌将直接缩减地方政府实际可用资源，因此地方政府不太可能让房价下跌（陈其安，2016）。这也使得中央政府在制定和实施房地产调控政策过程中陷入两难境地，同时也可能导致地方政府千方百计阻挠中央政府制定和实施严厉的房地产调控政策。因此，地方政府、融资平台和银行三方共同作用的结果必然是土地价格节节攀升，而土地价格的上升必然会带动其他资产价格上涨，最终导致全社会的物价飙升，房地产泡沫和通货膨胀严重，甚至引发金融系统性风险。

2.4 本章小结

对于我国财政改革而言，从分税制改革以来，我国财税体制一个最重要的特点是经济分权。大部分学者对我国财政分权的作用都予以充分肯定（林毅夫、刘志强，2000；周黎安，2004；张军等，2007；张军，2008）。但在我国财税体制改革过程中，一些弊端也渐渐显现，如地方财权和事权不匹配。分税制改革后，中央财力得到增强，地方财政收入占比相对稳定，但地方政府承担的公共事务职能却在不断增加。为了更好地实现目标，中央政府基于GDP对地方官员的考核建立了严格奖励机制。各地政府普遍偏好于基础设施建设、城镇化建设和吸引外商投资等方式。在不同层级政府逐层派发任务的制度背景下，基层政府的两权不匹配程度更加严重，财政压力也更大，特别是县、乡级政府。自然地，举债成为地方政府最重要的资金来源之一。

  整体而言，虽然融资平台在发展历程中对我国经济发展做出了不可替代的贡献，但是由于存在营利模式以及公司管理上的缺陷，其潜在的风险也备受市场关注，尤其是债务违约风险。下面，本研究将对融资平台的债务进行探讨，尝试分析其风险的来源并估计风险的大小。

第三章
城投债概况

在融资平台所举借的各种债务中,城投债因其发行和交易监管要求较严,信息透明度较高,在平台债务中占比较大,因而成为分析融资平台债务风险重要的代表。下面,本章将对城投债的发行现状和风险来源进行细致分析。

3.1 城投债规模和风险

3.1.1 发行规模

2020年新冠病毒疫情暴发后,在党中央因时因势的政策部署下,中国经济逆风破浪开创新格局。过去两年,为对抗疫情冲击、稳定经济增长,各地政府加快政府债券发行和使用速度以扩大有效投资。据财政部统计,2020年全国发行地方政府债券共计6.44万亿元,为地方做好"六稳"工作、落实"六保"任务提供了有力保障。① 不过,在大规模扩张地方政府债务的同时,部分地方政府债务风险有所显现,部分地区地方政府债务率接近警戒线。近年来,中央反复强调要在"稳增长"与"防风险"间取得

---

① "六稳"指稳就业、稳金融、稳外贸、稳外资、稳投资、稳预期。"六保"指保居民就业、保基本民生、保市场主体、保粮食能源安全、保产业链供应链稳定、保基层运转。

平衡。早在2018年8月,"27号文"就明确要求地方政府在未来五至十年内化解隐性债务。2020年末,中央经济工作会议在提出"推动经济持续恢复和高质量发展"的同时,也强调防范化解地方政府债务风险的重要性,尤其是要抓实化解地方政府隐性债务风险。2021年末,中央经济工作会议指出,要正确认识和把握防范化解重大风险,坚决遏制新增地方政府隐性债务。这更加凸显了防范化解隐性债务风险的重要性和紧迫性。

地方政府融资平台公司是地方政府隐性债务的主要举债主体之一(龚强等,2011;蒲丹琳、王善平,2014)。根据2013年国家审计署公布的地方政府债务审计结果,截至2013年6月底,融资平台公司举借的地方政府性债务是各类举债主体中规模最大的,占比高达39%。为了规范地方政府融资,遏制地方政府债务继续膨胀,2014年中央政府开始严格约束融资平台债务。具体如下:

2014年监管框架确立,政策开始趋严。2014年,中央政府公布的"43号文"明确规定政府债务不得通过企业举借,并且企业债务不得推给政府偿还,切实做到谁借谁还、风险自担。随后发改委、中国银行间市场交易商协会以及证监会等相关部门积极配合并颁布相应的文件[①],大幅提高城投债的发行标准。由图3.1可知,随后两个季度,城投债发行规模有所下降。

2016年底在遵循"43号文"原则的基础上,政策继续收紧。2016年10月国务院办公厅发布《关于印发地方政府性债务风险应急处置预案的通知》,进一步明确地方政府债务界限,并规范融资过程中衍生的违规新操作。2016年11月,《中共中央 国务院关于完善产权保护制度依法保护产权的意见》提出对官员的终身问责制,即政府官员需要终身对其任期内的

---

① 2014年10月,发改委发布《关于全面加强企业债券风险防范的若干意见》,对企业资产质量、发债规模等方面做出了要求。2014年12月中国银行间市场交易商协会发布《关于进一步完善债务融资工具注册发行工作的通知》,对债券募资用途提出一定的限制。2015年1月证监会发布《公司债券发行与交易管理办法》,禁止列入银监会监管类名单的地方政府融资平台发行公司债。

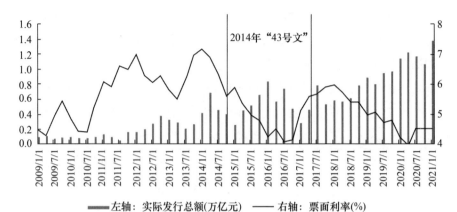

图 3.1　2009Q1—2021Q1 各季度城投债发行规模和票面利率

注：票面利率为该季度内发行的城投债券票面利率的加权平均利率，权重为实际发行总额。

资料来源：Wind 数据库。

所在辖区债务负责。2017 年开始，审计署、财政部对各地违法违规举债担保行为开始整治，新疆、湖南等多地的政府类基建项目被压减或暂停，同时通过发布报告问责和设定"负面清单"等形式强化地方政府性债务风险防控。2017 年 4 月"50 号文"明确表示规范政府融资，严格控制政府债务增量，并再度强调对官员举债终身问责。随着监管力度的加大，城投债发行相对放缓，融资成本逐渐上升（见图 3.1）。

2021 年政策再度收紧。2020 年 12 月，中国银行间市场交易商协会要求排查涉及地方隐性债务的企业。2021 年 1 月中国银行间市场交易商协会和沪深证券交易所根据地方债务率分档情况并按照募集资金用途对城投债进行分档审理，红橙黄档（风险预警）企业的发债用途均受到不同程度的限制。2021 年 7 月，《银行保险机构进一步做好地方政府隐性债务风险防范化解工作的指导意见》（银保监会〔2021〕15 号文）（下文简称"15 号文"）再次明确，严禁新增地方政府隐性债务。

整体而言，2014 年至今，中央政府发布了一系列文件用以规范融资平台债务，不仅要求各省全面对各部门和各区域违规融资行为进行摸底排查与清理整改，也对最终出资人（地方政府）加强监管，还对资金融入方

（融资平台）、资金来源方（金融机构、银行等）严格限制。虽然"43号文"明确提出剥离融资平台公司的政府融资职能，并试图遏制城投债的规模，但是在此之后每年新增城投债的规模并未减少。由图3.2可知，2014年之前每年新增城投债的发行规模较小，平均低于1万亿元，但是增速较快，2012年甚至高达142％。从2015年开始，全国城投债发行额的增速有所放缓，但平均每年城投债发行额的绝对数却高达2万亿元，平均高于2015年之前任何一年的发行量，其中2020年新增城投债规模高达4.58万亿元。这意味着，在2015年之后城投债规模不降反增，仍在逆势扩张。进一步而言，在城投债发行规模和市场份额急剧增加的同时，越来越多信用评级较低以及区县级的融资平台也开始发行城投债，即信用资质逐渐下沉。结合图3.1和图3.2可知，在监管政策整体趋于严格的背景下，城投债发行规模不仅越来越大，其融资成本也呈现下降趋势。

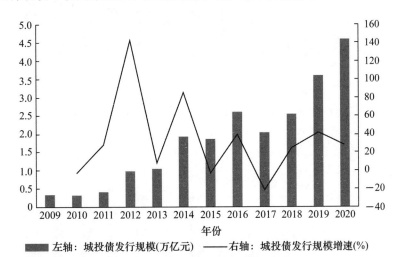

图3.2　我国各年新增城投债规模

资料来源：Wind数据库。

3.1.2　偿债风险

在城投债规模不断扩张的同时，其区域分布也存在明显的结构性问题。本节在初步计算了我国东、中、西部每年新增城投债占 GDP 的比重和每年存量城投债占 GDP 的比重（见图 3.3 和图 3.4）后发现：2009—2020 年间，西部地区年平均新增城投债与 GDP 比重为 2.63%，中部地区为 2.10%，东部地区为 2.37%；西部地区年平均城投债余额与 GDP 比重为 9.10%，中部地区为 7.60%，东部地区为 8.46%。进一步而言，从 2012 年开始至 2020 年，相较于其经济发展情况，西部地区年平均新增城投债以及存量城投债是最多的，而东中部地区相对较少。这意味着我国城投债逆势扩张的问题更多地集中于经济发展水平欠发达的西部地区。换言之，西部地区的城投债偿债风险也是最高的。

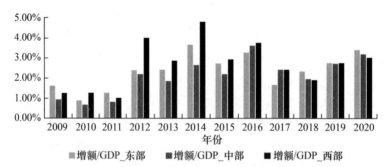

图 3.3 我国不同地区新发行城投债规模占地区 GDP 比重

资料来源：Wind 数据库。

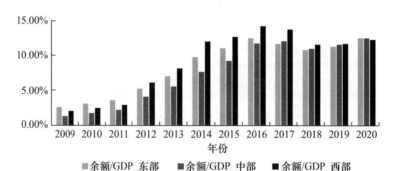

图 3.4 我国不同地区存量城投债规模占地区 GDP 比重

资料来源：Wind 数据库。

"43号文"已明确提出融资平台公司的债务不得推给地方政府偿还，债务风险需要自己承担。因此，融资平台的财务基本面是评价城投债偿还风险的重要参考。通过收集并整理融资平台财务报表[①]可知，融资平台在基本面分析，尤其是偿债能力分析上与其他企业相比存在其特殊性。如，融资平台的应付债券是其通过发行城投债所筹得的资金，其无形资产一般是由政府无偿或低价拨予的土地使用权，其资本公积则为地方政府的资金注入或股权划转等。本节对2009—2020年我国发行城投债的融资平台的基本面进行了初步分析，并发现：这十多年间，我国融资平台经营活动产生的现金流不断下降，固定资产、在建工程和无形资产占总资产的比重也不断下降，而其投资活动产生的现金流却持续上升，说明融资平台整体的实际经营能力持续降低，逐步由经营性平台公司向金融化平台转型。与此同时，融资平台的杠杆率、应付债券占总负债的比重以及筹资活动产生的现金流持续上升，这意味着融资平台在经营效益不佳的情况下，仍在大幅举债，且越来越多地采取发行城投债的方式进行融资。

随着部分债务风险的加速凸显，信用债违约越来越频繁，债券市场的刚性兑付预期也已被打破。据Wind数据库统计显示，我国信用债年违约规模从2014年的13.4亿元上升至2020年的2386亿元（见图3.5），地方国有企业债券违约也逐年增多。2020年地方国有企业违约家数达7家，创历史新高，其中包括华晨汽车、紫光集团、永城煤电控股集团等AAA级[②]国有企业。与此同时，虽然城投公募债至今尚未出现实质上的违约，但是公募债以外的城投债务已经多次出现违约。如，2018年8月，首只城投私募债出现违约——"17兵团六师SCP001"这一超短期融资券无法按时兑

[①] 由于城投债是融资平台最规范的举债形式之一，只有发行过债券的融资平台公司才会披露相关财务数据，因此限于数据可得性，本研究仅针对发行过债券的融资平台进行分析。由2013年6月国家审计署公布的审计结果公告可知，所有融资平台公司负债占地方国企负债的比重约为69%；而根据本研究的测算，2013年末，发行过债券的这部分融资平台的负债总额占地方国企负债总额的比例为54%。由上述统计可见，这部分发行过城投债券的融资平台占所有融资平台的比重是比较高的。

[②] 该评级为债务主体违约前一个月的外部评级。

付本息。2019年以来，贵州省独山县"特旅1号"、贵州黔东南州榕江县"中电投先融锐榕1号"、内蒙古通辽市"开鲁城投"信托、呼和浩特"16呼和经开PPN001"等地方融资平台非标债务①先后违约。2020年下半年，"15吉林铁投PPN002""17沈公用PPN001"集中违约，且融资平台非标债务违约规模较2018年翻番。2021年4月，呼和浩特春华水务集团部分融资租赁债务违约。这些违约事件发生后，市场上其余城投债的信用利差也随之发生一定程度的波动，表明城投债存在一定的系统性风险。随着偿债高峰期的到来，城投债未来的预期违约概率和规模均较大。

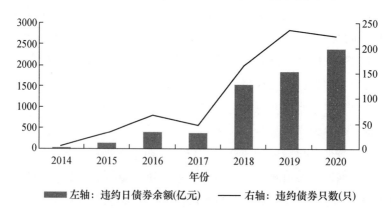

图 3.5　我国信用债各年违约规模

资料来源：Wind 数据库。

在实体经济增速放缓、市场违约事件增多、发行主体偿债能力下降等因素的影响下，城投债面临着诸多风险，如违约风险、流动性风险以及价格暴跌风险等。并且，融资平台产生大量的地方政府负有担保责任及可能承担救助责任的债务在目前机制下难以透明运作和管理，或将成为系统性风险的隐患。研究表明，通过直接的资产负债表渠道和间接的一般均衡效应渠道，我国地方政府性债务风险与金融部门风险相互传染、强化，形成

---

① "非标债务"全称"非标准化债权资产"，指未在银行间市场及证券交易所市场交易的债权性资产，包括但不限于信贷资产、信托贷款、委托债权、承兑汇票、信用证、应收账款、各类受（收）益权、带回购条款的股权性融资等。

风险的"双螺旋"结构（熊琛、金昊，2018）。其他学者分析发现，当城投债风险上升时，作为较安全资产的国债价格被推升、中短期预期收益率下降。即如果不能有效地控制地方政府性债务风险，可能引起债券市场系统性风险的爆发和国债溢价及收益率的显著上升（牛霖琳等，2016）。还有研究指出，在地方政府刚性兑付预期下，城投债信用风险相对较低且收益较高，投资者存在套利动机（纪志宏、曹媛媛，2017）。一旦城投债的刚性兑付保障消失，债务主体负担和债务偿还压力增大；甚至若发生资金链断裂情况，则可能引发市场恐慌，最终形成系统性的流动性风险（李升，2019）。因此对城投债风险和定价的分析也成为政府性债务风险研究领域的重要议题。

综上可知，2014年中央政府公布的"43号文"，目的是将地方融资平台的政府融资职能剥离，以遏制融资平台债务扩张。2014年修订后的《预算法》也对地方政府发债主体、规模、方式、用途等均做了具体规定，即此后发行的城投债不再属于政府性债务。理论上，2015年后城投债的发行难度以及成本理应大幅增加，进而其规模会出现明显收缩。然而，实际情况却大相径庭。那么，在"43号文"明确禁止地方政府借助融资平台来举债的情况下，为什么2015年后城投债依然在大规模发行？

根据本研究的统计，2015年以来，城投债的融资成本总体呈现下降趋势，平均票面利率由5.8%（2009—2014年）下降至4.9%（2015—2020年）。因此，本研究推测城投债依然能够在市场上以较低的价格获得融资是其得以持续扩张的重要因素之一。那么，随之而来的一个更深层次的问题是，在财务基本面不断恶化的情况下，为什么城投债依然能够以较低的价格在市场上发行？

在金融市场上，资产融资成本越低（利率越低或价格越高）意味着其风险越低。为了理解城投债风险较低的原因，本研究从城投债定价角度对其定价因素进行分析，探讨城投债风险的来源和形成机制，为我国信用债市场持续健康发展以及隐性债务风险防范化解提供一定支持。

3.2 理 论 分 析

3.2.1 财政分权

财政分权理论起源于蒂布特（Tiebout，1956）的"公共支出理论"和奥茨（2012）的"第一代财政联邦主义理论"。这两个理论核心观点是，中央政府应当赋予地方政府提供相关公共物品的财政收支权力。随着20世纪90年代"第二代财政联邦主义"思想的兴起，财政分权理论更加关注财政分权对维护市场改革、改善市场效率、促进经济增长的影响。财政分权的核心观点是，赋予地方政府更多的资源配置权力，引导地方政府之间相互竞争并推动地方官员更好地以纳税人的目标为决策依据，从而强化对地方政府行为的预算约束。然而，财政分权也会产生诸多问题，如财政援助、搭便车和过度举债倾向。

财政分权不可避免伴随着财政援助问题。研究表明，不论市场发展程度如何完善，无论是发达经济体抑或新兴市场经济体，财政援助问题均普遍存在于实施财政联邦制度的经济体中。这主要是因为，实力相对较弱的地方政府以全国公共服务均等化为由，加大财政开支和举债力度。当财政透支、金融市场风险高企时，将倒逼中央政府进行援助。此外，发达经济体中宏观经济环境恶化导致高福利高社保体系难以维系，以及新兴市场经济体中分权体制的不成熟和地方财政责任机制的不健全，都是重要诱因。在此逻辑下，财政分权也使得各地方政府举债"搭便车"的机会成本较低。在我国统一的宏观经济背景下，地方官员出于政绩观考虑，各地政府都有加大投资和举债的动机。如果出现财政风险，中央政府很有可能进行救助，地方政府则只承担部分举债成本；但如果冒险成功，地方政府则享有全部收益。在此博弈中，地方政府存在一定的冒险动机。倘若所有地方政府都如此考虑，便会形成明显的"搭便车"行为。

财政分权助推了地方政府过度举债的动机。我国现有的分权主要是指上下级政府之间的分权,并未考虑社会公众对财政的监督。此外,我国公共财政管理改革透明度不高,且现有的财政管理体制始终以民生服务为导向,与发达经济体和新兴市场经济体相比,财政透明度提高进程缓慢,缺乏公众、纳税人和媒体的监督,无法有效约束地方政府融资平台冒险的过度举债行为。财政分权加强了各地的自我发展意识,各地政府都集中发展对自己有利的项目,并竭力从全国总财政资源中获取更多资源来发展本地区经济。当中央政府集中全国财政收入并进行二次分配向地方政府转移时,由于地方政府只需要较低的成本就能获得较大的额外收入,并且当债务违约时债权人更倾向于相信中央政府会负责兜底,因此地方政府有强烈的借贷动机。这造成了地方政府试图利用与中央政府之间的信息不对称,采用逆向选择策略与中央政府博弈,以期扩大预算资源,将过度举债成本向中央政府转移。这种央地政府博弈的动机被我国公式化的、过小的转移支付制度缺陷强化了,造成依赖中央转移支付以及财政自制力差的地方政府有过度举债的倾向。

3.2.2 预算软约束

在一个国家中,政府预算主要涉及两个主体,分别是预算约束组织和预算支持组织。前者是指当政府实际支出超出当初的预算时,如果没有其他资金的援助就无法继续运转的政府组织及投资项目。后者是指当预算约束组织出现资金问题时,能够给预算约束组织提供资金的组织。当经济危机爆发时,若本国出现入不敷出的情况,可能会寻求国际援助。在一个国家内,若地方政府出现财政危机,入不敷出,中央政府也会提供某种帮助。当然,预算约束组织也可以向各种金融机构或社会公众寻求援助。因此,政府预算管理至关重要,通过资金的预算和分配,对整个社会的资源进行宏观调控,从而影响国家经济的各个方面。政府部门必须依照法律法规进行财政预算,把各种预算内容列举清楚,由立法机关进行审核。政府预算一旦通过,就具备了法律效力,不得任意修改。政府预算必须受到法律约束,否则就会导致预算软约束问题的出现。

政府担保与融资平台债务风险

预算软约束这一概念最早由匈牙利经济学家雅诺什·科尔奈（Kornai, 1980）提出，用以描述社会主义经济或转型经济体中一个普遍存在的现象，即政府不得不去帮助或扶持亏损的国有企业，使其不会被市场淘汰，具体措施包括财政拨款或补贴、贷款支持、信贷优惠等。这些举措本质上是一种政府干预经济的措施。科尔奈把这一现象产生的原因归结于社会主义政府的"父爱主义"。我国有多位学者从政策性负担（林毅夫、李志赟，2004）和内部人控制（张宇峰、王长江，2006）等角度对我国预算软约束产生的原因进行了分析。从企业发展的外部环境来看，政府出于国家发展战略的考虑，将部分战略性和社会性目标转嫁给国有企业。比如，为了实现优先发展重工业的赶超战略，国有企业不得不投资于比较优势较弱的资金密集型行业，从而导致亏损；此外，国有企业还承担了稳增长、稳就业和提高员工福利等任务，冗余的人员结构使其背负了沉重的社会性负担，进而导致开支上涨、入不敷出的现象。因此，政策性负担是国有企业亏损的重要制度性成因。在信息不对称的情况下，企业有动机将决策失误、投资失败等经营性亏损也归咎于政策性亏损。而当政府不了解项目的实际情况，出于维持就业率和社会稳定的考量，只能给予其补贴时，便最终形成了预算软约束。

预算软约束使得亏损严重的国有企业仍留存在市场中，导致生产效率和投资回报率下降、经济低迷，也给市场带来很多经济问题，如企业代理人的道德风险、银行的呆账坏账、财政风险等，甚至出现经济结构失衡。在社会主义经济转轨过程中，硬化企业的预算约束已成为市场经济可持续发展的先决条件。与计划经济下企业的"软预算约束"类似，在我国经济转型时期，地方政府也出现了"自上而下"地向辖区内的下属组织和个人索取资源并获得预算外资金，以便突破已有预算约束的行为，如税费摊派、"鼓励"企业为政府主导的工程捐资，以少量资金撬动下属单位"共建"公共工程项目等。这种预算约束软化表面上与传统模式相似，但是实际作用方向相反，所以周雪光（2005）将这类组织行为称为"逆向软预算约束"现象。

在我国现行法律下，地方政府不能破产是预算软约束形成的前提，当前财政体制设计使得我国地方政府对上级政府存在较高的依赖性，比如部分地区过度依赖中央政府对其转移支付力度。与此同时，地方政府自治能力差则是预算软约束形成的根本原因。从经济原理上看，预算软约束问题本质上是一个道德风险问题。在中央政府与地方政府约定转移支付数量后，地方政府明知预算数量，但由于财政不独立、预期中央政府兜底，以盲目扩大债务需求的方式突破预算限制，扩大预算资源。政府预算软约束现象无形中对地方政府的不当行为产生了推波助澜的作用。对于地方政府的不当行为，若不加以约束，会导致未来地方政府支出在现有基础上继续增加、地方政府债务规模也持续扩大。

3.2.3　委托代理

委托代理理论是制度经济学契约理论的主要内容之一，是一种建立在非对称信息博弈的基础上因所有权和经营权相分离而产生的理论。由于委托人和代理人之间存在信息不对称，以及两者之间不同的利益偏好或决策目标，促使处于信息劣势的委托人在对代理人进行激励的同时，还需加以约束，以避免代理人出现逆向选择和道德风险，促使代理人能够最大限度地按照委托人的意愿行事。

1. 多层委托代理中的最优目标选择问题

公共机构的委托代理本质上依然是一种契约关系，只不过并未直接约定，而是隐含在政府管理考核体系中。对于地方融资平台，其负责人的任免、考核均由本级政府进行。因此，在地方政府融资平台日常的运行中，主要存在两种委托代理关系。一种是中央政府与地方政府之间的委托代理关系，即中央政府委托地方政府治理好相应的管辖区域。另一种是地方政府与融资平台之间的委托代理关系，即地方政府委托融资平台向社会募集资金并进行公共基础设施建设。进一步而言，如果融资平台的行政层级是地市、区县级，其委托代理链条又进一步拉长。出于一般性考量，我们只对前面两种主要的委托代理关系进行分析。通常情况下，融资平台风险产生的原因可能是两类主要的委托代理失灵。

第一种失灵为中央政府与地方政府之间的委托代理失灵。私人部门通常仅以追求利润最大化为目标，而公共部门目标则具有多样性。假设中央政府、地方政府和私人部门都是理性经济人，在特定时期都有不同的最优决策目标。在决策约束中，中央政府对地方政府存在GDP政绩考核目标的要求，而对政府性债务约束并未设置严格考核机制。这就使得地方政府面临事权和财力不匹配的情况。同样，地方政府在决策时，第一决策目标是加快完成上级政府下达的基础设施建设任务，尤其是以投资拉动经济增长的目标，偿债风险居于次位，从而使得地方政府纷纷借助融资平台加快投融资力度，出现过度举债行为。由于目前以GDP增长为主的考核制度以及预算软约束等制度环境的存在，使得中央政府和地方政府的委托代理合同出现激励目标单一化及约束机制不完善等问题，这些问题最终会导致地方政府出现逆向选择及道德风险。一方面在经济增长为先的官员晋升机制下，地方政府短期内获得政绩的动机不断增强。但是，由于地方财政资金不足，不能完全满足官员的各种建设计划，为此地方政府希望通过向银行贷款获得资金来完成投资、发展当地经济。为了能够尽可能增加获得银行贷款的可能性以及提高贷款金额，当地政府会迎合银行信贷的各种硬性要求，通过各种手段建立看似合规的融资平台，而后以政府的名义为平台向银行提供各类承诺书、担保函。通常，"最有可能导致与期望相违的结果的主体就是最希望从事这笔交易的主体"，在整个过程中，地方政府即成为这类主体。这种逆向选择行为注定了融资平台在获得贷款前就具有内生的信贷风险。另一方面，由于委托代理合同的不完善，融资平台容易出现事后的道德风险。因为在目前的约束机制下，即使代理人偏离委托人既定目标或损害了委托人的相关利益，代理人也无须承担任何经济惩罚。这就使得当地政府产生一种预期，即便自身无法归还贷款，中央政府也不会不管，最终必定会对债务进行兜底。还债主体与决策主体的不一致性使得地方政府敢于或者乐于投资那些短期内效果明显、收益高但风险也高的项目。这种道德风险行为注定了融资平台在进行投资决策时具有内生的信贷风险。

第二种失灵为地方政府与融资平台的委托代理失灵。虽然按2014年修订的《预算法》中的规定，放开了对于地方政府发行债券的限制，但目前仍然对发行额度、发行期限和募资用途等方面做出了明确规定，致使许多地方政府通过发行债券获得的资金量有限，不足以满足投资需要，仍需依靠融资平台向金融市场筹集资金。因此，融资平台依然是各地政府表外融资的重要工具。融资平台表面上是公司制的法人单位，但实质上具有浓厚的政府背景。大多数地方政府融资平台的注册资金都来源于当地政府、地方国资委等部门的国有资金，且高层管理人员大概率来自原地方政府的财政局、发改委、计经委等政府官员。正是由于平台管理层的特殊性，以及平台的业务范围集中在公路、桥梁等公共基础设施投资方面，替代了地方政府本应该承担的部分职能，导致融资平台与一般的公司制法人单位存在显著的区别。换言之，融资平台不再以利润最大化作为经营目标，而是为了弥补地方政府因资金短缺而造成部分职能缺失。这样一种决策目标就会使得融资平台在委托代理关系中出现道德风险行为。在日常的平台运作中，管理层不再以利润最大化作为其行为准则，而是尽可能地迎合地方政府的要求，对要投资建设的项目不再进行严格考察规划便大量投资。且由于融资平台存在地方政府对其债务进行兜底的预期，导致了融资平台的经营管理更为混乱，资金的使用不严格按照标准进行监控，降低了资金的使用效率。在这样的管理环境中，管理者容易出现为追求自身利益最大化而挪用资金等违法违纪现象。这些行为都加剧了平台的经营风险。

2. 委托代理中的监督机制不足和道德风险问题

委托代理关系中必然存在道德风险问题，只是严重程度存在差异。在地方政府举债过程中，尽管中央政府规定地方政府不能直接举债，但也规定不能发生系统性财政风险和金融风险。因此，中央政府对地方政府的融资约束力是有限的，其有效性有待商榷。具体而言，地方政府过度举债的动机是分税制使得财权向上级政府集中，特别是中央政府具有相对更强的财力、更稳定的税源。因此，地方政府认为，即使出现偿债危机，上级政府也有能力和意愿进行"兜底"。其次,多年的实践经验表明,地方融资平台主要开展长期资本投资,为公众提供大量的公共产品和服务,弥补当期的财政预算赤字,有较强的存在合理性,并得到中央政府的默认。各级政府都受托于公众利益,但由于地方融资平台没有强制披露信息的义务,导致公众对融资平台的整体运作情况缺乏了解,加大了公众监督成本。同时,规范的信息披露和中长期财政预算规划制度的缺乏使得地方政府无法建立起有效的债务风险预警机制。此外,基建投资周期长且难以准确衡量项目周期内的风险与收益,更重要的是,在官员任期内无法完成项目建设、显示盈亏。这就产生了官员为了政绩而进行短期激进投资行为的动机。在缺乏有效的金融市场约束和债务规模约束时,容易产生"人走政息""新官不理旧账"的现象。

3.2.4 官员晋升

现行财税体制下的财权和事权不匹配是地方政府通过融资平台举借债务的重要原因,但并不能完全解释融资平台债务规模膨胀以及债务总额在区域间的差异。原则上,地方官员完全可以量入为出,没必要突破预算限制进行负债经营。事实上,地方政府是想借助过度的投融资活动,把资金优先投资于公共基础设施,来实现政绩最大化。这样既满足官员自身的晋升目标,也满足了公共需求,提高了居民满意度。一段时期内地方政府官员的政绩考核机制以 GDP 为核心,激发了 GDP 的指挥棒作用和信号机制,官员们也就会把主要精力放在经济建设方面。而现行体制下经济建设的着力点和突破口又集中在建设投资上,历史经验表明,依靠投资拉动经济增长是经过检验的重要路径。然而,地方政府的自身财力并不能完全满足基础设施建设的需要。为追求政绩,地方官员借助融资平台这个"壳"资源来进行举债,创造出大量债务,并将这种方式视为一种理性行为。

与此同时,政绩表现会影响官员的晋升。官员想要在仕途上有所建树,就必须参与以 GDP 为衡量标准的竞争活动。并且官员的晋升是一场典型的政治锦标赛，采用的是逐级淘汰制（周黎安，2007），即在任期内官员将和同一行政级别的其他官员进行同场竞技，若想要在任期内获胜就必须获得足够多的政绩来作为筹码。如此一来，地方政府的职能就转变为以经济建设为中心。但是经济建设过程中产生的资金缺口既不能向上级政府借债，也不能使用摊派、乱收费等影响政府官员声誉的方式进行资金弥补。此时，融资平台刚好能满足地方的资金需求且负面效应较小，进而催生了融资平台公司的债务扩张。

在某种程度上，地方政府把 GDP 政绩观逐步合法化了，这是由于中央每年的政府工作报告中的 GDP 增长目标引起的。事实上，中央政府每年的增长目标都会通过行政等级逐级分解到省市县级地方政府，这也就相当于中央向地方下达政绩考核的目标一样。一般情况下，地方政府政绩目标都会高于中央政府制定的指标，且随着行政层级的下降呈现上升趋势，即经济增长目标"层层加码"。地方政府提高经济增长率就会有更多的投资项目，形成的资金缺口就需要地方政府融资平台来举借债务。可以说，政绩推动地方政府的投融资冲动，加速地方融资平台的债务膨胀。

当前中国各区域的经济社会发展呈现不均衡态势，相对强势区域对弱势区域的"标杆效应"，导致弱势区域越来越边缘化。在以市场化为导向的经济社会改革大潮中，地方政府竞争正在加速改变区域经济生态系统，使得市场逐渐拥有用脚投票的权利。当觉察到某一区域拥有经济社会中的竞争优势时，资金、技术、人才、资源将纷纷流向优势区域。在平台分布特征上，东部发达地区平台数目较多，中西部等欠发达地区发展较快的区县级平台较多，即经济越发展该地区的融资平台数目就会越多，最终导致地方政府"强者恒强、弱者更弱"的马太效应。

3.2.5 政府担保

我国的政府担保通常针对国有属性企业。国有企业、中央企业通过国有股权与政府建立密切联系（吴联生，2009），这种关联使得它们从政府那里获得更多在产品市场（Loury，1998）、股权融资（祝继高，2012）、银行贷款（陆正飞等，2009）以及预算约束上的优待与庇护（Lin and Tan，1999）。一般而言，由于国有企业、中央企业和地方政府间存在着特殊关系，如其控股股东大部分具有政府背景，其实际控制人基本上是当地政府、国资委或财政部门，且部分国企也参与或从事地方政府的市政基础设施建设和公用事业建设，债券市场中的投资人往往预期即使国企出现偿还问题，地方政府也将承担起偿债责任。学者们普遍认为这种对于地方政府的兜底救助预期是一种政府担保（冯兴元、李晓佳，2013）。郑肇晨（2020）认为政府担保实质上是以政府信用为企业背书，将企业风险转移给政府。一方面，我国政府模糊了债务融资的担保行为中政府和企业的责任边界，让市场形成债务刚性兑付的预期，阻碍了违约风险的正确定价。另一方面，政府担保的存在极大地提高了债务的安全性，但是这种担保也衍生了大量或有债务。

　　政府担保在债券融资上的一个重要应用是市政债券。市政债起源于美国，初衷是为了支持城市发展建设，弥补财政资金缺口。对于市政债，国外学者已经展开了多项研究。Hempel（1973）提出市政债券募集的资金主要是为了当地的基础设施和公益事业等项目建设，帮助政府平衡财政收支或者减轻当期债务负担。Kidwill 等（2012）认为由于政策的多变性以及市政债与地方政府之间存在无法割裂的联系，某种程度上市政债信用风险可能高于同等信用级别的企业债券。而 Fisher（2010）认为相比一般企业债券，市政债券的风险要更小，但也不是完全无风险。由于市政债券在联邦和各州财政中的重要地位，政府官员有动机使用各种干预策略来降低市政债券融资相关的利息成本（Denison et al.，2007）。相较于社会经济和金融因素对市政债发行的直接影响，学者们关于地方政府对市政债发行具体影响路径上的研究相对较少，所有关于政府干预策略的文献主要集中在提升政府绩效项目等级（Zhao and Guo，2010）、内部控制程度（Park et al.，2017）和财政透明度指数（Wanget et al.，2014）等比较间接的渠道上。

Kim 等（2018）指出，与政府几乎无法控制的社会、经济和金融等外部因素相比，政府有更大的回旋余地来影响公共行政人员的能力和专业水平、全面预算过程的质量以及财务报告的质量等。基于此，Park 等（2020）发现财务报告质量会对市政债信用评级产生一定影响，研究表明政府财政官员协会颁发的高质量财务报告可以向市场传达市政债券的财务管理是成熟的信号，具有声誉效应，从而对市政债券评级产生积极影响，降低市政债券未来的风险溢价。

  整体而言，融资平台债务问题的出现是多方力量综合作用下的产物。具体而言，中央政府为了遏制经济危机后宏观经济过快下行，进行了一系列的财政刺激政策。在原有产业体系中，产业结构尚未升级完成且资本过剩，无法承接更多新增的投资。投资被迫投向基础设施与房地产这两个领域。因此，中央政府要求地方政府执行中央政策，通过投资基础设施来拉动经济、稳定社会发展。对于地方政府而言，在响应上级政府的积极财政政策、发展地方经济的过程中，面临着资金不足的问题，地方政府需要摆脱现有财政政策的约束，而融资平台刚好能够满足这一条件。融资平台借助金融体系的融资配合，解决了地方政府的资金问题。对于融资平台而言，公共产品投资的公益属性决定了单纯依靠投资项目本身的现金流无法满足债务偿还和正常周转要求。为维持平台正常运转并有效履行地方政府职责，地方政府对平台的各类支持必不可缺，包括国有资产注入与政府信用支持。同样地，对于金融体系而言，在配合地方政府响应中央政府的积极财政政策的同时，也要兼顾业绩收入，放开融资是其必然选择。但是由于融资项目的公共产品特性，项目本身的现金流不足以偿本付息。为避免金融风险的发生，同样需要政府的支持。在市场综合的力量下，原本为基建进行融资的政府融资平台公司借助金融市场发债，不断扩张其资产规模。

3.3　信用风险评估思路

3.3.1　潜在影响因素

判定信用债的信用风险常用的分析指标之一是信用利差,指债券投资者出于对发行主体未来可能无法按时偿本付息的担忧而要求发行人提供超出市场无风险收益的额外收益,市场无风险收益通常采用相同到期期限的国债收益率代理。信用债利差的收窄与扩大一方面受到企业自身经营质量优劣以及经济形势好坏带来的违约概率变化等影响,另一方面也受到债务人的融资难度以及投资者风险偏好等影响。理论上,信用价差能够反映不同违约风险的风险溢价。其中,企业财务指标是发债人违约概率和偿债能力的最直接体现。但在既有的信用债定价模型中,财务指标并不能完全解释信用利差,尤其是对于介于政府债券和企业债券之间的城投债。否则,基本面相对较差的融资平台应该很难在市场上顺利发债或者可能需要以更高的成本去发债。而这与本研究中观察到的现象并不一致。

通过梳理文献发现,城投债信用风险的影响因素除了公司基本面情况外,还取决于担保或增信措施。常见的担保措施为外部担保,即募资说明书(特殊条款科目)上明确标注的增信措施,也被称作"名义担保",包括抵押或质押担保、第三方担保。与一般企业债不同的是,城投债还存在着特殊的且通常不会在募资说明上明确标注的增信措施,即来自政府的担保。进一步地说,政府担保按照形式又可细分为政府显性担保(财务支持)和政府隐性担保(市场预期)。基于这些分析,为了更为清晰地分析财务信息和担保信息在城投债信用风险定价中的作用,本研究试图构建一个相对完善的框架来对城投债潜在的信用风险和定价模式展开讨论。具体而言,本研究将从以下四个方面展开分析:

(1) 融资平台财务基本面特征及城投债信用风险特征分析

金融市场上保证资金正常流转的核心要素就是信用。信用也是决定金融市场上资产价格的关键因素之一。在一个有效的资本市场上，公司的资产价格及财务信息能在一定程度上及时地反映公司实际信用风险。但是，地方融资平台的天然属性使其投融资行为在一定程度上受到政府干预。有些学者认为在城投债发行过程中，地方政府扮演了一种"消极"的角色，资本市场更加看重地方财政实力进而评估城投债的偿债能力，导致融资平台的财务信息价值被"削弱"了（施丹，2013；方红星等，2013；王永钦等，2016；魏明海等，2017）。那么，融资平台的财务信息对城投债定价有多大参考价值？为此，本研究将融资平台与一般企业进行对比，详细比较了两者在财务基本面特征以及融资成本上的差异。而后，本研究通过实证回归分析了城投债信用利差的构成，继而评估财务信息对城投债利差的解释程度，并与一般企业债进行对比，最后对城投债的信用风险定价规律进行总结。

（2）外部担保对城投债信用风险的影响

外部担保在债券发行过程中发挥着信用增进的作用。对于城投债而言，外部担保的存在使得地方融资平台在没有足够的现金流偿付债务本息时，可以通过出售抵押和质押的资产或者由第三方担保机构代为偿还，化解城投债偿付危机。随着城投债风险的上升，监管部门越来越关注城投债风险的防范。如，发改委规定主体评级在 AA－级及以下的，发债时必须采用一定的保障措施或外部担保；资产负债率在 80% 至 90% 之间的发债申请企业，原则上必须提供担保措施。那么，监管部门对外部担保制度的规范是否奏效，市场是否认可？为此，本研究试图探索近年来除基本面信息外，外部担保在城投债定价中的作用。

（3）政府显性担保对城投债信用风险的影响

除了募资说明书上明确声明的外部担保外，融资平台还存在着特殊的担保措施——政府担保。政府担保与外部担保的法律责任不同，且这两种担保方式下的债券投资人在信息搜集成本、违约追责成本等方面也存在显著差异，因此两者对债券增信的作用机理和效果不尽相同（江源，2020）。政府担保一般指政府对微观个体的补贴、救助或保险，以及政府各种干预宏观经济的手段，包括产业扶持政策和宏观审慎工具等（IMF，2014；马文涛、马草原，2018）。对于新兴市场国家而言，某种程度上，政府担保也包括预算软约束。由于政府担保的范畴很广，为了便于定性分析，本研究按照担保的形式或可见性将地方政府对融资平台的担保措施划分为显性担保（多指地方政府提供的财务支持）以及隐性担保（指市场投资主体认为或预期的）。

目前，部分研究从地方政府对融资平台的财务支持角度选择政府担保的代理变量，如信贷支持（纪洋等，2018）、税收优惠（杨治等，2007）、资产注入（高哲理，2017；吴秋生、独正元，2019）和政府补贴（魏明海等，2017；张路，2020）等指标。本研究认为这些财务指标是显性且直接作用于融资平台的，应该被视为政府显性担保。该划分方法与刘红忠（2019）中关于政府显性担保的定义和划分基本一致。在此基础上，本研究重点研究政府显性担保对于城投债信用风险的影响的程度。为此，在控制财务基本面信息和外部担保信息后，本研究探讨政府显性担保信息在城投债定价中的作用。

(4) 政府隐性担保对城投债信用风险的影响

相对于政府显性担保，目前学术界对于隐性担保的定义和测度尚未形成统一标准。本研究所关注的政府隐性担保是指，当融资平台陷入债务危机时，投资者对于政府动用各项财政或金融资源对平台进行救助有着强烈的"预期"，如协调银行进行债务重组或展期、减免税收、直接补贴或者注入资产等方式。首先，这种预期产生于政府职能中隐含着应当承担的"道义"责任或者出于现实的政治压力（汪峰等，2020）而不得不去救助这些已经产生的债务（刘尚希、赵全厚，2002）。但是这种预期没有明确的法律依据，具有不确定性。其次，这种隐性担保难以度量，其替代变量均有一定的局限性，使得政府实际担保的概率以及能力仍未得到确定性答案。最后，中央政府出台了一系列监管政策，其对隐性担保预期的治理效果缺乏定量分析。在之后的章节中，本研究将从投资者"预期"的视角展开研究，尝试分析除了财务信息和外部担保外，隐性担保预期是否依然显著存在并影响着城投债的定价。进一步而言，这种隐性担保预期背后的形成机制是什么，如何针对性地进行防范和化解？

3.3.2 研究思路

近年来，在监管趋严的背景下，融资平台仍在不断发行城投债并以较低的成本获得融资，使得地方政府隐性债务风险不断积聚。对此，本研究从城投债风险的决定因素出发，探讨包括财务基本面、外部担保以及政府担保等因素在债券定价中的作用，分析这些因素可能带来的城投债信用违约风险以及价格暴跌风险。具体而言，首先分析了财务信息特征与城投债定价特征。其次，在控制财务信息后，分析外部担保对城投债定价的影响。再次，按照其表现形式将政府担保分为显性的财务支持和隐性的担保预期。在控制财务信息和外部担保后，一方面，从财务支持角度分析了政府显性担保对城投债发行定价的作用模式；另一方面，从投资者预期角度估计城投债定价中政府隐性担保预期的强度，并分析该预期的形成机制。最后，基于上述理论分析和实证结果，总结各种担保下城投债的定价模式以及规律，并提出相关的政策建议。

第四章
融资平台信用风险的初步评估

公司的财务基本面是发债人违约概率和偿债能力的最直接体现。那么，对于城投债而言，融资平台的财务信息所包含的违约风险是否能够有效地反映在城投债价格中？为此，本章主要分析融资平台的财务特征，以及其对城投债信用利差的影响，从而对融资平台的信用风险进行初步评估。

4.1 理论分析

融资平台相当于地方政府融资载体以及基础设施建设运营平台。这些功能和定位使得融资平台在运营过程中受到政府过多的行政化干预，显示出非市场化特征。一方面，相比于市场化运作的民营企业（下文也称"一般企业"），融资平台可能会受到地方政府参股和租用固定资产的影响，在实质运作决策中往往服从于地方政府的政治目标而非经济效率（刘凤辉、刘志耕，2019），从而存在资本运作不规范以及治理结构不完善等问题。另一方面，融资平台的发展以及扩张一直建立在地方政府土地出让收入的基础上，并衍生出独特的"土地融资"发展模式（张莉等，2018）。该模式使得融资平台的非流动性资产中包含了大量地方政府注入的土地使用权以及公益性资产，流动资产也主要是其他应收款、应收账款以及存货等。与此同时，地方财政也比较依赖土地出让收入。财政部官方数据显示，2020年地方政府财政收入中46%来自政府性基金收入（包括土地出让收入和房地产税收）。随着房地产调控政策的趋严，政府财政收入减速，融资平台的土地融资模式可持续性大幅降低。此外，融资平台参与的项目具有投入规模大、资金回流慢、回报率低等特点，且项目周期通常大于城投债偿还期限。相比一般市场化企业而言，这些矛盾导致融资平台的盈利能力和偿债能力相对薄弱。

通过对所有发债融资平台的财务基本面进行初步分析，本章发现其财务基本面每况愈下。2009—2019年间，这些大规模、低成本举债的融资平台的盈利能力、运营能力、偿债能力等均持续下滑。具体而言，由图4.1可知，发债的融资平台的固定资产、在建工程和无形资产占总资产比重持续下降，说明融资平台的实际经营能力持续降低。相应地，结合图4.2，融资平台的经营活动产生的现金流始终较小并不断下降，甚至在2013年起转为负值，之后在零点附近波动；而筹资活动所带来的现金流也从2017年后逐渐降低；投资活动产生的现金流始终为负，并在2012年后绝对值呈增加趋势。这意味着这些融资平台的经营效益不佳，其并未开展实质性的、能为企业带来大规模经营性现金流入的经营活动，而是更多地依靠筹资活动产生的现金流入以维持现金流水平，并将获取的资金用于大规模的投资活动。

此外，融资平台在资产负债率逐年上升的同时，仍在大幅扩张借债的规模。在其总负债的主要构成中，长期银行借款占总负债的比重自2009年起持续下降，而应付债券（即长期债券融资）的占比则呈上升趋势（见图4.3）。这说明相较于长期银行借款，这部分融资平台越来越多地通过发行城投债进行融资。进一步，在融资平台的各项资产中，占比最大并在2013年前增长最快的是存货，之后一直保持33%左右的占比（见图4.4）。相应地，在融资平台各项权益中，资本公积金的占比最大，其均值为58%（见图4.5）。这意味着融资平台的权益资产中一半以上的规模很可能都来自地方政府注入的土地资源。

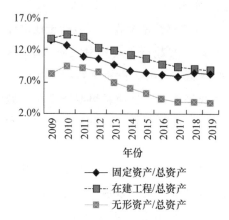

图4.1 融资平台各项经营资产占比
资料来源：Wind 数据库。

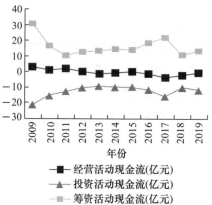

图4.2 融资平台各类现金流量
资料来源：Wind 数据库。

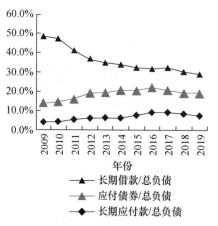

图4.3 融资平台主要负债构成
资料来源：Wind 数据库。

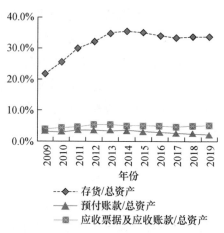

图4.4 融资平台各项流动资产占比
资料来源：Wind 数据库。

通过对比融资平台和一般企业的一些财务特征，本章发现在2009—2019年间，发债融资平台的盈利能力显著低于发债的一般企业，其中2009—2019年间融资平台的平均总资产报酬率变化区间为1%—4%，而一般企业的总资产报酬率变化区间为5%—9%（见图4.6）。进一步，发债融

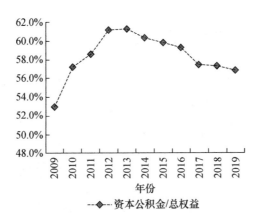

图 4.5　融资平台资本公积金比重

资料来源：Wind 数据库。

资平台的平均总资产报酬率持续下降，至 2019 年末，其平均总资产报酬率只有 1.6% 左右，远低于其 4.6% 的债券融资成本，表明融资平台的盈利能力在不断恶化。同时，融资平台的资产负债率在 2012 年开始逐渐增加，从 43.8% 上涨至 54.2%，即融资平台在不断加杠杆。与之相对，一般企业虽然整体负债率高于融资平台，但是从 2014 年之后一般企业资产负债率整体较为平稳，并保持在 57% 左右（见图 4.7）。

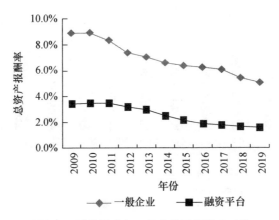

图 4.6　融资平台与一般企业盈利能力对比

资料来源：Wind 数据库。

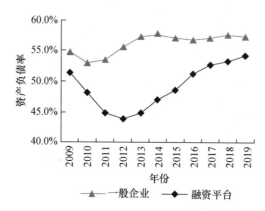

图 4.7 融资平台与一般企业资产负债率对比
资料来源：Wind 数据库。

除了财务基本面外，融资平台与一般企业在债券信用利差上也存在一定差异。由图 4.8 可知，2009 年后城投债和一般企业债在二级市场上的信用利差变化趋势保持一致，但是两者差距整体呈扩大趋势。其中，2013 年前，一般企业债信用利差与城投债比较接近，2013 年，一般企业债平均信用利差开始显著高于城投债，之后两者差异平均在 106 个基点左右。

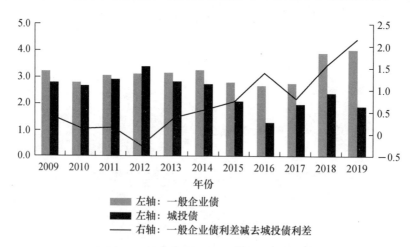

图 4.8 城投债和一般企业债信用利差差异
资料来源：Wind 数据库。

第四章　融资平台信用风险的初步评估

基于上述分析可知，融资平台的财务特征不同于一般企业。在 2014 年后，虽然融资平台的基本面普遍差于一般企业，但是城投债依然在大规模发行，并且城投债的信用利差普遍低于一般企业债。对于一般企业而言，其债券的信用利差主要由其财务基本面决定。那么，融资平台的财务信息是否可以完全解释其信用利差呢？若是，为何财务基本面更差的城投债的信用风险反而更低呢？

为回答上述问题，本章首先从融资平台成立目的以及运作模式出发，分析融资平台的财务特征，进而探讨以下几个问题：融资平台的财务信息在城投债定价中的作用如何？市场投资者能否根据平台基本面信息对城投债的风险进行正确分析和判断？通过实证分析，本章发现在债券发行过程中，城投债信用利差主要取决于债券发行特征、融资平台财务信息以及所在辖区地方政府财政情况三方面的因素。其中，债券特征、地区财政能力、融资平台所属行政层级等指标对信用利差有较为显著的影响，而资本结构以及盈利能力等财务指标则对信用利差的影响较弱。研究推测，为保证城投债的顺利发行，部分融资平台可能会选择一定的外部担保措施。更重要的是，地方政府通常是融资平台的第一大股东或实际控制人。一方面，地方政府可能会给融资平台提供各种财务支持或担保措施；另一方面，两者之间的联系以及融资平台的职能属性也让投资者对政府隐性担保存在一定的预期。我们猜测，可能正是这些担保措施降低了融资平台的信用风险，并在一定程度上降低了财务信息的效率。后续章节将对这些猜测分别进行验证。

4.2　相关文献

4.2.1　国外市场相关文献

信用债定价问题一直备受学术界关注。传统定价理论认为信用债与国债之间的利率差距由债券发行人资本结构中所包含的违约风险决定。事实上，实际交易中观察到的信用利差并不完全能被 Scholes 和 Black（1973）以及 Merton（1974）构建的经典结构性理论模型以及后续在该框架下构建的一系列修正模型所解释（Leland and Toft，1996；Leland，1994）。此外，Duffie 和 Singleton（1999）提出的简化模型也不能很好地解释和预测违约风险。Huang 和 Huang（2012）尝试了多种结构性模型后，得出违约风险仅能部分解释公司债和国债之间的信用利差。

之后，越来越多的实证研究开始探索公司基本面信息以及其他经济变量对信用利差的解释力，如宏观经济变量（Friedman and Kuttner，1992；Tang and Yan，2006）、流动性（Duffie and Singleton，1997；Delianedis and Geske，2001；Mendelson，1991）、公司财务特征（Altman，1968；Yu，2005）以及股票收益率（Fama and French，1989；Fama，1990；Fama and French，1993；Campbell and Ammer，1993；Donald and Robert，1986；Campbell and Taksler，2003）等。一些国外学者也开始关注发债公司的政府控股因素，但是结论并不一致。Boubakri 和 Ghouma（2010）以西欧和东亚 19 个国家及地区的公司债券为研究对象，并未发现政府控股能显著影响债券信用利差。财务信息对债券市场投资者的作用一般很少受到关注，虽然财务信息效率在股票市场的研究已经相当广泛和成熟。直到最近，学者们才开始将重点转向债券市场。例如，Crawford 等（2014）对债券收益与 32 个已经被验证会显著影响股票收益的财务变量之间的关系进行了全面分析。类似研究有 Chordia 等（2014），其利用债券市场数据对一组包含财务信息和市场信息的预测因子进行了验证。

虽然有不少文献涉及债券市场中的财务异象，但很少有研究探索它们的经济学意义。公司的财务情况对应着债券的价值，并且债券投资者可利用现有的公司财务信息对公司未来的盈利以及债券未来的收益进行预测。债券投资者会对财务信息变化做出反应是因为这些信息反映了债券违约概率变化。Lok 和 Richardson（2011）应用 Merton（1974）的理论框架论证了当违约距离①较低时，债券回报对现金流量信息（用经理人预测数据代理）非常敏感。Aboody 等（2014）研究显示债券市场会对现金流信息和贴现率信息的变动做出反应。Campbell 等（2016）研究了债券市场的盈利性比率，发现盈利能力产生的收益可以归因于贴现率隐含的信用危机信息。这些研究表明，债券价格因债券持有人的非线性收益结构而对财务信息做出反应。由于债券持有者的地位类似于持有一份公司基础资产的看跌期权，且违约概率和损失率有限（即使违约，债权人的债务清偿资格优先于股权持有者），债券价格对财务信号的反应相对股票较为平缓。而当看跌期权被执行时，即公司资产的实际价值不能覆盖其债务的面值，债券价格对财务信号的变动变得相对更敏感。故当债券接近违约时，其财务信息影响会被放大，尤其是对非投资级公司。Easton（2009）认为投资级债券的价格对公司特定的信息不敏感，是由于债务非线性偿还模式导致的。Chichernea 等（2017）研究得出，投机级债券以及市场信贷环境恶化时，基于财务信息构建的策略组合收益更大。这说明当发债主体评级较低或者主体信用恶化时，投资者会更加关注债务人的财务信息，并对债券重新进行定价，提高了财务信息的效率。

4.2.2　国内市场相关文献

相较而言，国内学者对信用债定价的实证研究稍微晚于国外。早期与债券定价相关的文献主要以结构化模型为基础，通过纳入宏观因素来解释信用债的信用利差，如范龙振、张处（2009），高强、邹恒甫（2010），戴国强、孙新宝（2011）等。近年来，越来越多的实证研究开始从公司层面分析信用风险的来源和债券定价的微观因素，如企业信息不对称（周宏等，2013）、分析师预测分歧（林晚发等，2013）、媒体监督（林晚发等，2014）、盈余管理（杨大楷、王鹏，2014）以及公司对外担保业务的规模

---

① 违约距离指公司资产价值与违约点之间的距离。当公司资产价值低于这个违约点时，公司会发生违约。

（冷奥琳等，2015）等。这些文献大多数立足于公司治理、内部控制等企业自身因素来分析我国债券市场的定价规律，后续部分研究也涉及发行公司所在地区的经济、财政、市场或制度因素对债券市场定价的影响，如房价（秦凤鸣等，2016）、财政透明度（谢璐、韩文龙，2017）、市场约束（朱莹、王健，2018）以及反腐程度（Ang et al.，2015）等因素。

部分国内学者基于中国资本市场数据，研究了财务信息效率以及其在资产定价中的作用，但是主要集中在股票市场，对于债券市场的财务信息效率的研究相对较晚。这种现象与我国债券市场发展所处的特殊历史阶段有着密切联系。第一，我国债券市场的发展历程较短，法律法规建设不完全。债券市场中存在着违规担保和交易、利益输送等现象，财务信息没有发挥监管控制的治理作用（王博森、姜国华，2016）。第二，我国债券市场长期存在"政府兜底""刚性兑付"等积弊，违约风险暴露不充分，市场投资者对财务信息效率的认识尚不到位。

随着城投债规模的扩张，部分学者对城投债市场的财务信息效率展开了一些讨论。方红星等（2013）认为政府的信用担保会降低财务信息有用性，可能诱发道德风险。王博森、施丹（2014）在分析了公司债发行条款和发行人财务信息的关系后发现，城投债的会计信息对于发行契约的影响显著低于非城投债，可能的原因是城投债涉及的政府垄断性使得投资者不太关注会计信息，即融资平台财务信息的作用被削弱了。魏明海等（2017）发现隐性担保削弱了盈余信息的有用性，扭曲了债券市场定价。而金融中介可以降低隐性担保对盈余信息效率的削弱影响，即对隐性担保的负面作用存在治理效应。王叙果等（2019）发现债券违约可以降低政府担保的信息含量。张军华（2019）发现高质量的会计信息可以提高城投债评级，但并不会降低融资平台的权益资本成本，也不能缓解其融资约束。这可能是因为融资平台的特殊职能导致投资者并不认同发行主体的会计信息质量。Geng 和 Pan（2019）通过估计结构模型发现，相比于非国有企业债券，国有企业债券价格由于受隐性担保的影响，对债券违约引发的信用风险反应不足。王永钦等（2016）在分解城投债收益率价差后，剔除流动性价差得到违约价差,该价差并未包含地方政府债务层面的异质性违约信息。也就是说,金融市场认为地方债的违约程度差异并不会影响中央政府为地方政府兜底的概率,证实我国政府债券市场定价效率有待提升。

由于城投债包括地方政府债券和企业债券两方面的特征,其定价因素会相对更具特殊性。除了自身财务信息外,我国部分学者也开始将外部担保、政府担保等增信因素纳入城投债风险评价模型中并展开一系列论证。由文献梳理可知,国外研究主要针对公司债而展开,鲜有对我国债券市场财务信息与债券定价之间的关系进行分析的文献,尤其是城投债的研究。由国外市场的研究结果可知,对于信用基本面更差的主体,投资者对其财务信息更加敏感,财务信息效率更高。然而,国内对于城投债市场的研究文献则持有相反的观点,并重点佐证了"城投债财务信息效率较低"这一结论,对于融资平台具体财务特征以及城投债定价模式特点的分析尚有不足。本章将结合融资平台的经营模式和行业特点,考察平台基本面特征,并分析这些财务特征对债券价格的解释力度。而后通过第五章至第七章的实证分析,寻找导致"城投债财务信息效率较低"的背后原因。

4.3 模型设计与数据说明

4.3.1 模型设计

现代金融学中有效市场理论(efficient markets hypothesis)的核心是,不同债券的违约风险大小能通过市场化定价机制合理反映到债券的利率上。在市场有效的情况下,债券在二级市场上的利差主要跟信用风险、流动性风险有关。为了控制流动性风险,本章构造了非流动性指标 $Amihud$(Amihud,2002)并作为控制变量。

本章以债券在二级市场上的信用利差为因变量,分析财务信息对其的影响力。参考韩鹏飞、胡奕明(2015b),钟辉勇等(2016),本节构建如下研究模型:

$$Spread_{i,t} = \beta_0 + \sum Bond\_controls_{i,t} + \sum Firm\_controls_{i,t-1}$$
$$+ \sum City\_controls_{i,t-4} + Industry + Quarter$$
$$+ Rating + Province + \varepsilon_{i,t}$$

(4.1)

其中 $Spread$ 为债券当季度最后一天的到期收益率减去到期期限匹配的银行间国债到期收益率。$Bond\_controls$ 为债券基本特征变量，包括债券发行规模、债券期限、交易场所等变量。$Firm\_controls$ 为发行人的财务信息，参考 Chichernea 等（2017）和孟庆斌等（2018），本节从公司价值、盈利能力、偿债能力、发展能力、运营能力角度选取财务变量。$City\_controls$ 为发行人所在城市的地方政府财政信息。回归中财务变量滞后一季度，财政变量滞后一年。回归中控制包括评级、省份、季度和发债主体所在行业的固定效应。各类指标的具体定义和构建方式见表4.1。

表 4.1 变量定义

变量名称	定义和计算方法
主要研究变量	
利差（$Spread$）	债券当季度最后一天的到期收益率—到期期限匹配的银行间国债到期收益率（%）
债券基本特征的控制变量（$Bond\_controls$）	
债券发行规模（$Size$）	债券发行规模（亿元）的对数
日度流动性的季度均值（$Amihud$）	当天收益率的绝对值/当天交易额的季度均值
票面利率（CP）	债券发行的票面利率（%）
剩余期限（Mat）	债券到期年份—债券当期年份
存续期限（Age）	债券当期年份—债券发行年份
非上市公司发行（$List$）	债券发行主体是否为上市公司，若为非上市公司取1，否则取0
沪深交易所（$Nbank$）	债券交易场所是否为沪深交易所，若为沪深交易所取1，否则取0

(续表)

变量名称	定义和计算方法
回售条款（Put）	含权债中是否包含回售条款，若包含则取1，否则取0
赎回条款（Call）	含权债中是否包含提前偿还或者赎回条款，若包含取1，否则取0
融资平台行政层级（Level）	将县（及县级市）、地级市、省（及单列市）级融资平台行政层级由低到高依次赋值1、2、3
企业基本面特征的控制变量（Firm_controls）	
总资产规模（Asset）	总资产规模（亿元）的对数值
资本负债率（Leverage）	债务总额/总资产（%）
总资产周转率（Turnover）	营业总收入/总资产
总资产回报率（ROA）	净利润/总资产（%）
现金流与债务比（Cash_debt）	经营活动产生的现金流量净额/债务合计
速动比率（QR）	（流动资产－存货）/流动负债
宏观经济的控制变量（City_controls）	
地区财政收入（Fiscal）	债券发行所在城市的地方财政一般预算内收入（万元）的对数值
经济总量（GDP）	债券发行所在城市的年度GDP（万元）的对数值
金融发展水平（Loan）	债券发行所在城市的年末贷款余额（万元）的对数值
固定效应	
行业固定效应（Industry）	行业虚拟变量
季度时间固定效应（Quarter）	年份季度虚拟变量
债券评级固定效应（Rating）	债券评级等级虚拟变量
省份固定效应（Province）	省份虚拟变量

4.3.2 数据说明

债券二级市场的交易价格相比一级市场的发行价格更能充分及时地反

映债券发行人的信用风险变化。本节选取 2009—2019 年间所有的企业债和公司债的交易数据作为研究样本，以季度为窗口，记录并整理观测值。本节删除了非城投类国有企业以及中央企业发行的债券，仅保留城投债和一般企业债。在剔除了数据缺失的观测值之后，最后的样本数据包含 4028 只城投债，总计 35552 个债券—季度观测值；以及 1014 只一般企业债，总计 8996 个债券—季度观测值。本章所使用的债券基本特征数据以及企业基本面特征数据均来源于 Wind 数据库，地区的宏观经济数据来源于《中国城市统计年鉴》。为了避免异常值的影响，本章对所有财务变量进行了两端 1% 水平的缩尾处理。

表 4.2 中 Panel A 提供了城投债各主要变量的描述性统计结果。信用利差（$Spread$）的均值为 2.13，说明相对于国债，城投债券整体上存在一定的违约风险，体现一定的风险溢价。城投债存续时间（Age）的均值为 3.08，意味着市场上交易的城投债已发行时间在 3 年左右。对于控制变量，发债融资平台的财务杠杆率（$Leverage$）均值为 53.18%，说明大部分融资平台总资产中一半以上是债务，债务比例最大的平台杠杆率甚至达到 88.91%，风险较大。

Panel B 列示了 2009—2019 年我国债券市场中一般企业债券和城投债券的双样本 T 检验的整体比较结果。可以发现，一般债券的信用利差显著高于城投债券，具体表现为：一般债券的信用利差的均值分别为 3.23，而城投债券的信用利差的均值分别为 2.13，且该项融资约束指标的差异均在 1% 的水平上显著，表明在我国债券市场中，相较一般企业债券而言，城投债券平均利差更低。其次，两种债券流动性均值差距在经济意义上较小，且城投债的非流动性指标（$Amihud$）小于一般企业债，即流动性相对较好。根据流动性溢价理论，流动性越好的债券信用利差越低。而城投债利差相对更低，符合该理论。财务指标方面，发债融资平台盈利能力（ROA）的均值为 0.75%，显著低于一般企业 2.28% 的数值，说明大部分发债融资平台的盈利能力并不高。发债融资平台的总资产周转率（$Turnover$）和现金流与债比（$Cash\_debt$）相对更小，表明这些企业运营能力较弱且短期偿债能力有限，理论上投资者可能会面临较高的风险。

表 4.2 变量描述性统计

Panel A：城投债主要变量的描述性统计						
变量	观测值	均值	标准差	最小值	中位数	最大值
Spread	35552	2.1337	1.2077	−3.4840	2.0833	9.7151
Size	35552	20.8894	0.4455	18.4207	20.9056	22.3327
Amihud	35552	0.0079	0.0339	0.0000	0.0000	0.2411
CP	35552	6.4667	1.205	2.9500	6.6400	8.5900
Mat	35552	4.0523	2.1126	0.1726	4.0603	11.9699
Age	35552	3.0761	1.9002	0.0329	2.8904	9.8033
List	35552	0.0123	0.1104	0.0000	0.0000	1.0000
Nbank	35552	0.3342	0.4717	0.0000	0.0000	1.0000
GRT	35552	0.382	0.4859	0.0000	0.0000	1.0000
Put	35552	0.2381	0.4259	0.0000	0.0000	1.0000
Call	35552	0.7515	0.4321	0.0000	1.0000	1.0000
Asset	35552	24.183	0.931	20.8211	24.0709	28.6595
Leverage	35552	53.1834	13.6855	13.5389	54.1353	88.9138
Turnover	35552	0.0514	0.0789	0.0008	0.0312	1.5970
ROA	35552	0.7473	1.0652	−1.3988	0.4563	11.2086
Cash_debt	35552	−0.0095	0.0926	−0.3988	0.0021	0.3588
QR	35552	2.0802	1.6705	0.1873	1.6083	9.6851
Fiscal	35552	15.0602	1.2281	11.6649	14.9762	17.9754
GDP	35552	17.3821	1.0571	14.9509	17.3638	19.5299
Loan	35552	17.5445	1.3425	14.5544	17.4889	20.3735

PanelB：城投债与一般企业债的双样本 T 检验结果							
变量	（1）城投债			（2）一般企业债			T-test
	观测值	均值	标准差	观测值	均值	标准差	（1）—（2）
Spread	35552	2.1337	1.2077	8996	3.2263	1.9868	−1.0926***
Amihud	35552	0.0079	0.0339	8996	0.0086	0.0291	−0.0007***
Asset	35552	24.183	0.931	8996	23.9556	1.3296	0.2274***

(续表)

变量	PanelB：城投债与一般企业债的双样本 T 检验结果						T-test
	(1) 城投债			(2) 一般企业债			
	观测值	均值	标准差	观测值	均值	标准差	(1) — (2)
$Leverage$	35552	53.1834	13.6855	8996	60.2751	14.6362	-7.0917^{***}
$Turnover$	35552	0.0514	0.0789	8996	0.3398	0.333	-0.2884^{***}
ROA	35552	0.7473	1.0652	8996	2.2795	2.4036	-1.5322^{***}
$Cash\_debt$	35552	-0.0095	0.0926	8996	0.0288	0.0959	-0.0383^{***}
QR	35552	2.0802	1.6705	8996	1.0907	0.9437	0.9895^{***}

4.4 财务信息对城投债定价影响的实证分析

4.4.1 财务信息对城投债信用利差的影响

按照模型式（4.1）分别对城投债和一般企业债进行回归。表 4.3 中（1）—（3）列的样本均为城投债，（4）—（6）列的样本均为一般企业债。（1）—（3）列为依次增加债券特征、公司财务以及地方经济控制变量后的回归结果。其中，第（3）列回归显示，在控制一系列固定效应后，城投债的信用利差主要受到债券特征、平台行政层级（$Level$）、总资产规模（$Asset$）、速动比率（QR）以及地区财政的影响。同时，财政收入和 GDP 越高的城市，其融资平台信用利差越低。换言之，财政能力越强的地区发行的城投债风险越低。与之相对的，第（6）列回归结果显示，一般企业债的发行成本更主要地受到债券特征、总资产规模（$Asset$）、总资产周转率（$Turnover$）、总资产回报率（ROA）以及资产负债率（$Leverage$）的影响。这说明，相比于一般城投债，融资平台的信用利差更易受到债券自身期限规模等特征和当地政府财政能力的影响，而财务信息的作用相对较弱。

表 4.3 财务信息对城投债信用利差的影响

变量	(1) 城投债 Spread	(2) 城投债 Spread	(3) 城投债 Spread	(4) 一般债 Spread	(5) 一般债 Spread	(6) 一般债 Spread
Size	−0.1639***	−0.0769***	−0.0636***	−0.0478	0.0639	0.0476
	(−4.9108)	(−3.0920)	(−2.9798)	(−0.5955)	(1.3322)	(0.9126)
Amihud	−1.1769***	−1.1941***	−1.1774***	3.9376***	3.9382**	3.8994***
	(−7.5760)	(−7.4491)	(−7.5242)	(3.0060)	(2.8387)	(3.0228)
CP	0.1383***	0.1305***	0.1237***	0.5522***	0.5316***	0.5285***
	(5.8489)	(6.3347)	(5.7126)	(10.9229)	(11.0187)	(10.9893)
Mat	−0.0030	0.0074	0.0122	−0.0374	−0.0391	−0.0457
	(−0.5110)	(0.9561)	(1.1587)	(−1.2029)	(−1.3268)	(−1.6849)
Age	−0.1342***	−0.1150***	−0.1119***	0.0028	0.0045	0.0035
	(−6.8759)	(−6.5837)	(−8.1892)	(0.0927)	(0.1597)	(0.1268)
List	−0.4011***	−0.5640***	−0.5237***	−0.4411***	−0.5475***	−0.5586***
	(−3.3987)	(−4.2096)	(−4.2851)	(−3.3009)	(−3.4067)	(−3.8896)
Nbank	−0.0436	−0.0325	−0.0306	0.0885	0.0436	0.0564
	(−1.3358)	(−1.0776)	(−0.9878)	(1.1534)	(0.6426)	(0.8273)
Put	−0.1409	−0.1539	−0.1703*	−0.2227**	−0.2361**	−0.2278***
	(−1.4295)	(−1.4749)	(−1.8059)	(−2.5348)	(−2.8755)	(−3.1548)
Call	−0.1784*	−0.2484**	−0.2790***	−0.0376	−0.1077	−0.0918
	(−1.8401)	(−2.6656)	(−3.4119)	(−0.2396)	(−0.6130)	(−0.5371)
L.Asset		−0.0940***	−0.0805***		−0.2999***	−0.2903***
		(−11.8134)	(−8.5811)		(−7.3482)	(−7.8085)
L.Leverage		−0.0008	0.0001		0.0086	0.0095*
		(−1.0420)	(0.1840)		(1.6782)	(1.8884)
L.Turnover		−0.1245	−0.0670		−0.3940***	−0.3759***
		(−1.0367)	(−0.4536)		(−4.0099)	(−3.8866)
L.ROA		−0.0118	−0.0119		−0.1117***	−0.1108***
		(−1.0610)	(−1.0715)		(−9.1006)	(−9.0927)

(续表)

变量	(1) 城投债 Spread	(2) 城投债 Spread	(3) 城投债 Spread	(4) 一般债 Spread	(5) 一般债 Spread	(6) 一般债 Spread
L.Cash_debt		−0.0899**	−0.0833		−0.1607	−0.1914
		(−2.2022)	(−1.6377)		(−0.8714)	(−1.0007)
L.QR		−0.0093**	−0.0126***		0.0242	0.0283
		(−2.7627)	(−3.4289)		(0.6082)	(0.7020)
Level		−0.1275***	−0.1405***			
		(−12.9388)	(−8.4891)			
L.Fiscal			−0.1095***			0.0647
			(−4.2686)			(0.8787)
L.GDP			−0.1960***			−0.1081
			(−4.1034)			(−0.5022)
L.Loan			0.1206***			−0.0896
			(3.6019)			(−0.5768)
行业固定效应	控制	控制	控制	控制	控制	控制
季度固定效应	控制	控制	控制	控制	控制	控制
评级固定效应	控制	控制	控制	控制	控制	控制
省份固定效应	控制	控制	控制	控制	控制	控制
观测值	35552	35552	35552	8996	8996	8996
R^2	0.381	0.389	0.397	0.482	0.510	0.512
R^2_adj	0.3791	0.3872	0.3955	0.4761	0.5036	0.5057

注：***、**与*分别表示系数在1%、5%与10%水平上显著。括号内为系数在行业层面进行聚类调整的t统计量。公司财务变量中$L.$表示滞后一季，地区经济变量中$L.$表示滞后一年。

4.4.2 异质性分析

现有研究认为高风险企业的信息不对称情况更严重（Mansi et al.，

2004)。林晚发等（2019）发现企业国有属性较弱以及主体信用评级越低时，企业的信息不对称程度与风险相对越高。我们将城投债按照信用评级以及发行人的行政层级分组，分别进行式（4.1）回归。由表4.4第（1）（2）列结果可知，当城投债评级低于AA级及以下评级时，公司的资产规模（$Asset$）、现金流与债务比（$Cash\_debt$）和速动比率（QR）越高，债券信用利差越低。表4.4第（3）（4）列结果可知，相对于地市级和省级融资平台，区县级的融资平台公司的资产规模（$Asset$）、总资产回报率（ROA）和速动比率（QR）越高，城投债券信用利差越低，即发债主体行政层级越低的债券发行时更易关注财务风险情况。可以看出，对于评级较低以及平台层级较低的债券，其财务基本面对其利差的影响更显著。这意味着风险较高的融资平台所发行的城投债券价格对财务信息更敏感。

表4.4 城投债定价异质性分析

变量	(1) AA级及以下	(2) AA+级及以上	(3) 区县级	(4) 省市级
$Size$	−0.0694***	−0.0679	−0.0727***	−0.0368
	(−4.1391)	(−1.5989)	(−3.7179)	(−1.7247)
$Amihud$	−1.1882***	−1.2655***	−0.5336	−1.4988***
	(−3.2250)	(−2.9983)	(−1.3994)	(−6.7492)
CP	0.1164***	0.1239***	0.1221***	0.1249***
	(13.5017)	(3.4282)	(4.6541)	(5.5668)
Mat	0.0603***	−0.0038	0.0224*	−0.0021
	(7.3456)	(−0.3025)	(2.0286)	(−0.2043)
Age	−0.1300***	−0.1012***	−0.1389***	−0.0984***
	(−7.3850)	(−11.8704)	(−5.6168)	(−9.8247)
$List$	−0.3427*	−0.5131***	−0.6195***	−0.1989
	(−1.8770)	(−3.0085)	(−4.7410)	(−1.0639)
$Nbank$	0.0904**	−0.0923***	−0.0200	−0.0224
	(2.1534)	(−5.2774)	(−0.8927)	(−0.7109)

(续表)

变量	(1) AA级及以下	(2) AA+级及以上	(3) 区县级	(4) 省市级
Put	0.0862***	−0.2509**	−0.0899	−0.1826*
	(4.8550)	(−2.3996)	(−0.5067)	(−2.0664)
Call	−0.1671***	−0.3048**	−0.3545***	−0.2331**
	(−5.5691)	(−2.7160)	(−4.3487)	(−2.6191)
L.Asset	−0.0829***	−0.0823***	−0.0905***	−0.1025***
	(−8.7671)	(−7.6653)	(−6.2658)	(−5.5407)
L.Leverage	−0.0001	−0.0001	0.0021	0.0006
	(−0.1440)	(−0.0798)	(1.3531)	(0.8028)
L.Turnover	−0.3093	−0.0087	−0.5910	−0.1116
	(−1.1335)	(−0.0534)	(−1.5552)	(−1.1031)
L.ROA	0.0010	−0.0244*	−0.0181*	−0.0094
	(0.1008)	(−1.8651)	(−1.8805)	(−0.7727)
L.Cash_debt	−0.1162*	0.0028	0.0941**	−0.0791
	(−1.9958)	(0.0470)	(2.2301)	(−1.5526)
L.QR	−0.0213***	−0.0043	−0.0108*	−0.0093*
	(−6.6087)	(−0.5701)	(−1.9692)	(−2.0107)
Level	−0.1566***	−0.1228***		
	(−11.7377)	(−6.9919)		
L.Fiscal	−0.1789***	−0.0797***	−0.1757**	−0.0867
	(−7.0127)	(−3.3629)	(−2.4259)	(−1.6026)
L.GDP	−0.1052*	−0.2225***	−0.1733	−0.1891***
	(−2.0627)	(−3.2518)	(−1.8018)	(−3.5668)
L.Loan	0.0940***	0.1199**	0.0371	0.1055*
	(3.6029)	(2.4763)	(0.5783)	(1.8616)
行业固定效应	控制	控制	控制	控制
季度固定效应	控制	控制	控制	控制
评级固定效应	控制	控制	控制	控制

（续表）

变量	(1) AA 级及以下	(2) AA+级及以上	(3) 区县级	(4) 省市级
省份固定效应	控制	控制	控制	控制
观测值	16100	19452	13159	22393
R^2	0.386	0.378	0.404	0.412
R^2_adj	0.3818	0.3742	0.3992	0.4093

注：***、**与*分别表示系数在1％、5％与10％水平上显著。括号内为系数在行业层面进行聚类调整的 t 统计量。公司财务变量中 $L.$ 表示滞后一季，地区经济变量中 $L.$ 表示滞后一年。

4.5 本章小结

通过对融资平台的基本面情况进行分析，在本章研究中发现一个重要的现象：近年来，融资平台的基本面在逐渐恶化，但其仍在不断发行城投债，并且其信用利差相对低于盈利能力更强的一般企业。将财务信息以及影响债券风险的相关因素与债券信用利差回归，本章发现城投债信用利差更易受到债券基本特征、地方财政收入以及平台行政层级等因素的影响，而财务信息影响相对较弱。进一步地说，信用评级更低以及行政层级更低的融资平台发行的城投债，其信用利差对财务信息更敏感。

研究推测，融资平台的财务信息有效性较低可能是因为，部分基本面较差的融资平台为了顺利发行城投债，可能会主动选择一定的外部担保措施。更重要的是，地方政府作为融资平台的第一大股东或唯一股东，一方面，地方政府可能会给予融资平台各种财务支持或担保措施，另一方面，地方政府与融资平台之间的关系以及融资平台的职能属性可能使得投资者对政府隐性担保或刚性兑付也存在一定的预期。这些担保措施和增信因素可能被投资者纳入了债券信用风险评估中。本研究后续通过控制融资平台财务基本面等信息，来分析其他可能降低城投债风险的因素。

第五章
外部担保与融资平台信用风险

5.1 理 论 分 析

近年来,一系列地方债管理新政已颁布实施。然而,城投债仍在逆势扩张。不仅如此,Wind 数据显示,在 2009—2019 年间发行的城投债的资金投向中,18%的资金被用于补充公司运营资金,29%用于借新还旧。这暗示着部分融资平台可能已经出现了运营资金的周转问题,不得不将长期资金挪作短期之用。但是,从城投债的发行成本来看,近五年城投债的平均票面利率低于 2015 年之前的平均票面利率(见图 3.1)。

值得注意的是,近年来,城投债增信方式也在发生变化,不少融资平台开始采用专业融资担保公司担保的方式进行举债。具体而言,2010 年 6 月印发的"19 号文"规定地方各级政府及其所属部门、机构和主要依靠财政拨款经费补助的事业单位,均不得以财政性收入、行政事业等单位的国有资产,或其他任何直接、间接形式为融资平台公司融资行为提供担保。在这一背景下,地方政府加大了对地方融资平台融资担保的整顿规范力度。另外,2015 年之后,融资平台的债券融资条件逐渐放开,发行主体的行政级别也在逐步降低,从而一定程度催生了城投债的外部担保需求。2017 年"50 号文"提出,允许地方政府结合财力设立或参股担保公司,建立健全市场化运作的融资担保体系。审计署通过每季度公布的审计结果报告披露违规融资担保问题,财政部就此问责了重庆、湖北、河南、山东、江苏、贵州等相关涉嫌违规的地区和金融机构,对城投债市场起到了一定的震慑作用。在此背景下,各地新增城投债采用外部担保的规模逐年增加,并且增信方式的选择开始发生结构性变化。如图5.1所示,2015年以后,融资平台抵质押担保的增信方式占比正在逐年降低,而第三方担保公司增信正成为城投债的主流担保方式,其中,2020年发行的以第三方担保公司担保的城投债规模占当年有担保城投债的比重为98.71%,并且,据Wind数据库统计显示,截至2020年末,第三方担保公司担保的城投债余额已近7000亿元。

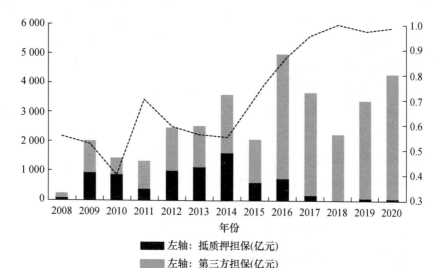

图5.1 2008—2020年城投债不同增信方式总金额的变化
资料来源:Wind数据库。

城投债发行成本的降低可能受到很多因素影响。除了公司基本面信息外,显性的外部担保措施(也称"名义担保")也会对债券信用产生直接的影响。结合当下城投债采用外部担保的规模增加的现象,那么外部担保在城投债融资成本降低过程中是否起到一定作用?这是本章研究的出发点。进一步地说，债券募资说明书上常见的外部担保方式包括抵质押担保和第三方公司担保。那么，不同增信方式的增信效果是否存在差异？此外，评级机构和投资者对于外部担保增信的认可度是否存在一定差异？

事实上，引入外部担保提升信用评级可能侧重于满足债券发行审批机构的准入要求。江源（2020）认为，在我国债券市场"评级膨胀"的背景下，外部担保可能是评级虚高的诱因之一。而在债券定价过程，投资者可能更加关注外部担保对债券实质信用风险的影响程度。国外部分学者给出了外部担保带来的债券信用风险的变化的实证分析。Hsueh 和 Kidwell（1988）以美国得克萨斯州教育债券为样本进行研究时发现，有外部担保债券比无外部担保债券的发行利率更低，但是外部担保降低不同信用等级债券发行成本的降低效果差别较大；对于低评级债券，外部担保能显著降低发行利率；而高评级有外部担保债券的发行利率甚至比无外部担保的债券更高。Angoua 等（2008）通过实证发现债券发行人获得外部担保可能增加他们投资的风险偏好，因此导致债券信用风险加大。John 等（2002）以 1993 年 1 月至 1995 年 3 月间美国市场上发行的固定利率债券为研究样本，发现抵押担保债券利差高于一般债券。此外，国内的一些学者也对债券外部担保的作用效果方面的问题进行了实证研究。齐天翔等（2012）指出有外部担保的债券容易获得市场的认可。韩鹏飞、胡奕明（2015a）得出以下结论：债券外部增信能降低债券发行利差，提升信用评级，其中第三方保证对债券定价的作用效果更显著。王芳、周红（2015）将第三方担保细分为关联方担保、企业互保和同属国资委企业担保，实证结果表明同属地方国资委企业担保更能降低债券融资成本。章敏（2017）研究发现外部担保有利于提高民营企业债券评级。秦权利、刘新昊（2017）在分析证监会"新办法"颁布后债券定价因素后发现，使用增信措施后的债券发行成本高于无增信措施的公司。张雪莹、焦健（2017）发现外部担保虽然能一定程度上降低债券发行利差，但效果因不同信用评级、担保方式等因素存在差异，第三方担保和专业担保公司担保能显著降低债券发行利差。江源（2020）发现在现存发行审批制度下，外部担保的增信功能发生了扭曲，并不能降低城投债信用利差。

对于外部担保对于城投债定价的影响方面，部分学者尝试将外部担保与政府隐性担保结合并进行了对比研究。罗荣华、刘劲劲（2016）明确定义了政府隐性担保和显性担保，把政府控股的第三方担保和增信公司的担保视为显性担保，并基于 2009 年至 2014 年的城投债数据研究发现，无担保城投债与第三方担保城投债在发行利差上无显著差异，表明市场认为无担保城投债背后存在政府的隐性担保。钟辉勇、钟宁桦和朱小能（2016）也从名义担保（外部担保）和政府隐性担保角度研究城投债信用风险，研究发现城投债的名义担保和政府的隐性担保对债券发行成本的降低均无显著影响，其原因可能是目前中国债券市场存在的虚假担保现象，也说明债券市场投资者对地方政府的隐性担保以及城投债的名义担保并不完全认可。而陈超、李镕伊（2014）基于 2007 年至 2010 年公司债数据研究债券契约条款和融资利率时发现，发行人的所有权性质会影响债券的发行成本，即国有企业比民营企业更易获得低成本资金，而有外部担保的债券融资成本也较低。综上所述，目前国内学者对于城投债的外部担保对信用利差的影响有不同观点，这可能是由于不同时间段担保方式的不同而导致的。同时，在城投债新政"43 号文"公布之后，对城投债担保方式转变影响的研究仍相对较少。再者，我国地方融资平台有其自身的特点，因此对于增信效果的评估也需要发展出专门的模型。

基于既有文献研究，本章从城投债发行审批环节对外部担保的需求出发，分析外部担保对信用评级和发行定价的作用机制。本章结合融资平台的地方融资平台属性，在控制地区财政、公司财务基本面、债券特征后，研究不同外部担保措施对城投债发行定价的影响；并对"43 号文"公布之后，外部担保的定价模式是否会发生转变等问题展开具体分析。实证发现，在 2010 年至 2020 年内，外部担保会显著提高城投债发行评级，包括抵质押担保、第三方融资担保公司的担保，但是这些外部担保措施并不能降低信用利差，反而显示出更高的风险溢价。进一步地说，本章研究了"43 号文"公布前后，外部担保对城投债信用风险影响的结构性变化。实证发现,"43号文"公布之后,外部担保对城投债发行评级的增信效果以及对债券实际信用风险的增加程度在金融意义上更加显著,即评级机构和投资者对外部担保的认可度差异进一步拉大。总体而言,在中央监管趋严的背景下,在债券发行端,城投债为了提高评级,对外部担保的依赖开始增强,尤其是具有担保业务以及抗风险能力的专业融资担保公司,但是这些外部担保措施并不能实质性地降低城投债信用风险。

5.2 制度背景

5.2.1 外部担保方式

评级机构通常基于公司长期经营运作能力来对公司主体进行信用评级,主要考察公司基本经营风险、管理能力、产业政策以及宏观区域经济环境等影响公司未来长短期偿债能力的内部和外部因素。债项评级是对债券投资过程中的特定风险进行计量和评价,包括抵押品、偿债优先性、债券类型、行业等因素,主要反映债券违约后的损失大小。债项评级是度量违约风险的一个重要指标,对于公司债券信用利差有着直接影响。而债券的违约损失率是由债券的违约概率和违约后损失的严重程度共同决定的。相对于无担保债券,采用担保或抵押等形式发行的债券可以通过减少债券违约后投资者的损失来达到信用增级的目的。因此,有外部担保债券的债项评级一般比发行人的主体评级或同一发行人发行的无担保债券评级要高,而增信程度则取决于担保主体的资信状况以及担保物对债务的保障情况。

近年来,我国债券市场信用风险正在加速暴露。债券市场的外部担保作为一种降低债券违约风险的手段,可以让信用程度较低、原本不能发行债券的企业在采取增信措施之后也能够成功发行债券。2012年12月发改委办公厅发布的《关于进一步强化企业债券风险防范管理有关问题的通知》(发改办财金〔2012〕3451号)提出,融资平台主体评级在AA-及以下的，发债时必须采用一定的保障措施或外部担保；资产负债率在65%至80%之间的发债申请企业，在审核中须重点关注其偿债风险，资产负债率在80%至90%之间的发债申请企业，原则上必须提供担保措施。另外，作为我国信用债市场的主要投资者保险机构，保监会规定其只能投资有外部担保的信用债，且这些信用债券应具有国内信用评级机构评定的AA级或者相当于AA级以上的信用级别。这就造成保险机构无法对企业主体评级在AA－级及以下的信用债券进行投资。因此，若不采取信用增级措施，债券市场需求将大幅下降，债券成功发行的概率也在一定程度上降低。

目前，我国债券市场上主要的外部担保方式主要分为内部增信和外部增信两种（见图5.2）。具体地，内部增信指在募资合同上规定的由发行人自身某项资产提供的担保，主要包括抵押担保和质押担保两种形式。两者的主要区别是抵押担保可以是动产或不动产，但不要求转移抵押物，而质押担保必须是动产抵押并且要求转移抵押物。在评估抵质押担保价值时，不仅需要确定其当期价值，还要尽可能地对违约时的价值进行估算，以确定未来某一时间能够清偿本息。一般而言，抵押品价值评估更关注其未来的变现价值。这就使得抵押品价值评估具有不确定性。对于内部增信，融资平台大多没有独立运作的经营业务和资产，而城投债采用的抵质押资产大多数都跟当地政府有些许联系，比如政府通过土地划拨或出让的形式扩大融资平台资产后，将土地使用权转移融资平台名下，融资平台再利用政府划拨过来的土地使用权为债券提供抵押担保（钟辉勇等，2016）；或将地方融资平台公司的应收账款作为质押担保（侯思贤，2013）。这种抵质押担保措施包含一定的政府"半显性"担保因素。

与内部增信相对，外部增信一般指第三方公司为债券发行人提供的担保，担保形式一般为不可撤销连带责任。外部增信企业包括非专业担保公司和专业担保公司。为城投债发行提供外部增信的企业，一般是地方融资平台所在地的其他融资平台公司（非专业担保公司），也有部分是专业担保公司。在第三方公司担保的模式下，这种经担保后的债券违约率理论上由担保公司和发行主体的联合违约率决定。但当两个信用主体在区域经济条件、行业背景和股东背景等方面存在较高相关性时，担保效力也有待商榷。

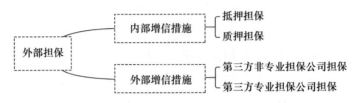

图 5.2 外部担保方式分类

资料来源：作者根据相关资料自行整理。

5.2.2 融资平台增信方式演变

在创立初期，融资平台作为地方政府投融资工具，且募集来的资金主要用于承担基础设施建设等本该由地方政府承担的责任。其发行的债券具有政府信用，人们一般认为债券最终的偿付人是当地政府。寻求政府保证、引入政府信用自然成为早期准地方政府债券主流的担保方式。但融资平台是独立运作的法人，根据《担保法》中的规定："国家机关不得为保证人"，地方政府对债券采取保证担保的方式受到限制。此外，随着《关于有效防范企业债担保风险的意见》（银监发〔2007〕75 号）出台，地方融资平台公司发行债券也无法再获得银行等金融机构的担保。那么，融资平台通过何种增信方式来发债融资呢？

1. 地方政府的担保承诺

在 2008 年扩张性财政计划刺激下，为取得资金发展经济，地方政府会选择出具担保函、承诺函或采取领导批示等方式来为城投企业的融资提供担保承诺，中央政府对这种担保行为的态度最初是默许的（刘红忠等，2019）。2010 年《全国地方政府性债务审计结果》显示，政府负有担保责任的债务占总债务的 21.8%，也间接认可了地方政府的担保承诺。但是这种承诺函和担保函使得弱资质的平台也能够发行城投债，因而产生了较高的信用风险。虽然，中央政府在 2010—2012 年多次发文禁止地方政府为平台提供担保承诺,但是由于缺少立法与问责制度约束,这些文件仅产生行政性警示作用。在预算软约束下,地方政府的担保承诺依然可信,市场依然认可并投资城投债(廖文娟,2014)。2013年的《全国政府性债务审计结果》公示了平台公司中政府负有担保责任的债务总计达29256.49亿元,可能承担一定救助责任的债务总计达66504.56亿元。

随着地方债务规模的无序增长,中央政府为控制债务风险明文禁止政府提供担保承诺。2014年修订的《预算法》明确规定:地方政府及其所属部门不得为任何单位和个人的债务以任何方式提供担保。换言之,地方政府此前出具的各种担保函、承诺函、宽慰函、回购协议等直接担保或变相担保的协议(直接为其他单位或企业融资承诺承担偿债责任)均不具有法律效力。之后国家层面涉及隐性债务监管的会议或文件都多次强调了打消政府兜底预期,防范道德风险,中央政府对地方政府举借的债务实行不救助的原则。法律上的规定使得上级政府部门的监管行为变得可信,这在城投债的发行市场得以体现。2014年10月后,市场上甚至出现地方政府拒绝为城投债担保承诺而导致债券终止发行的案例。

2. 外部担保

随着监管趋严,2014年修订的《预算法》、"43号文"等一系列地方政府债务管理法律法规禁止政府为企业融资提供任何形式的担保,督促平台转型,并剥离政府融资职能。因此,各地政府不得对各融资平台的债券发行提供担保承诺,这实现了信用隔离,并构建了市场化运作的融资担保体系,逐步将城投债增信模式转化为市场化的外部担保。2015年8月颁布的《国务院关于促进融资担保行业加快发展的意见》是最早关于担保机构的规范性文件。该文件提出,加快发展主要为小微企业和"三农"服务的新型融资担保行业,发展政府支持的融资担保机构。在此背景下,近年来,不少专业担保公司开始进入城投债市场,特别是诸如中国投融资担保有限公司、中债信用增进投资股份有限公司等这类全国性、高评级担保公司的进入,提供了更为专业化、规范化的担保服务。与此同时,政府性融资担保机构的发展也较为迅速。

2018年3月，《财政部关于规范金融企业对地方政府和国有企业投融资行为有关问题的通知》也强调在债券募资说明书等文件中，不得披露所在地区财政收支、政府债务数据等明示或暗示存在政府信用支持的信息，严禁将债券信用与政府信用挂钩。2021年3月，中国人民银行、国家发展改革委、财政部、银保监会、证监会《关于促进债券市场信用评级行业高质量健康发展的通知（征求意见稿）》要求，信用评级机构应主要基于受评主体自身的信用状况开展评级。因此在"打破刚兑，禁止地方政府违规提供担保"的原则下，融资平台不得不寻求新的增信方式。当下城投债在法律合规途径下的增信方式只有外部担保，即来自公司自有资产的抵质押增信措施或者第三方公司担保。从目前已发行城投债的外部担保情况来看，这些债券主要采取了内部增信和外部增信的方式；另外还有部分债券采取了设立偿债基金的增信方式，但该方式通常与内部增信结合使用。

随着债券市场信用风险加速暴露，债券违约事件逐渐增多。而违约后，担保公司代为偿还的事件也时有发生。由此可见，担保公司在违约事件中的作用越来越重要。如，"13青岛SMECN1"和"13达州SMECN001"分别于2015年1月和2016年3月违约，事后这些债务均由担保人中债信用增进投资股份有限公司进行了代偿。这些事件反映了中小企业自身的抗风险能力相对薄弱，当发行人出现违约时，外部担保在一定程度上可以减少投资者的损失，即外部担保是应对债券违约的重要措施之一。但是，有些融资平台不仅对外担保城投债，其自身发行的债券又被其他融资平台进行担保，即存在平台互相担保、多家平台连环或多层担保的情况。这种连环担保关系可能会增加代偿风险的积聚、容易引发区域系统性风险。因此，在违约频发的债券市场，若能准确评估这些外部担保措施对我国城投债发行定价的影响，则对完善我国金融监管体系和风险防范机制具有重要意义。

5.2.3 研究假设

外部担保制度是一种能够降低信息不对称的机制，既可以缓解事前的逆向选择也可降低事后的道德风险，两种模式在研究中都得到了一定的支持和验证。逆向选择模型和道德风险模型给出了外部担保与债券利率之间关系的相反的预测,因此外部担保既可能提高信用利差,也可能降低信用利差。比如在逆向选择理论中,融资平台在发行城投债时采取外部担保条款有时候并不是为了降低违约风险,而是为了提高债券的信用评级以达到监管部门的最低发行标准,或者是为了吸引某些有特殊投资标的要求的机构投资者,这就使得融资平台在采取外部担保时可能会更注重形式而非实质。在道德风险模型中,由于有外部担保的债券的偿债来源除了发行主体自身的经营收入外,还有通过处置抵押品、让第三方代为偿还等方式,因此城投债的违约风险更低,还本付息更加具有保障,投资者要求的风险溢价更低。这两种模式均可能发生。由此,提出如下假设:

H1a:有外部担保的城投债其发行信用利差更大。

H1b:有外部担保的城投债其发行信用利差更小。

5.3 数据说明

正如前面章节所述,我国的融资平台在很多方面都和传统的制造业企业不同,包括其资产大多是土地使用权、依靠地方政府信用背书的负债,以及投资多为公共基础设施等,因此不能用一般的增信视角来评估融资平台。评估城投债信用风险时,需要考虑债券发行人主体评级、所在地区的行政层级和财政状况。行政层级体现了融资平台所在地方政府在多大程度上可以获得中央政府的政策支持以及协调地区内财政资源的能力。由第四章的分析可知,地区 GDP 和财政收入衡量的是该地区的经济发展水平和政府偿债能力,同时反映的是地方政府对地方融资平台潜在的担保能力。因此,这些变量在以往研究城投债的文献中,也往往被作为地方政府隐性担保的替代性变量。

本章在指标选取上遵循如下规则:评级问题的被解释变量是评级差距($diff\_rating$),即用数值化后的债券发行时的债项评级减去发债公司的主体评级;信用风险的代理变量是二级市场信用利差($spread$)。同时,把解释变量分为三类：第一类为债券指标；第二类为融资平台财务指标，包括公司盈利能力、运营能力以及债务风险等指标；第三类指标为宏观指标，包括GDP、财政收入等，以此控制政府对平台的财务支持能力或担保能力的影响。核心解释变量说明如表5.1所示，其余解释变量定义同表4.1。

本章的城投债发行评级信息、交易信息和融资平台财务数据均取自Wind数据库，地区的宏观经济数据来源于《中国城市统计年鉴》。同第四章，本章选取2009—2019年间所有的企业债和公司债类型的城投债数据作为研究样本，以季度为窗口，记录并整理观测值。在剔除了数据缺失的观测值之后，最后的样本数据包含4028只城投债，总计4028个债券发行观测值和35552个债券—季度观测值。为了避免异常值的影响，本章对所有财务变量进行了两端1%水平的缩尾处理。

表 5.1 主要研究变量定义

变量名	定义和计算方法
主要研究变量	
GRT	债券是否有外部担保，若是则取值为1，否则为0
GRT1	债券是否有抵质押担保，若是则取值为1，否则为0
GRT2	债券是否有第三方非专业担保公司担保，若是则取值为1，否则为0
GRT3	债券是否有第三方专业担保公司担保，若是则取值为1，否则为0

本章后续的实证分析安排如下：首先，在控制公司财务信息和地区财政因素后，研究外部担保是否对城投债评级和定价产生了影响，以及不同增信方式的影响有多大差异。其次，鉴于融资平台主体评级一般包含地方政府财政以及融资平台基本面的信息，信用等级则体现了偿债主体的偿债能力强弱，整体上信用等级高的偿债主体违约风险较低，因此，本章将进一步研究在不同主体评级的城投债中，外部担保所产生增信效果的差异。最后，本章分析了"43号文"公布之后，外部担保对城投债的增信效果的变化。

5.4 实证分析

5.4.1 外部担保对发行评级的影响

为研究外部担保对城投债发行评级的影响,且不考虑其他因素的信息干扰,构建如下模型:

$$\begin{aligned}diff\_rating_i = &\beta_0 + \beta GRT_i + \sum Bond\_controls_{i,t} \\&+ \sum Firm\_controls_{i,t-1} + \sum City\_controls_{i,t-1} \\&+ Rating + Province + Year + Industry + \varepsilon_i\end{aligned} \quad (5.1)$$

其中,$diff\_rating$ 表示债券发行时债项评级和主体评级的级别差距,GRT_i 代表债券是否有外部担保的虚拟变量,当债券 i 有外部担保时,GRT 为 1,否则为 0。$Bond\_Control$、$Firm\_Control$、$City\_Control$ 分别表示债券特征、公司财务特征以及地区经济特征等控制变量。模型中也控制了主体信用评级、省份、年份、行业等固定效用。本章将标准误聚类在行业层面,以控制同一行业融资平台的序列相关问题。本章后续模型也进行了相同处理,不再赘述。

鉴于不同增信方式之间存在一定程度差异,下面研究不同外部担保方式对城投债债项评级的影响,模型如下:

$$\begin{aligned}diff\_rating_i = &\beta_0 + \beta_1 GRT1_i + \beta_2 GRT2_i + \beta_3 GRT3_i \\&+ \sum Bond\_controls_{i,t} + \sum Firm\_controls_{i,t-1} \\&+ \sum City\_controls_{i,t-1} + Rating \\&+ Province + Year + Industry + \varepsilon_i\end{aligned} \quad (5.2)$$

其中,$GRT1$、$GRT2$、$GRT3$ 分别表示抵质押担保、第三方非专业担保公司担保以及第三方专业担保公司担保。其余控制变量同式(5.1)。

表 5.2 外部担保与债项评级

变量	(1) diff_rating	(2) diff_rating	(3) diff_rating	(4) diff_rating
GRT	1.4261***		1.3201***	
	(32.7109)		(26.1740)	
GRT1		0.0266		0.0080
		(0.2427)		(0.0741)
GRT2		1.0957***		0.9275***
		(19.4336)		(20.3365)
GRT3		1.8663***		1.7707***
		(15.4789)		(15.6452)
Size	0.0699***	0.0740**	0.0775***	0.0773***
	(3.1029)	(2.8031)	(3.7138)	(4.3682)
Maturity	0.0010	0.0039	−0.0052	−0.0012
	(0.1353)	(0.5070)	(−1.2824)	(−0.3464)
List	−0.0428	−0.0829	0.0449	−0.0416
	(−0.6481)	(−1.1725)	(0.5511)	(−0.4908)
Nbank	−0.0031	−0.0019	0.0249***	0.0273***
	(−0.2272)	(−0.1363)	(5.8707)	(4.3739)
Put	0.0589*	0.0649	0.0128	0.0070
	(2.1178)	(1.5798)	(0.3029)	(0.2134)
Call	0.0966***	0.0394**	0.0508	0.0042
	(3.8130)	(2.2486)	(1.0726)	(0.0954)
Level	−0.0114	0.0045	−0.0162	−0.0122
	(−0.4429)	(0.1654)	(−0.6565)	(−0.5060)
L.Asset	−0.1064***	−0.1153***	−0.0130	−0.0165
	(−3.7432)	(−3.8618)	(−1.0874)	(−1.2938)
L.Leverage	0.0072***	0.0062***	0.0016*	0.0009
	(6.2305)	(4.5103)	(1.7988)	(0.8566)

(续表)

变量	(1) diff_rating	(2) diff_rating	(3) diff_rating	(4) diff_rating
L.Turnover	−0.0111	−0.0031	0.0556	0.0792
	(−0.1218)	(−0.0309)	(0.6881)	(0.9851)
L.ROA	−0.0105	0.0007	0.0001	0.0037
	(−1.2661)	(0.0857)	(0.0138)	(0.5183)
L.Cash_debt	−0.0476	−0.0466	−0.0390	−0.0128
	(−0.4265)	(−0.4511)	(−0.5645)	(−0.1550)
L.QR	0.0302***	0.0235***	0.0129***	0.0078
	(8.4997)	(3.5514)	(4.2496)	(1.5114)
L.Fiscal	−0.0719***	−0.0575*	−0.0700**	−0.0181
	(−3.0894)	(−1.8173)	(−2.3884)	(−0.8692)
L.GDP	0.0393	0.0191	0.0157	0.0139
	(1.3093)	(0.8456)	(0.5836)	(0.4469)
L.Loan	0.0603***	0.0391	0.0803***	0.0256*
	(2.9287)	(1.5912)	(3.4351)	(1.8548)
行业固定效应			控制	控制
季度固定效应			控制	控制
评级固定效应			控制	控制
省份固定效应			控制	控制
观测值	4028	4028	4028	4028
R^2	0.548	0.602	0.662	0.722
R^2_adj	0.5458	0.5997	0.6553	0.7166

注：***、**与*分别表示系数在1%、5%与10%水平上显著。括号内为系数在行业层面进行聚类调整的t统计量。L.表示滞后一年。

表5.2第（1）（2）列表示按照模型式（5.1）和式（5.2）对城投债评级的回归结果，但不加固定效应的外部担保，后两列为加入固定效应后的回归结果。由第（3）列回归结果可以看出，在控制主体评级、省份、行业、年份的固定效应后，相对于同一主体评级的融资平台，采用外部担保

使得城投债发行时的债项评级（相对于主体评级）平均提升1个级别以上。由第（4）列回归结果可知，首先在其他条件相同的情况下，抵质押担保几乎不影响债项评级；其次，与抵质押担保和第三方非专业担保公司担保相比，第三方专业担保公司担保对信用评级的提升效果更好。究其原因，可能与担保的原理有关。专业担保公司在城投债市场份额较为分散，降低了担保行业的风险集中度，并能有效地分散城投债可能面临的区域风险。部分评级为AA+的担保公司由于自身净资产的限制，甚至开始出现与其他担保公司一起参与的联合担保，以增强担保效果的现象。这对于发行人和担保人之间的风险隔离也更为有效。此外，融资担保行业不断规范，专业担保公司的内部治理更加市场化，也具有更规范的代偿制度和更完善的信息披露，降低了投资人要求代偿的操作成本和时间成本。因此第三方专业担保公司对城投债评级的提升效果优于抵质押担保和第三方非专业担保公司。

为了考察"43号文"公布前后外部担保对债券发行评级的影响差异，本章将样本按发行时间分成两组并进行回归，结果如表5.3。其中，before表示"43号文"公布之前，即债券发行年份在2015年前的样本，不包括2015年；after表示"43号文"公布之后，即债券发行年份在2015年后的样本，包括2015年；post是虚拟变量，表示"43号文"公布前后，若债券发行年份在2015年后则为1，反之为0。

表5.3 "43号文"公布前后外部担保对债项评级的影响

变量	(1) before	(2) after	(3) DID	(4) before	(5) after	(6) DID
GRT	1.0086***	1.3898***	1.1094***			
	(19.8177)	(25.8361)	(42.8359)			
$post$				−0.1205		−0.1058
				(−1.0287)		(−1.0734)
$GRT1$				0.2142**	−0.0738	0.1743
				(2.2798)	(−0.6873)	(1.4903)

(续表)

变量	(1) before	(2) after	(3) DID	(4) before	(5) after	(6) DID
GRT2				0.7835***	0.9656***	0.8315***
				(5.7136)	(13.6780)	(7.8124)
GRT3				1.2932***	1.8527***	1.3350***
				(9.1687)	(19.7943)	(7.9453)
GRT_post			0.2576***			
			(5.3278)			
GRT1_post						−0.2481**
						(−2.2351)
GRT2_post						0.1218
						(0.8175)
GRT3_post						0.5050***
						(4.9017)
Size	0.0369	0.0795***	0.0786***	0.0490	0.0775***	0.0786***
	(1.0082)	(5.0902)	(4.0507)	(1.0649)	(8.1109)	(5.7591)
Term	−0.0147*	−0.0004	−0.0052	−0.0112	0.0032	−0.0015
	(−2.0522)	(−0.0861)	(−1.0995)	(−1.0969)	(0.6442)	(−0.3533)
List	−0.4365	0.1491*	0.0296	−0.4381*	0.0525	−0.0432
	(−1.5790)	(1.8657)	(0.3691)	(−1.7759)	(0.7519)	(−0.5842)
Nbank	−0.0409**	0.0457***	0.0254***	−0.0287*	0.0359***	0.0203***
	(−2.8974)	(11.6347)	(6.1482)	(−2.1292)	(4.8884)	(3.0460)
Put	−0.0440	−0.0021	0.0095	−0.0388	−0.0082	0.0003
	(−0.6577)	(−0.0451)	(0.2041)	(−0.6580)	(−0.2170)	(0.0081)
Call	0.0356	0.0100	0.0314	0.0492	−0.0452	−0.0170
	(0.4378)	(0.2234)	(0.5955)	(0.7434)	(−1.1349)	(−0.3747)
Level	−0.0047	−0.0120	−0.0134	−0.0032	−0.0080	−0.0113
	(−0.0917)	(−0.7084)	(−0.5444)	(−0.0576)	(−0.5438)	(−0.4553)

(续表)

变量	(1) before	(2) after	(3) DID	(4) before	(5) after	(6) DID
L.Asset	0.0152	−0.0154*	−0.0135	0.0123	−0.0213***	−0.0165
	(0.5929)	(−1.8404)	(−1.1402)	(0.4140)	(−3.4827)	(−1.6394)
L.Leverage	−0.0012	0.0018*	0.0014	0.0001	0.0003	0.0004
	(−0.8438)	(1.9610)	(1.6608)	(0.1017)	(0.3293)	(0.4079)
L.Turnover	0.0878	0.0295	0.0459	0.0605	0.0649	0.0955
	(0.6446)	(0.4285)	(0.6035)	(0.4808)	(0.6314)	(1.0290)
L.ROA	−0.0068	0.0056	0.0007	0.0019	0.0018	−0.0018
	(−0.5331)	(0.4792)	(0.1152)	(0.2050)	(0.1771)	(−0.2494)
L.Cash_debt	0.0801	−0.0971	−0.0523	0.0918	−0.0841	−0.0283
	(0.5687)	(−0.9724)	(−0.7349)	(0.6036)	(−1.2078)	(−0.3684)
L.QR	0.0151*	0.0125***	0.0125***	0.0191**	0.0042	0.0066
	(1.7901)	(3.7053)	(4.0749)	(2.3731)	(0.7123)	(1.5159)
L.Fiscal	−0.0048	−0.1288**	−0.0693**	0.0091	−0.0622*	−0.0209
	(−0.1139)	(−2.5653)	(−2.1418)	(0.1842)	(−1.8009)	(−0.9441)
L.GDP	0.0172	0.0267	0.0218	0.0366	0.0245	0.0153
	(0.1733)	(0.7685)	(0.7700)	(0.3273)	(0.6327)	(0.5103)
L.Loan	0.0123	0.1232***	0.0754***	−0.0208	0.0562***	0.0275**
	(0.2620)	(4.5130)	(3.2611)	(−0.4503)	(4.4274)	(2.1230)
行业固定效应	YES	YES	YES	YES	YES	YES
季度固定效应	YES	YES	YES	YES	YES	YES
评级固定效应	YES	YES	YES	YES	YES	YES
省份固定效应	YES	YES	YES	YES	YES	YES
观测值	792	3236	4028	792	3236	4028
R^2	0.646	0.673	0.661	0.663	0.742	0.724
R^2_adj	0.6121	0.6657	0.6543	0.6300	0.7362	0.7180

注：***、**与*分别表示系数在1%、5%与10%水平上显著。括号内为系数在行业层面进行聚类调整的t统计量。$L.$表示滞后一年。

表5.3中的第（3）列回归显示，交叉项$GRT \times post$系数为正，表明

"43号文"公布之后,增信措施对债券评级的提升效果显著上升。由第(6)列回归可知,$GRT3 \times post$ 系数为正,即第三方专业担保公司担保在"43号文"公布之后对评级提升效果更加显著。而 $GRT2 \times post$ 系数不显著,说明非专业担保公司在"43号文"公布之后对评级的提升效果未发生明显变化。$GRT1 \times post$ 系数显著为负,说明在"43号文"公布之后,采用抵质押担保的城投债评级相对无担保债券反而更低。

5.4.2 外部担保对城投债信用利差的影响

为分析外部担保对城投债信用利差的影响,本章构建如下模型:

$$spread_{i,t} = \beta_0 + \beta GRT_i + \sum Bond\_controls_{i,t} \\ + \sum Firm\_controls_{i,t-1} + \sum City\_controls_{i,t-1} \\ + Rating + Province + Year + Industry + \varepsilon_{i,t} \quad (5.3)$$

其中,$spread$ 代表城投债在二级市场上的信用利差。模型中也控制了债项评级、省份、年份、行业等固定效用。其余变量定义同式(5.1)。

鉴于不同外部担保方式的增信效果之间存在一定程度差异,下面研究不同外部担保方式对城投债信用利差的影响,构建回归模型式(5.4)。

$$spread_{i,t} = \beta_0 + \beta_1 GRT1_i + \beta_2 GRT2_i + \beta_3 GRT3_i \\ + \sum Bond\_controls_{i,t} + \sum Firm\_controls_{i,t-1} \\ + \sum City\_controls_{i,t-1} + Rating + Province \\ + Year + Industry + \varepsilon_{i,t} \quad (5.4)$$

表5.4 外部担保对城投债发行利差的影响

变量	(1) Spread	(2) Spread	(3) Spread	(4) Spread
GRT	0.3246***	0.2884***	0.2203***	
	(7.9630)	(6.6145)	(6.7011)	

(续表)

变量	(1) Spread	(2) Spread	(3) Spread	(4) Spread
GRT1				0.0419
				(0.9881)
GRT2				0.2509***
				(5.0352)
GRT3				0.0918***
				(4.1725)
Size	−0.0744***	−0.0277	−0.0329	−0.0361
	(−3.2018)	(−1.0217)	(−1.6497)	(−1.5223)
Amihud	−0.7671***	−0.7810***	−0.7641***	−0.7265***
	(−4.5044)	(−4.4898)	(−4.4322)	(−4.2775)
CP	0.1385***	0.1358***	0.1224***	0.1198***
	(6.1729)	(6.2687)	(5.9550)	(5.8309)
Mat	−0.0016	0.0018	0.0171*	0.0177*
	(−0.2477)	(0.2788)	(1.9979)	(2.0403)
Age	−0.1524***	−0.1420***	−0.1172***	−0.1195***
	(−8.8205)	(−8.5403)	(−6.8348)	(−7.1912)
List	−0.4041***	−0.5124***	−0.4976***	−0.4839***
	(−3.4804)	(−3.9196)	(−4.1877)	(−4.2341)
Nbank	−0.0469	−0.0435	−0.0425	−0.0495
	(−1.6837)	(−1.6479)	(−1.4637)	(−1.4992)
Put	−0.1310	−0.1431	−0.1120	−0.1093
	(−1.3081)	(−1.4001)	(−1.1738)	(−1.1814)
Call	−0.2013**	−0.2320**	−0.2010**	−0.1972**
	(−2.1774)	(−2.5422)	(−2.6396)	(−2.4990)
L.Asset		−0.0708***	−0.0565***	−0.0644***
		(−5.4892)	(−4.5793)	(−5.3324)

（续表）

变量	（1）$Spread$	（2）$Spread$	（3）$Spread$	（4）$Spread$
$L.Leverage$		−0.0005	0.0002	0.0005
		(−0.6105)	(0.3314)	(0.6791)
$L.Turnover$		−0.0421	0.0564	0.0451
		(−0.4782)	(0.4793)	(0.3680)
$L.ROA$		0.0237*	0.0230*	0.0214*
		(2.0801)	(1.9940)	(1.8811)
$L.Cash\_debt$		−0.1163***	−0.1087**	−0.1064*
		(−3.2373)	(−2.3673)	(−1.9666)
$L.QR$		−0.0108**	−0.0138***	−0.0141***
		(−2.6856)	(−3.3868)	(−3.7820)
$Level$			−0.0791***	−0.0825***
			(−5.2912)	(−5.5238)
$L.Fiscal$			−0.0936***	−0.1029***
			(−3.5948)	(−3.8713)
$L.GDP$			−0.1757***	−0.1739***
			(−4.1284)	(−4.0705)
$L.Loan$			0.1153***	0.1225***
			(3.6303)	(3.9767)
行业固定效应	控制	控制	控制	控制
季度固定效应	控制	控制	控制	控制
评级固定效应	控制	控制	控制	控制
省份固定效应	控制	控制	控制	控制
观测值	35552	35552	35351	35351
R^2	0.354	0.356	0.367	0.368
R^2_adj	0.3532	0.3549	0.3651	0.3667

注：***、**与*分别表示系数在1%、5%与10%水平上显著。括号内为系数在行业层面进行聚类调整的t统计量。公司财务变量中$L.$表示滞后一季，地区经济变量中$L.$表示滞后一年。

在表 5.4 中，（1）—（3）列为依次增加债券特征、公司财务以及地方经济控制变量后的回归结果。第（3）列回归显示在控制债项评级、评级机构、省份、行业、年份的固定效应后，GRT 的系数显著为正，即外部担保不能减少城投债违约时的预期损失，且可能是高风险的象征，从而显著提高城投债的信用利差，验证了假设 H1a。这说明城投债采用外部担保的主要目的并非为了降低债券的违约风险，更可能是为了达到监管部门对发行债券最低评级的要求，或者是由于保险机构等机构投资者只购买经过增信的债券，为了吸引这部分机构投资者购买，地方融资平台公司不得不采取增信措施（杨靖、曾小丽，2013）。因此，这种被动采取外部担保的动机就使得城投债的增信措施流于形式，并不一定能够产生实际的信用提升。另外，在控制变量方面，较高的公司资产总额（$Asset$）、现金流与债务比（$Cash\_debt$）、速动比率（QR）、融资平台行政层级（$Level$）、地区财政收入（$Fiscal$）以及经济总量（GDP）在一定程度上可以降低债券的信用利差。

由表 5.4 第（4）列回归结果可得，抵质押担保对城投债信用利差的影响在统计上不显著，第三方公司担保增信下的城投债信用利差普遍更高，其中采用非专业担保公司担保的债券风险最高。对此，本章尝试给出一些可能的解释。首先，抵质押担保不能降低城投债风险的原因可能有以下三个：第一，融资平台属于地方国有企业，当面临不得不处置国有属性的抵质押物时，投资人会承担较高的处理成本和等待行政手续的时间成本；第二，对抵押资产的信息披露不足会增加其价值评估难度，投资人对其价值的认定存在不一致性；第三，融资平台的抵质押物多为当地的土地使用权、房屋所有权或应收账款等，与当地经济发展水平以及金融、社会环境存在较高的关联性，对风险的分散能力较弱。其次，与专业担保公司相比，非专业担保公司担保的债券的发行利差更大、风险更大，可能是因为这种担保多为当地融资平台互保、母公司担保和一部分当地国有企业的担保。在该模式下，一方面，由于大部分担保人的主营业务和发行人差别不大，注册地也多为同一地区，实际控制人均为当地政府，其经营风险并未有效分散；另一方面，由于发行人和担保人均受到当地经济发展水平的影响，其面临的区域性金融风险相同，联合违约的概率相对较大，从而降低了担保的可信度。

表 5.5 外部担保对不同评级城投债信用利差的影响

变量	(1) AA 级及以下	(2) AA+级及以上	(3) AA 级及以下	(4) AA+级及以上
GRT	0.2985***	0.1574***		
	(8.3658)	(5.3581)		
GRT1			0.1667***	−0.0293
			(6.1204)	(−0.3993)
GRT2			0.2416***	0.2326***
			(7.2651)	(3.0995)
GRT3			0.0752***	0.0687***
			(3.2100)	(3.0133)
Size	−0.0215	−0.0505	−0.0288	−0.0558
	(−1.2479)	(−1.2262)	(−1.6971)	(−1.2072)
Amihud	−1.0938***	−1.2212**	−1.0589**	−1.1997**
	(−2.9509)	(−2.8640)	(−2.7838)	(−2.8282)
CP	0.1216***	0.1249***	0.1216***	0.1225***
	(16.0199)	(3.3847)	(16.0053)	(3.2810)
Mat	0.0530***	−0.0055	0.0579***	−0.0055
	(6.7439)	(−0.4339)	(6.5695)	(−0.4357)
Age	−0.1626***	−0.1106***	−0.1574***	−0.1138***
	(−7.2775)	(−15.2613)	(−8.0439)	(−16.2674)
List	−0.3524**	−0.4836**	−0.3338*	−0.4675**
	(−2.2516)	(−2.7775)	(−2.0854)	(−2.7030)
Nbank	0.0872**	−0.0930***	0.0804*	−0.0977***
	(2.1378)	(−5.7512)	(1.8341)	(−5.1309)
Put	0.1222***	−0.2488**	0.0933***	−0.2461**
	(5.4751)	(−2.3966)	(3.0892)	(−2.4295)
Call	−0.1107***	−0.2973**	−0.1482***	−0.2892**
	(−3.2391)	(−2.6293)	(−3.8312)	(−2.4578)
L.Asset	−0.0654***	−0.0596***	−0.0623***	−0.0645***
	(−5.5571)	(−5.8405)	(−5.6594)	(−5.2685)

(续表)

变量	(1) AA级及以下	(2) AA+级及以上	(3) AA级及以下	(4) AA+级及以上
L.Leverage	0.0006	0.0000	0.0006	0.0002
	(1.1373)	(0.0427)	(1.1318)	(0.1796)
L.Turnover	−0.2983	−0.0087	−0.3549	−0.0187
	(−0.9694)	(−0.0554)	(−1.1571)	(−0.1214)
L.ROA	0.0016	−0.0220	0.0018	−0.0227
	(0.1802)	(−1.5838)	(0.2121)	(−1.6707)
L.Cash_debt	−0.0684	0.0277	−0.0660	0.0212
	(−1.2417)	(0.5168)	(−1.1310)	(0.3477)
L.QR	−0.0193***	−0.0033	−0.0195***	−0.0031
	(−6.9426)	(−0.4297)	(−6.3516)	(−0.4315)
Level	−0.1209***	−0.1080***	−0.1147***	−0.1102***
	(−9.4475)	(−9.1235)	(−8.7756)	(−8.6935)
L.Fiscal	−0.1691***	−0.0646***	−0.1661***	−0.0771***
	(−6.4235)	(−3.0831)	(−6.2286)	(−3.5218)
L.GDP	−0.0760	−0.2173***	−0.0670	−0.2187***
	(−1.5185)	(−3.2227)	(−1.3166)	(−3.3256)
L.Loan	0.0841***	0.1286**	0.0778**	0.1403***
	(3.1663)	(2.6796)	(2.8358)	(3.2403)
行业固定效应	控制	控制	控制	控制
季度固定效应	控制	控制	控制	控制
评级固定效应	控制	控制	控制	控制
省份固定效应	控制	控制	控制	控制
观测值	16100	19452	16100	19452
R^2	0.393	0.380	0.395	0.382
R^2_adj	0.3889	0.3766	0.3905	0.3781

注：***、**与*分别表示系数在1%、5%与10%水平上显著。括号内为系数在行业层面进行聚类调整的 t 统计量。公司财务变量中 $L.$ 表示滞后一季，地区经济变量中 $L.$ 表示滞后一年。

由表5.5的第（1）（2）列回归结果可知，存在外部担保的AA级及以下信用评级的城投债信用利差显著更大，而对AA+及AA+级以上信用评级的城投债信用利差的影响在统计以及经济显著性上相对弱于前者。这说明对于信用评级较低的城投债，采用外部担保预示着信用风险更高。

在时间层面，由于从2015年起，中央政府对地方政府外部融资政策日益严格，地方融资平台被要求逐步剥离地方政府融资功能，债券发行市场对城投债的态度可能也随着新政的施行而发生变化。因此，为准确量化和控制其他因素对不同阶段债券发行时信用利差的影响，同时考察外部担保对城投债发行利差的影响程度，本研究将样本按发行时间分组，而后进行回归分析（见表5.6）。

表5.6 外部担保对城投债信用利差的效用变化

变量	(1) before	(2) after	(3) DID	(4) before	(5) after	(6) DID
GRT	0.0821***	0.2447***	0.2233***			
	(5.8705)	(5.8907)	(8.4159)			
post			0.3000			0.3154*
			(1.5824)			(1.7606)
GRT1				0.0559*	0.0172	0.0915*
				(2.0375)	(0.3519)	(2.0237)
GRT2				0.0921***	0.2818***	0.2109***
				(3.8089)	(4.2042)	(6.4335)
GRT3				−0.0166	0.1326***	0.0858***
				(−0.4272)	(4.7172)	(3.4919)
GRT_post			−0.0156			
			(−0.3981)			
GRT1_post						−0.0769
						(−1.5456)
GRT2_post						0.0504
						(0.7540)
GRT3_post						−0.0053
						(−0.2382)

(续表)

变量	(1) before	(2) after	(3) DID	(4) before	(5) after	(6) DID
Size	−0.0727***	−0.0394**	−0.0422**	−0.0692**	−0.0437**	−0.0443**
	(−3.0902)	(−2.7004)	(−2.6124)	(−2.6882)	(−2.6155)	(−2.3533)
Amihud	−1.6457***	−0.8511***	−1.0886***	−1.5762***	−0.8445***	−1.0523***
	(−3.1387)	(−4.3480)	(−6.8492)	(−3.0169)	(−4.4071)	(−6.6833)
CP	0.2955***	0.0995***	0.1194***	0.2926***	0.0963***	0.1165***
	(8.1149)	(5.8457)	(6.1146)	(8.2591)	(5.5192)	(5.8472)
Mat	−0.0070	0.0252**	0.0151	−0.0061	0.0253**	0.0155
	(−0.5917)	(2.6413)	(1.6482)	(−0.4974)	(2.6610)	(1.6569)
Age	−0.0069	−0.1179***	−0.1177***	−0.0142*	−0.1187***	−0.1200***
	(−0.8922)	(−5.5166)	(−6.4527)	(−1.8685)	(−5.6292)	(−6.8010)
List	−0.2053***	−0.5262***	−0.4415***	−0.1863***	−0.5232***	−0.4278***
	(−3.7840)	(−3.1470)	(−3.7614)	(−3.5974)	(−3.1495)	(−3.7580)
Nbank	−0.2550***	0.0332	−0.0368	−0.2632***	0.0291	−0.0437
	(−18.0956)	(0.6446)	(−1.1637)	(−22.1319)	(0.5319)	(−1.2374)
Put	−0.1616***	−0.1147	−0.1218	−0.1588***	−0.1140	−0.1190
	(−4.1363)	(−0.8023)	(−1.2770)	(−3.4403)	(−0.8066)	(−1.2861)
Call	−0.0328	−0.2441**	−0.2002**	−0.0419	−0.2371**	−0.1967**
	(−0.8024)	(−2.3110)	(−2.5972)	(−0.9982)	(−2.1532)	(−2.4638)
L.Asset	−0.0849***	−0.0561***	−0.0642***	−0.0860***	−0.0639***	−0.0720***
	(−5.0918)	(−4.1993)	(−6.4513)	(−5.2212)	(−5.0818)	(−7.9520)
L.Leverage	−0.0013	0.0010	0.0003	−0.0013	0.0012	0.0006
	(−1.5688)	(1.0155)	(0.5199)	(−1.6477)	(1.2514)	(0.9157)
L.Turnover	−0.2398*	0.2202	−0.0424	−0.2469*	0.1990	−0.0575
	(−1.7782)	(1.5110)	(−0.3210)	(−1.7919)	(1.3606)	(−0.4385)
L.ROA	−0.0078	−0.0087	−0.0077	−0.0093	−0.0099	−0.0099
	(−0.6761)	(−0.3670)	(−0.6954)	(−0.7889)	(−0.4270)	(−0.9365)

(续表)

变量	(1) before	(2) after	(3) DID	(4) before	(5) after	(6) DID
$L.Cash\_debt$	−0.1457**	−0.0478	−0.0544	−0.1487**	−0.0429	−0.0510
	(−2.2355)	(−0.5217)	(−1.1776)	(−2.3050)	(−0.4217)	(−0.9116)
$L.QR$	−0.0023	−0.0149***	−0.0112***	−0.0045	−0.0144***	−0.0114***
	(−0.5029)	(−4.1396)	(−2.9012)	(−1.1190)	(−4.1385)	(−3.2629)
$Level$	−0.0664***	−0.0965***	−0.0865***	−0.0653***	−0.1010***	−0.0900***
	(−4.3435)	(−5.1827)	(−5.3284)	(−4.6035)	(−5.4845)	(−5.5321)
$L.Fiscal$	−0.0429**	−0.1620***	−0.0958***	−0.0462***	−0.1719***	−0.1054***
	(−2.9199)	(−3.3457)	(−3.6497)	(−3.4995)	(−3.5093)	(−3.9004)
$L.GDP$	−0.0968	−0.1837***	−0.1770***	−0.0912	−0.1814***	−0.1754***
	(−1.3537)	(−6.9122)	(−3.9681)	(−1.3366)	(−6.6032)	(−3.9522)
$L.Loan$	0.0404	0.1718***	0.1163***	0.0420	0.1780***	0.1236***
	(1.0049)	(6.5611)	(3.4742)	(1.1122)	(6.6208)	(3.8333)
行业固定效应	控制	控制	控制	控制	控制	控制
季度固定效应	控制	控制	控制	控制	控制	控制
评级固定效应	控制	控制	控制	控制	控制	控制
省份固定效应	控制	控制	控制	控制	控制	控制
观测值	8806	26545	35351	8806	26545	35351
R^2	0.530	0.305	0.405	0.532	0.306	0.406
R^2_adj	0.5249	0.3031	0.4027	0.5270	0.3042	0.4044

注：***、**与*分别表示系数在1%、5%与10%水平上显著。括号内为系数在行业层面进行聚类调整的t统计量。公司财务变量中$L.$表示滞后一季，地区经济变量中$L.$表示滞后一年。

由表5.6的回归（1）和回归（4）可知，在"43号文"公布前，债券存在外部担保（GRT）会增加信用利差，说明投资者并不认为外部担保能够降低融资平台的违约风险；并且，相对抵质押担保（GRT1），投资者认为采用第三方非专业担保公司（GRT2）的城投债风险最高，采用第三方专业担保公司（GRT3）的城投债风险相对更低。由回归（2）可知，在

"43号文"公布之后,随着城投债监管政策的陆续出台,债券发行市场对城投债外部担保的看法进一步强化。城投债的外部担保会在更大程度上提高债券的发行利差。另外,在此阶段,财政收入以及 GDP 越高的地区,城投债的信用利差更低。这说明投资人在 2015 年之后更关注融资平台所在区域经济发展水平。回归(5)显示 $GRT1$ 系数不显著,可能是因为"43号文"公布之后,城投债更多由第三方担保公司担保,由抵质押担保的样本较少导致(见图 5.1)。

5.5 本章小结

本章通过实证回归的方式,在控制公司财务信息以及地方政府经济发展水平等因素后,采用城投债发行和交易数据分别探究外部担保对城投债的发行评级和信用利差的影响,以及不同增信方式影响程度的差异,进一步分析了"43号文"公布之后融资平台外部担保效果的变化。实证发现,相对于同一主体评级的融资平台,采用外部担保使得城投债评级较主体评级提升约一个级别,但是该担保方式下的城投债发行成本却显著更高。其次,"43号文"公布之后,融资平台财务状况恶化,但是城投债仍在以较低的成本发行,本研究推测一个可能的原因是外部担保在发挥信用增进的作用,尤其是专业担保公司。但是实证结果显示,外部担保在 2015 年之后依旧会显著增加城投债信用利差。这说明随着监管政策的加强,融资平台公司选择采用外部担保来提高其债项评级,但可能被投资者视作信用风险较高的信号,提高了债券风险溢价。换言之,外部担保在城投债的发行定价中并不能发挥降低信用利差的作用。但是在三种主要的外部担保方式中,相比抵质押担保和非专业担保公司担保,专业担保公司对评级提升的效果相对更好,且对应的城投债风险溢价相对更低。

第六章
政府显性担保与融资平台信用风险

在债券发行过程中，一些城投债的募集合同上虽然无任何形式的担保，但是由于地方政府和融资平台在股权、资金以及建设任务上有着紧密联系，地方政府通过给予融资平台各种"财务支持"，改善平台财务报表，从而推动城投债发行。刘红忠等（2019）将这些政府财务支持措施定位为政府"显性担保"。当然，政府显性担保无法显示在合同上，而是隐藏于融资平台的财务报表科目中。这种显性担保也可能影响投资者对城投债风险的判断。对此，本章主要分析地方政府对融资平台提供的显性担保对城投债信用利差的影响。

6.1 理论分析

在"防风险"攻坚战的大背景下，虽然财政部多次发函禁止地方政府代为融资平台偿还债务，但也着重强调了"严守不发生系统性风险"的底线，同时"稳增长"这一诉求也被摆在非常重要的位置上。在"稳增长"和"防风险"决策目标的权衡中，由于出口受到限制、消费在短期内难以实现快速增长，"稳增长"则主要依赖于"稳投资"，其中"基建补短板"是最关键且最快捷的路径。鉴于基础设施项目建设通常需要大量资金支持，一些地方政府为了筹措资金，开始通过其他方式向融资平台提供支持，助力城投债发行。其中一种方式是，地方政府对融资平台提供各种直接的资产或资金支持。这种财务支持也被视为地方政府对融资平台的显性担保。具体地，在城投债发行时，为了确保融资平台具备偿债能力，平台的债券累计金额会受到自身净资产规模的限制，同时其可分配利润也需要达到一定的要求。虽然融资平台财务基本面逐渐恶化，但地方政府可能通过给予融资平台各种财务支持来提升企业偿债力。既有研究发现，地方政府主要通过财政补贴、注入土地使用权、货币资金、国有股权以及公用事业收费权等各类资产的方式扩大融资平台利润和资产规模、改善其资本结构（高哲理，2017；张路，2020；吕佳钰，2021）。这种财务支持方式直接影响市场投资者对于融资平台的基本面以及偿债能力评价。对此，本章主要分析政府财务支持式显性担保对城投债定价的影响。

我国城投债市场为研究政府担保提供了良好的制度背景。目前地方政府对城投债发行的显性担保方式主要集中在土地资产注入、政府补助以及增资等财务支持方面。刘红忠等（2019）认为地方政府通过注入土地等资产的方式为地方融资平台提供抵押品，便于平台从银行获取贷款，属于显性化的担保方式。具体地，地方政府将其掌控的土地资源低价注入融资平台，从而将土地财政收入作为城投债的担保标的或偿债来源，通过后者发行城投债来融资（何杨、满燕云，2012；范剑勇、莫家伟，2014；潘琰、吴修瑶，2017），并进一步借助虚高的土地价格放大了土地财政收入的这种融资效应（嵇杨、曹慧敏，2014；张莉等，2018；杨继东等，2018）。张路（2020）通过研究 2007—2016 年发行的债券，发现在首次发债前三年，地方政府会通过补贴、注入土地资产以及增资等方式使得地方融资平台达到债券发行的相关财务条件（高哲理，2017），推动城投债的首次发行，从而间接造成地方债务的扩张，但是这些财务支持方式并不能降低城投债实际的融资成本。关于政府财务支持对城投债在发行扩张中的激励作用，吕佳钰（2021）也有类似的发现。

既有文献比较清楚地论证了地方政府对融资平台存在各种财务支持的行为，并且被视为地方政府提供的直接担保或显性担保。但是，这些文献主要分析了政府财务支持对于城投债规模扩张的影响，而对于地方政府财务支持与融资平台信用风险的关系并未被清楚地识别和论证。对此，本章将从财务支持角度出发，论证政府显性担保对于城投债融资成本的影响。具体而言，本章主要从增加净利润和净资产两个方面，分析地方政府对发债融资平台展开的财务支持。在净利润上，出于防范金融风险的考量，地方政府通常向当地陷入危机或盈利能力较弱的融资平台提供政府补贴，以帮助企业度过临时性财务危机或改善企业财务报表。地方政府补贴本质上是地方政府意愿在企业中的表现，既是地方政府支持企业发展的一种形式（余明桂等，2010；王红建等，2015），也是地方政府干预企业的重要工具之一（张洪刚，2014）。在城投债发行过程中，这种政府补贴一定程度能够提高平台利润，帮助部分企业达到债券发行的门槛条件。进一步，本章发现这种补助无法降低城投债券风险，反而会使得城投债信用利差在一定程度上增加。在净资产上，地方政府可能通过增加资本公积金的方式帮助融资平台扩大净资产规模，改善企业资本结构。这种资产支持方式对于城投债信用利差的影响效果整体较弱。

6.2 研究背景

6.2.1 政府显性担保的表现形式

城投债在发行时存在一些融资约束或限制条件。因此，地方政府可能会通过调整营业收入、资产总额或净利润等财务指标对融资平台的财务报表进行一定程度的修饰，以尽可能满足监管部门提出的硬性约束。比如，《中华人民共和国证券法》（下文简称《证券法》）第十五条规定公开发行公司债券的主体需满足：（一）具备健全且运行良好的组织机构；（二）最近三年平均可分配利润足以支付公司债券一年的利息；（三）国务院规定的其他条件。发改委对企业债发行主体也有类似要求。① 由这些要求可知，足够高的净利润和净资产是企业能够发债的前提条件，也是公司按时还本付息的保障。然而，融资平台的经营范围以及盈利模式会限制其在短时间内扩大资产规模和营业利润。为了满足城投债发行的这些硬性指标，地方政府对融资平台存在着财务支持以及粉饰财务报告的动机。具体而言，地方政府主要通过影响融资平台净利润和净资产两方面进行财务支持。

（1）提高融资平台净利润。增加净利润的方式主要有两种：一种是地方政府和融资平台签订建设移交（BT）或建设运营移交（BOT）等协议，融资平台代替地方政府完成相关工程建设，项目完工后地方政府会支付相应款项，主要增加融资平台的主营业务收入。另一种是通过地方政府补贴的形式来增加平台的营业外收入。前一种方式中，其收入确认主要根据项目完工进度，期限相对较长。后者期限相对较短，且收付款主体较为明确。因此，本章主要考察政府补贴形式的财务支持。

（2）提高融资平台净资产。净资产是指企业的总资产减去总负债后的净额，属于所有者权益。它主要由两部分组成：一部分是企业初始投入的资本，包括溢价部分；另一部分是企业在经营之中创造的，也包括接收捐赠的资产。常见的净资产增加方式包括：通过提升融资平台盈利能力扩大未分配利润，或者依靠增资等途径增加资本公积或实收资本等渠道实现。由于盈利能力在短期内难以提升，后一种渠道相对更容易。

在融资平台创立初期，地方政府常见的资产支持方式包括注入学校、医院、公园等公益性资产以及储备土地、股权等资产。然而，对于公益性资产注入模式，2010年，《全国地方政府性债务审计结果》提到，融资平

---

① 《国家发展改革委关于推进企业债券市场发展、简化发行核准程序有关事项的通知》（发改财金〔2008〕7号）要求企业公开发行企业债券应符合：（1）股份有限公司的净资产不低于人民币3000万元，有限责任公司和其他类型企业的净资产不低于人民币6000万元；（2）累计债券余额不超过企业净资产（不包括少数股东权益）的40%；（3）最近三年平均可分配利润（净利润）足以支付企业债券一年的利息。《国家发展改革委关于推进企业债券发行实施注册制有关事项的通知》（发改财金〔2020〕298号）要求企业公开发行企业债券应符合：企业债券发行人应当具备健全且运行良好的组织机构，最后三年平均可分配利润足以支付企业债券一年的利息，应当具有合理的资产负债结构和正常的现金流量。

台虚假出资、虚假注资等总金额已达2441.5亿元。对于土地资产注入模式，地方政府存在将未取得合法使用权的土地划拨给土地储备中心进行质押融资等诸多不规范行为（刘红忠等，2019）。为此，2010年，国务院公布"19号文"，规范地方政府注资行为。后续各部委又发布了相关配套办法，地方政府向地方平台注资的限制逐渐增加。在整治下，地方政府违规将公益性资产、储备土地注入融资平台公司的现象在一定程度上得到控制。① 目前，地方政府向融资平台增资的途径主要包括国有企业股权划转等方式，主要对应"资本公积金"科目。因此，本章主要考察政府增资形式的政府财务支持。

6.2.2 政府显性担保的案例分析

近几年经济下行压力增大，地方政府债务风险逐渐上升。部分融资平台债务出现偿付危机或陷入短期的财务困境，地方政府在化解融资平台危机或困境时进行了多方面的努力。下面通过案例分析，揭示地方政府对融资平台提供显性担保的具体体现。

甘肃省公路航空旅游投资集团有限公司②（下文简称"甘公投"）是由甘肃省交通运输厅出资设立的国有独资公司，受甘肃省政府委托，负责管理甘肃省各高等级公路的规划建设。甘公投在省内交通基础设施建设与运营领域具有垄断地位，承担省内大量交通基础设施的建设任务，并在西部大开发和"一带一路"建设中扮演重要角色。然而，由于受到区域位置和经济发展水平的限制，甘肃省路网效应尚不明显，车流量规模偏小，贸易收入和通行费收入较少，甘公投集团的盈利能力较弱；同时，盈利收入

---

① 在此背景下，地方政府可能会通过其他渠道或者更隐蔽的方式针对融资平台的财务报表做出改善。这也使得我们可能无法直接从财务报表科目中直接获得这些信息。部分研究发现，融资平台的财务基本面中可能已经包含了地方政府财务支持的信息，即财务报表中呈现的信息大多是政府"财务支持"包装后的效果（高哲理，2017）。因此，我们需要通过一定方式去识别地方政府的这些财务支持，进而量化政府显性担保的程度。

② 即甘肃省高等级公路建设和经营的重要实施主体。该公司在甘肃省高等级公路基础设施建设、运营行业中具有显著的主导优势。授权经营管理国有资产；负责全省公路、航空、地方铁路等交通基础设施及相关产业的投融资、建设、运营和管理等业务。

又被庞大的债务利息支出摊薄，债务负担较重。

近年来，我国公路建设行业投资边际效率递减，资本回报率大幅下降。在此背景下，甘公投集团的盈利能力持续下降，净资产回报率由2016年的1.66%下降至2018年的0.08%，远低于2018年交通行业的中位数2.34%，其主营业务利润率也由2016年的2.86%下滑至2019年的−0.80%（见表6.1）。在营业总利润大幅缩减的同时，甘公投的负债也在逐渐增加。截至2019年末，甘公投总负债3306.72亿元，资产负债率为66.13%。在2784.61亿元的有息债务中，银行借款金额达2021亿元，且一年内到期的银行借款和债券金额共计224亿元，短期和长期债务压力均较大。2020年1月新冠病毒疫情暴发后，交通行业密集出台多项疫情防控措施，公路运输企业经营遭受重挫。一季度末，甘公投通行费收入同比减少约70%，出现亏损，同时面临部分债务到期偿还，甘公投陷入财务困境。2020年5月，在省政府的协调下，省内16家银行组建银团贷款对其进行巨额债务重组①，并通过拉长借款期限结构、下调部分债务利率等方式降低利息支出。

表6.1 甘公投集团主要财务指标

财务指标	2020年报	2019年报	2018年报	2017年报	2016年报
总资产（亿元）	6113.33	5000.10	4450.38	3197.86	2859.45
货币资产（亿元）	517.63	493.23	478.81	265.83	225.38
净资产（亿元）	2208.44	1693.38	1539.60	1114.46	972.10
总负债（亿元）	3904.89	3306.72	2910.78	2083.40	1887.35
资产负债率	63.88	66.13	65.41	65.15	66.00
净利润（亿元）	1.10	7.10	2.16	10.87	16.18
主营业务收入（亿元）	1449.49	1231.57	971.56	723.23	570.18
主营业务利润（亿元）	−13.13	−9.95	4.36	11.42	16.37

---

① 参见该公司官网报道《省公航旅集团与甘肃省内16家主要银行签署1673亿元债务重组协议》，http://www.ghatg.com/single/10798/24880.html，2022年1月10日访问。

（续表）

财务指标	2020 年报	2019 年报	2018 年报	2017 年报	2016 年报
EBITDA（亿元）	88.81	82.09	59.28	62.32	61.67
EBITDA/营业总收入	6.11	6.63	6.08	8.59	10.79
主营业务利润率（%）	−0.90	−0.80	0.45	1.57	2.86
主营业务收入增长率（%）	12.24	26.76	20.47	26.84	87.44
总资产报酬率（%）	1.48	1.60	1.40	2.03	2.24
净资产回报率（%）	0.04	0.39	0.08	1.02	1.66
经营活动现金流（亿元）	47.38	28.90	39.64	40.65	31.18
投资活动现金流（亿元）	−592.02	−399.61	−289.56	−247.52	−87.96
筹资活动现金流（亿元）	572.91	377.68	454.11	248.54	176.84
经营性现金流/EBITDA	0.53	0.35	0.67	0.65	0.51
存货周转率	18.70	23.16	39.01	171.82	353.87
流动比率	1.70	1.88	2.01	1.57	1.16
速动比率	1.55	1.76	1.91	1.56	1.16
带息债务（亿元）	3157.11	2784.61	2477.30	1823.69	1644.31
净债务（亿元）	2639.48	2291.38	1998.50	1557.87	1418.92
获息倍数	1.06	1.16	1.09	1.23	1.37
EBITDA/带息债务	2.81	2.95	2.39	3.42	3.75
短期债务/总债务	15.12	14.50	15.34	13.38	17.11
带息债务/总投入资本	58.84	62.18	61.67	62.07	62.85
货币资金/短期债务	0.88	1.03	1.07	0.95	0.70
货币资金/总债务	0.13	0.15	0.16	0.13	0.12

资料来源：Wind 数据库。

由表6.1可知，在债务重组前一年的2019年，甘公投集团主营业务利润已经就陷入亏损状态，其主营业务利润由2018年的4.36亿元下降至2019年的−9.95亿元，并且在2020年扩大为−13.13亿元。同时，2018

年中债资信在对其评级的过程中，只给出了 AA－级的主体评级，显著低于大公国际以及上海新世纪给出的 AAA 级主体评级。实际上，甘公投集团营业能力恶化的时间要比主体评级下调的时间更早。这一点也可以从政府对该企业的补助中透露出。图 6.1 为甘公投集团 2009—2020 年政府财务支持相关的财务科目变化情况。2018 年政府补贴额度大幅增加，从 2017 年的 0.01 亿元增至 0.23 亿元，并在 2019 年政府补贴上升为 20 亿元，是前一年的 88 倍，创下历史新高，2020 年政府补助进一步增加至 35.12 亿元。此外，从 2018 年开始，甘公投集团的资本公积金也开始大幅增加。这可能是因为地方政府可能出于对甘公投集团财务恶化的担忧，继而增加了对其财务支持的力度。

图 6.1 甘公投集团政府财务支持相关的财务科目变化
资料来源：Wind 数据库。

为了进一步揭示政府财务支持的一些典型体现和影响，本章后续部分对地方政府的财务支持方式，以及这些财务支持的增量信息与融资平台债券发行定价之间的关系展开讨论。

6.3 数 据 说 明

本章在考察政府显性信息对城投债定价影响的过程中所涉及的债券发行信息以及财务信息均来源于 Wind 数据库。本章选取 2009—2019 年间所有的城投债交易数据作为研究样本，包含企业债和公司债类型债券，以季度为窗口，记录并整理观测值。在剔除了数据缺失的观测值之后，最后的样本数据包含 4028 只城投债，总计 35552 个债券—季度观测值。同时，整理后获得 1833 家发债融资平台在 2009—2019 年间的 15629 条财务非平衡面板数据。地方财政数据来自中国统计年鉴以及宏观经济数据库。本章实证分析中涉及的核心解释变量的具体定义和构建方式见表 6.2，其他控制变量定义详见表 4.1。

表 6.2 变量定义

变量名称	定义和计算方法
主要研究变量	
政府补贴（$subsidy$）	营业外收入（亿元）的对数
增资（$capital$）	资本公积金年度增加值（亿元）的对数

表 6.3 展示了发债融资平台财务面板数据的变量描述性统计，其中财务变量两端极值进行了 1% 截尾处理。

表 6.3 变量描述性统计

变量	观测值	均值	标准差	最小值	中位数	最大值
发债融资平台财务面板数据的变量描述性统计						
$subsidy$	14597	0.6011	0.6532	−0.0061	0.4315	0.9901
$capital$	12364	1.3548	1.4827	−7.6009	1.0417	2.5235
$Asset$	15629	23.4674	1.0060	15.3116	23.4104	24.0596
$Leverage$	15629	48.5027	16.8951	0.1037	49.7340	60.8052

(续表)

变量	观测值	均值	标准差	最小值	中位数	最大值
发债融资平台财务面板数据的变量描述性统计						
Turnover	15629	0.0744	0.1010	−0.0001	0.0500	0.0904
ROA	15629	1.4974	2.0789	−30.8082	0.9935	2.0604
Cash_debt	15629	−0.0407	0.6237	−50.3887	0.0001	0.0425
QR	15629	2.8743	21.7711	0.0008	1.6144	2.6329
Fiscal	15629	14.8010	1.2807	11.6649	14.7688	15.6416
GDP	15629	17.2130	1.0506	14.9509	17.1899	17.9744
Loan	15629	17.2853	1.3664	14.5544	17.1870	18.3971

6.4 实证分析

6.4.1 政府显性担保的表现

1. 净利润类财务支持

首先,为了直观地检验地方政府对融资平台净利润类财务支持的效果,本章参考张路(2020),以0.25的带宽(bandwidth)分别画出一般企业与融资平台每次发债前三年平均的营业利润、净利润的分布情况。图6.2的横轴表示不同类型公司发债前三年平均的营业利润与债券一年利息之差,图6.3的横轴表示不同类型公司发债前三年平均的净利润与债券一年利息之差。

由图6.2可知,在政府补贴前,93%的一般企业的营业利润基本能够覆盖债券一年的利息,而仅有58%的融资平台的营业利润能覆盖其债券一年利息。由图6.3可知,一般企业的净利润对利息的覆盖能力分布较均匀,且94%的一般企业的净利润基本能支付债券一年的利息。对于多数发债的融资平台,经过政府补贴后,87%融资平台的净利润能够覆盖其债券一年的利息,并且其净利润在满足利息覆盖点(即零点右侧)的数量陡然增

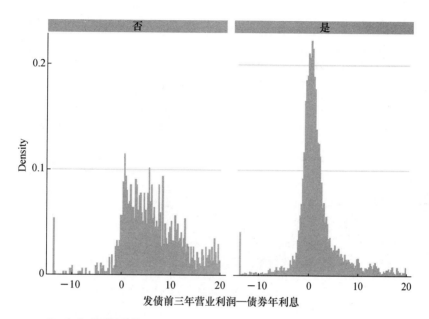

图 6.2　融资平台营业利润分布（亿元）
资料来源：作者根据 Wind 数据库中相关数据自行计算、绘制。

多。这意味着，经过政府补贴后，更多融资平台的净利润收入刚好能够满足《证券法》规定的发债主体需满足"最近三年平均可分配利润足以支付公司债券一年的利息"的门槛条件。

2. 净资产类财务支持

图 6.4 显示了地方政府对融资平台净资产类财务支持的效果。可知，2015 年之后，平均而言，地方政府对融资平台注入的资本公积金呈增加趋势。

接着，本章分别以各发债融资平台不同年份得到的政府补贴和资产类财务支持作为被解释变量，进而分析地方政府是否会在城投债发行前通过加大政府补贴和资产类注资的形式来改善资质较弱的融资平台。考虑到融资平台自身特征的差异以及各年宏观因素的差异，本章采用双向固定效应

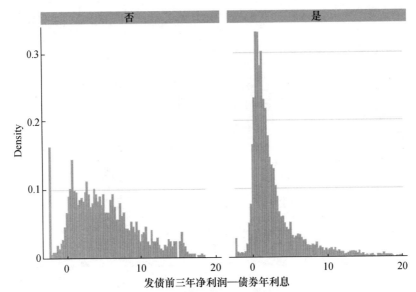

图 6.3　融资平台净利润分布（亿元）

资料来源：作者根据 Wind 数据库中相关数据自行计算、绘制。

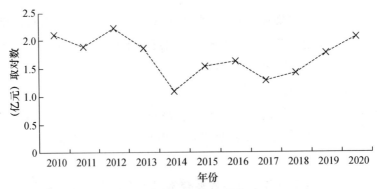

图 6.4　地方政府对融资平台资产支持的变化（亿元）

资料来源：Wind 数据库。

回归模型，控制了时间和融资平台固定效应。模型如下：

$$Support_{it} = \beta_0 + \beta_1 Pre\_issue + \delta_i Firm\_control_{it}$$

$$+ \gamma_i City\_control_{it-1} + Firm + Year + \varepsilon_{it} \quad (6.1)$$

式（6.1）中，$Support$ 表示地方政府对融资平台进行的各类财务支持，其中利润类支持变量为政府补贴（$subsidy$），借鉴张路（2020），本章采用发债主体当年获得营业外收入[①]的对数值表示；资产类财务支持为增资（$capital$），采用资本公积金年度增加值的对数值表示。核心解释变量为虚拟变量 Pre_issue，表示"该年是否位于融资平台发债前一至三年，是为1，否则为0"。

由表 6.4 可知，在融资平台每次发债的一至三年内，地方政府会倾向于通过政府补贴（$subsidy$）以及增资（$capital$）的形式对融资平台提供财务支持。其中，资产规模越大的融资平台，政府补贴以及增资越多。

表 6.4 政府显性财务支持分析

变量	(1)	(2)	(3)	(4)
	$subsidy$	$subsidy$	$capital$	$capital$
Pre_issue	0.0298**	0.0271**	0.2428***	0.1863***
	(2.3421)	(2.1863)	(5.1892)	(5.1326)
$Asset$		0.0852***		1.0341***
		(4.0686)		(12.0214)
$Leverage$		0.0019***		−0.0247***
		(3.2534)		(−6.7722)
$Turnover$		−0.2365***		0.2733
		(−2.7206)		(1.5263)
ROA		0.0261***		0.0415**
		(5.9554)		(2.6170)

[①] 2017年5月，财政部《关于印发修订〈企业会计准则第16号——政府补助〉》第十一条规定：与企业日常活动相关的政府补助，应当按照经济业务实质，计入其他收益或冲减相关成本费用。与企业日常活动无关的政府补助，应当计入营业外收入。张路（2020）发现营业外收入中90%为政府补助收入，因此采用营业外收入来代理政府补贴。

(续表)

变量	(1) subsidy	(2) subsidy	(3) capital	(4) capital
Cash_debt		0.0054		−0.3452**
		(0.3765)		(−2.4244)
QR		0.0005		−0.0065
		(0.4633)		(−1.0112)
L.Fiscal		0.0138		0.0381
		(0.5767)		(0.5066)
L.GDP		−0.0321		0.1978***
		(−1.0066)		(2.7836)
L.Loan		−0.0457*		−0.1065*
		(−1.8533)		(−1.8612)
平台固定效应	控制	控制	控制	控制
年份固定效应	控制	控制	控制	控制
观测值	10790	10790	9204	9204
Adj R^2	0.5562	0.5595	0.3077	0.3384

注：***、**与*分别表示系数在1%、5%与10%水平上显著。括号内为系数在行业层面进行聚类调整的 t 统计量。地区经济变量中 $L.$ 表示滞后一年。

6.4.2 政府显性担保对城投债定价的影响

相比于市场投资者，地方政府能够获得平台最真实的财务状况。本章通过案例分析发现，在融资平台面临财务危机前期，地方政府可能会提供一些财务支持，而当其面临危机时，地方政府可能也会与银行等债权人进行协调，采用债务重组或者展期的方式缓解企业短期资金流动性危机，体现出政府对融资平台显性的担保。另外，地方政府在融资平台每次发债前进行一定的财务支持，改善其财务基本面。但是这种财务支持方式对于债券信用风险降低是否有用呢？为了分析政府显性担保在债券发行定价过程中的作用，本章构建如下模型，其中财务支持变量地区的财政变量均滞后一年，公司基本面特征滞后一季。

$$Spread_{it} = \beta_0 + \beta_1 Support_{it-4} + \alpha_i Bond\_control_{it} + \beta_i Firm\_control_{it-1}$$
$$+ \eta_i City\_control_{it-4} + Industry + Quarter$$
$$+ Rating + Province + \varepsilon_{it} \qquad (6.2)$$

表 6.5 为按照模型式（6.2）进行的回归。回归结果（1）显示，政府补贴会使得城投债信用利差显著上升，说明投资者认为政府补贴越高的城投债风险越大。回归结果（2）显示，资本公积金的增加对融资平台债券信用利差的影响在统计上不显著。

表 6.5 政府财务支持与城投债定价

变量	(1) Spread	(2) Spread
L.subsidy	0.0589**	
	(2.7440)	
L.capital		0.0069
		(1.7173)
Size	−0.0347	−0.0322
	(−1.6060)	(−1.4205)
Amihud	−1.0732***	−1.1565***
	(−5.6189)	(−5.7202)
CP	0.1298***	0.1350***
	(5.8723)	(7.3354)
Mat	0.0083	0.0101
	(0.7067)	(1.6823)
Age	−0.1273***	−0.1285***
	(−10.9386)	(−6.3304)
List	−0.4629***	−0.4460***
	(−3.7894)	(−3.8462)
Nbank	−0.0266	−0.0353
	(−0.9780)	(−1.0862)

(续表)

变量	(1) Spread	(2) Spread
Put	−0.1660*	−0.1857
	(−1.8369)	(−1.7185)
Call	−0.2575***	−0.2726**
	(−3.0781)	(−2.6703)
GRT	0.1979***	0.2138***
	(5.3468)	(5.8581)
L.Asset	−0.0843***	−0.0674***
	(−4.6099)	(−7.3574)
L.Leverage	0.0005	0.0005
	(0.7678)	(0.7190)
L.Turnover	−0.0838	0.0000
	(−0.5114)	(0.0004)
L.ROA	−0.0118	−0.0133
	(−1.1136)	(−1.1416)
L.Cash_debt	−0.0541	−0.0409
	(−1.3542)	(−1.5862)
L.QR	−0.0113***	−0.0100**
	(−2.9593)	(−2.2565)
Level	−0.1145***	−0.1149***
	(−10.7147)	(−12.2764)
L.Fiscal	−0.1043***	−0.1015***
	(−4.1024)	(−4.2994)
L.GDP	−0.1752***	−0.1933***
	(−3.9049)	(−4.1880)
L.Loan	0.1274***	0.1358***
	(3.8774)	(4.1529)

(续表)

变量	(1) Spread	(2) Spread
行业固定效应	控制	控制
季度固定效应	控制	控制
评级固定效应	控制	控制
省份固定效应	控制	控制
观测值	33935	30491
R^2	0.406	0.410
R^2_adj	0.4041	0.4081

注：***、**与*分别表示系数在1%、5%与10%水平上显著。括号内为系数在行业层面进行聚类调整的 t 统计量。公司财务变量中 $L.$ 表示滞后一季，地区经济变量中 $L.$ 表示滞后一年。

进一步地说，为了观察政府财务支持对不同信用评级城投债的影响差异，本研究将城投债按照信用评级分为两组，而后按照模型式（6.2）回归并观察其系数显著性。结果见表6.6。结果显示 AA+级及以上评级城投债系数显著为负，说明政府的补贴和增资支持能显著增加 AA+级及以上城投债的信用利差，对于低评级组影响较弱。出现这一现象可能跟债券市场评级虚高有关。

表6.6 政府财务支持对不同评级城投债定价影响差异

变量	(1) AA级及以下	(2) AA+级及以上	(3) AA级及以下	(4) AA+级及以上
L.subsidy	0.0209	0.0572**		
	(1.4748)	(2.3647)		
L.capital			−0.0015	0.0105**
			(−0.4077)	(2.3945)
Size	−0.0324**	−0.0459	−0.0049	−0.0605
	(−2.3687)	(−1.0517)	(−0.2871)	(−1.1238)

(续表)

变量	(1) AA 级及以下	(2) AA+级及以上	(3) AA 级及以下	(4) AA+级及以上
Amihud	−0.9044**	−1.2749**	−1.0966**	−1.3221**
	(−2.9234)	(−2.8972)	(−2.1871)	(−2.3776)
CP	0.1274***	0.1278***	0.1265***	0.1344***
	(16.5437)	(3.3697)	(18.3773)	(3.9125)
Mat	0.0492***	−0.0055	0.0607***	−0.0067
	(5.5773)	(−0.4094)	(9.2210)	(−0.8002)
Age	−0.1593***	−0.1120***	−0.1562***	−0.1129***
	(−9.0597)	(−17.0321)	(−5.5182)	(−15.7264)
List	−0.3039*	−0.4684**	−0.1901	−0.4760**
	(−2.0417)	(−2.6302)	(−1.2706)	(−2.7594)
Nbank	0.0903**	−0.0844***	0.0745	−0.0869***
	(2.2565)	(−5.8151)	(1.5280)	(−5.1884)
Put	0.1028***	−0.2513**	0.0719**	−0.2783**
	(4.8458)	(−2.5045)	(2.2700)	(−2.6149)
Call	−0.1030***	−0.2997**	−0.1528***	−0.3030**
	(−3.5718)	(−2.6815)	(−4.4787)	(−2.2322)
GRT	0.2916***	0.1519***	0.3015***	0.1660***
	(6.9112)	(5.6784)	(7.7442)	(6.0263)
L.Asset	−0.0771***	−0.0885***	−0.0689***	−0.0729***
	(−4.6087)	(−3.8519)	(−4.1878)	(−6.4729)
L.Leverage	−0.0000	0.0005	−0.0003	0.0004
	(−0.0013)	(0.4568)	(−0.3138)	(0.3293)
L.Turnover	−0.2801	−0.0511	−0.2280	0.0668
	(−0.8738)	(−0.3164)	(−0.6545)	(0.4564)
L.ROA	0.0036	−0.0257*	−0.0007	−0.0259*
	(0.4652)	(−1.7805)	(−0.0733)	(−1.9057)

(续表)

变量	(1) AA 级及以下	(2) AA+级及以上	(3) AA 级及以下	(4) AA+级及以上
L.Cash_debt	−0.0895*	0.0519	−0.0440	0.0423
	(−1.7630)	(0.8196)	(−1.4917)	(0.6073)
L.QR	−0.0206***	−0.0023	−0.0185***	−0.0041
	(−8.5264)	(−0.2689)	(−7.0835)	(−0.3895)
Level	−0.1185***	−0.1104***	−0.1274***	−0.1048***
	(−9.7547)	(−9.4567)	(−11.7776)	(−15.0940)
L.Fiscal	−0.1773***	−0.0701***	−0.1564***	−0.0779***
	(−6.8353)	(−3.0771)	(−5.9369)	(−3.0553)
L.GDP	−0.0720	−0.2080***	−0.1087**	−0.2180***
	(−1.5875)	(−3.1927)	(−2.7037)	(−3.6562)
L.Loan	0.0909***	0.1302**	0.0938***	0.1459***
	(3.8498)	(2.7274)	(3.9285)	(2.9801)
行业固定效应	控制	控制	控制	控制
季度固定效应	控制	控制	控制	控制
评级固定效应	控制	控制	控制	控制
省份固定效应	控制	控制	控制	控制
观测值	15270	18665	13993	16498
R^2	0.401	0.382	0.401	0.392
R^2_adj	0.3971	0.3786	0.3967	0.3885

注：***、**与*分别表示系数在1%、5%与10%水平上显著。括号内为系数在行业层面进行聚类调整的 t 统计量。公司财务变量中 $L.$ 表示滞后一季，地区经济变量中 $L.$ 表示滞后一年。

接下来，为了检验政府财务支持行为对城投债定价影响在时间维度上的变化，本节分别使用政府财务支持变量与"43号文"公布前后虚拟变量的交乘项对城投债利差进行回归，模型如下：

$$Spread_{it} = \beta_0 + \beta_1 Support_{it} \times post_t + \alpha_i Bond\_control_{it}$$
$$+ \beta_i Firm\_control_{it-1} + \eta_i City\_control_{it-1}$$

$$+ Industry + Quarter + Rating + Province + \varepsilon_{it} \qquad (6.3)$$

其中，post 是"43 号文"公布前后虚拟变量，即城投债在 2015 年后发行则取值为 1，否则为 0。该模型的回归结果见表 6.7。结果显示，政府补贴以及增资与"43 号文"公布前后的交乘项（subsidy × post、capital × post）显著为正，说明"43 号文"公布后，这两种方式的财务支持会增加债券利差。即在 2015 年后，投资者认为政府补助以及增资形式的融资平台其风险更大。

表 6.7　政府财务支持对城投债定价影响的变化

变量	(1) Spread	(2) Spread
post	−0.3782*	−0.1206
	(−1.9958)	(−0.5650)
L.subsidy	0.0130	
	(0.8155)	
L.subsidy × post	0.0656***	
	(2.9666)	
L.capital		0.0008
		(0.1948)
L.capital × post		0.0085*
		(1.8603)
Size	−0.0326	−0.0315
	(−1.4686)	(−1.3827)
Amihud	−1.0665***	−1.1551***
	(−5.5999)	(−5.7215)
CP	0.1289***	0.1348***
	(5.9893)	(7.3374)
Mat	0.0084	0.0101
	(0.7079)	(1.6735)

（续表）

变量	(1) Spread	(2) Spread
Age	−0.1265***	−0.1284***
	(−10.5861)	(−6.3347)
List	−0.4655***	−0.4473***
	(−3.7190)	(−3.8381)
Nbank	−0.0286	−0.0355
	(−1.0109)	(−1.0898)
Put	−0.1666*	−0.1864
	(−1.8467)	(−1.7266)
Call	−0.2559***	−0.2727**
	(−3.0884)	(−2.6796)
GRT	0.1978***	0.2139***
	(5.2812)	(5.8352)
L.Asset	−0.0873***	−0.0679***
	(−4.5630)	(−7.3636)
L.Leverage	0.0006	0.0005
	(0.8723)	(0.7096)
L.Turnover	−0.0862	−0.0006
	(−0.5196)	(−0.0054)
L.ROA	−0.0120	−0.0133
	(−1.1628)	(−1.1457)
L.Cash_debt	−0.0502	−0.0386
	(−1.2810)	(−1.4666)
L.QR	−0.0109**	−0.0100**
	(−2.6563)	(−2.2446)
Level	−0.1128***	−0.1148***
	(−10.2850)	(−12.2498)

(续表)

变量	(1) Spread	(2) Spread
L.Fiscal	−0.1020***	−0.1023***
	(−3.9380)	(−4.3142)
L.GDP	−0.1771***	−0.1932***
	(−4.0267)	(−4.2076)
L.Loan	0.1282***	0.1363***
	(3.9033)	(4.1693)
行业固定效应	控制	控制
季度固定效应	控制	控制
评级固定效应	控制	控制
省份固定效应	控制	控制
观测值	33935	30491
R^2	0.406	0.410
R^2_adj	0.4045	0.4082

注：***、**与*分别表示系数在1%、5%与10%水平上显著。括号内为系数在行业层面进行聚类调整的 t 统计量。公司财务变量中 $L.$ 表示滞后一季，地区经济变量中 $L.$ 表示滞后一年。

6.4.3 稳健性检验

1. 动态效应检验

为了更好地分析地方政府显性担保对城投债定价的动态变化，本章构建如下事件研究模型：

$$Spread_{it} = \beta_0 + \beta_k \sum_{k=2010}^{2019} Support_{it-1} \times Year_k + \alpha_i Bond\_control_{it}$$
$$+ \phi_i Firm\_control_{it-1} + \eta_i City\_control_{it-1} + Industry$$
$$+ Quarter + Rating + Province + \varepsilon_{it} \quad (6.4)$$

$Year$ 代表城投债发行年份的虚拟变量，以2009年为基准年，β_k 反映了政府财务支持对城投债发行利差的动态影响效果。图6.5—图6.6分别是两种政府财务支持对城投债定价影响的动态效应图。其中，垂直于横轴的带盖短直线是财务支持变量与各年时间虚拟变量的交乘项回归系数的95％置信区间。

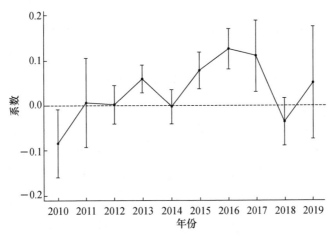

图 6.5　政府补贴影响的动态变化
资料来源：作者根据 Wind 数据库中相关数据自行计算、绘制。

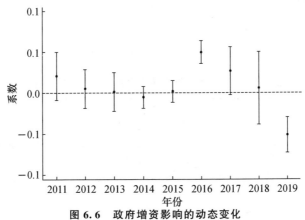

图 6.6　政府增资影响的动态变化
资料来源：作者根据 Wind 数据库中相关数据自行计算、绘制。

图 6.5 显示，在 2014 以前政府补贴与年份虚拟变量交互项的系数为正（除了 2010 年），并且大部分时间内 95% 置信区间覆盖了系数为 0 的水平虚线，即系数不显著，政府补贴对城投债信用利差影响较弱；2015 年后系数开始变为正且显著（除了 2018 年），即政府补贴会增加城投债信用利差。

图 6.6 显示，在 2015 年前政府增资与年份虚拟变量交互项的系数基本不显著，2016 年政府增资支持变量的系数开始显著为正，说明政府增资方式的财务支持会增加城投债风险。之后该效果逐渐变弱，在 2019 年系数转变为负，即政府增资方式的财务支持会降低城投债风险。

2. 政府财务支持的替代变量

为了平滑融资平台的财务报表，地方政府可能在发债前三年就开始对融资平台进行财务支持。因此，本章使用融资平台每次发债前三年获得的政府补贴总额（$\Delta subsidy$）和获得的注资总额（$\Delta capital$）来度量地方政府的"财务支持"总力度。接下来，分析每个融资平台每次发行城投债前三年收到来自政府的财务支持是否影响城投债定价。表 6.8 为采用两种政府财务支持的替代指标后按照模型式（6.2）进行的回归。两列回归结果显示，政府补贴会显著提升城投债信用风险，说明投资者认为该类平台风险更高；而政府增资方式的财务支持并不影响债券定价，与表 6.5 的回归结果一致。

表 6.8 政府财务支持与城投债定价（稳健性检验）

变量	(1) Spread	(2) Spread
$\Delta subsidy$	0.0447** (2.8589)	
$\Delta capital$		0.0063 (0.6036)

第六章 政府显性担保与融资平台信用风险

(续表)

变量	(1) Spread	(2) Spread
Size	−0.0326	−0.0289
	(−1.5121)	(−1.3557)
Amihud	−1.0277***	−1.0422***
	(−4.8155)	(−5.3013)
CP	0.1114***	0.1208***
	(4.8182)	(5.0722)
Mat	0.0134	0.0077
	(1.3218)	(0.9420)
Age	−0.1205***	−0.1278***
	(−10.3138)	(−9.1302)
List	−0.4781***	−0.5077***
	(−3.5055)	(−4.7056)
Nbank	−0.0236	−0.0398
	(−0.6573)	(−1.2123)
Put	−0.1869*	−0.1860
	(−1.8164)	(−1.7609)
Call	−0.2982***	−0.3063***
	(−3.4848)	(−3.1835)
GRT	0.2100***	0.2093***
	(4.9860)	(5.7558)
L.Asset	−0.0683***	−0.0556***
	(−3.5043)	(−4.3092)
L.Leverage	0.0007	−0.0001
	(0.8389)	(−0.1033)
L.Turnover	0.0308	0.0816
	(0.1603)	(0.5282)

(续表)

变量	(1) Spread	(2) Spread
L.ROA	−0.0127	−0.0174
	(−1.0795)	(−1.3811)
L.Cash_debt	−0.0648	−0.0668*
	(−0.9684)	(−1.8407)
L.QR	−0.0156***	−0.0154***
	(−3.2209)	(−3.9454)
Level	−0.1351***	−0.1235***
	(−8.8576)	(−9.3468)
L.Fiscal	−0.0990***	−0.1046***
	(−4.1099)	(−4.9241)
L.GDP	−0.2105***	−0.1994***
	(−5.3925)	(−5.1888)
L.Loan	0.1478***	0.1434***
	(6.0495)	(7.1745)
行业固定效应	控制	控制
季度固定效应	控制	控制
评级固定效应	控制	控制
省份固定效应	控制	控制
观测值	30120	29168
R^2	0.361	0.374
R^2_adj	0.3592	0.3722

注：***、**与*分别表示系数在1％、5％与10％水平上显著。括号内为系数在行业层面进行聚类调整的 t 统计量。公司财务变量中 $L.$ 表示滞后一季，地区经济变量中 $L.$ 表示滞后一年。

6.5 潜在风险

由 4.2.3 节的分析可知,地方融资平台的财务基本面普遍较差。首先,从现金流量表上看,融资平台承担着公益性事业或基建类工程,经营活动产生的净现金流缺口较大,缺少稳定现金流用以偿还债务本金和利息。从资产负债表上看,很多融资平台在运营过程中存在资本金虚高、债务规模大且增速快等问题,偿债能力普遍较弱。对此,地方政府可能通过政府补贴、增加资本公积金的形式对其进行财务支持,帮助地方融资平台提高净利润和净资产,进而达到债券发行的门槛条件。从投资者角度来看,经营能力弱的融资平台获得稀缺的金融资源会加重债务负担,使得城投债的违约风险不断积聚。

其次,由于城投债长期具有低风险的市场表现,投资者承担风险的意愿远低于股票,进一步提高了无风险利率。具体而言,城投债券整体的信用风险越来越大,但是城投债的信用利差却依然显著低于其他债券品种,并且经常以较高的收益和相对低的风险受到投资者的追逐(Liu et al., 2019),是低风险投资者的避险选择。同时,投资者普遍认为,即便出现偿付危机,投资者出于对辖区政府的信任和信心,会接受融资平台进行债务展期或借新还旧,使得金融资源最优配置的市场规则失效。若城投债的价格或回报率不能反映资产真实的价值,不能行使市场优胜劣汰的出清本能,那么地方融资平台公司会借机不断加杠杆,未来的金融风险将不可估量(刘海影,2014)。

此外,在政府财务支持下,融资平台基本面恶化的信用风险往往不能引起足够的重视,城投债的风险溢价可能被弱化,导致信用风险得不到合理的补偿。若投资者无法识别发行人真实的风险,就会极易导致信用资质较弱的发行主体获得融资,而资质优良的发行主体信用被低估,最终被迫退出债券市场。这种逆向淘汰机制终会使得市场上只剩下资质较差的企业,降低市场资源配置效率,导致债券市场长期发展受到掣肘。

6.6 本章小结

通过梳理政策文件和已有文献，本章发现，地方政府在融资平台债券发行过程中扮演了重要角色。地方政府可能会给予融资平台各种财务支持，帮助其改善财务报表或者抵御财务危机。具体而言，在城投债发行前三年，地方政府可能会向融资平台提供一定的政府补贴，帮助融资平台提高净利润，从而达到债券发行的门槛条件。进一步而言，本章发现这种补助会使得城投债的风险溢价更高。在净资产上，地方政府可能通过资本公积金的方式帮助融资平台扩大净资产规模，改善企业资本结构。但这种资产支持方式对城投债信用利差的影响较弱。

近年来，为了避免地方政府通过各种渠道新增隐性债务，监管部门对融资平台的发债要求也逐步趋于严格。例如，在企业债发行上，发改委要求融资平台 70% 以上偿债资金须来源于企业自身收益。在公司债发行约束方面，对于没有实际业务的纯融资平台，证监会要求其最近三年来自所属辖区政府的收入与营业收入的比例平均不得超过 50%。因此政府显性的财务支持将逐渐被限制或取缔。在未来，融资平台财务基本面的改善将主要依赖自身经营能力的提高。

第七章
政府隐性担保与融资平台信用风险

为了解释部分地方融资平台基本面越来越差,却仍然能够不断以较低的成本在资源有限的金融市场上借到资金这一现象,本书第五章至第六章分别从外部担保以及政府显性担保方面展开了讨论。但是这两种担保措施均无法解释城投债信用利差降低的原因。除了这些可观测、易量化的担保因素外,本研究认为,一个不可忽视的因素是市场投资者对于政府"隐性担保"的预期也在发生变化。即投资者预期当这些城投债出现违约风险时,地方政府会提供救助。那么,尽管政策条例多次强调厘清地方政府与融资平台的关系,但在实际中,需要进一步验证市场是否仍然倾向认为或选择相信地方政府有为融资平台债务提供兑付或救助的责任。本章将重点测度投资者预期的隐性担保对城投债定价产生的影响,并讨论隐性担保预期的具体形成机制。

7.1 理论分析

据国际货币基金组织(IMF)曾经的估计,中国地方政府融资平台的债务在2022年末可能达到45万亿元到50万亿元。融资平台是地方政府隐性债务的主要举债主体之一,近些年其举借的城投债务规模迅速增长(见3.1.1节)。然而,这十多年来,一些地方融资平台的经济基本面越来越差。图7.1显示，2011年之后，发行企业债和公司债的地方融资平台的平均资产回报率（return on asset，简称ROA）迅速下滑，2019年甚至跌至0.5%。同时，地方融资平台却仍然能够不断以较低的成本在资源有限的金融市场上借到资金，导致负债率从2014年开始不断攀升。这说明，除了基本面因素外，还存在其他机制在影响投资者对这些城投债券信用风险的判断。第五章至第六章的研究显示，外部担保的主要功能在于帮助城投债获得更高的债项评级，政府显性担保主要是为了帮助融资平台达到债券发行的门槛条件，但是这些担保措施对应的城投债风险溢价也相对更高。即这两种担保均无法解释2014年后城投债信用利差整体降低的原因。本章认为，其中一个较为关键的因素是市场投资者对于政府隐性担保的预期在发生作用。

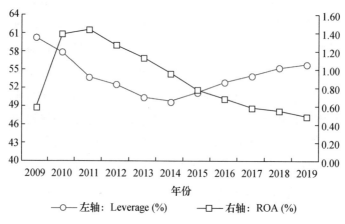

图7.1　发行债券的地方融资平台基本面变化
资料来源：Wind数据库。

通常，地方政府是融资平台的第一大股东或唯一股东。Wind数据库的数据显示，在所有发行过城投债的地方政府融资平台中，82%的融资平台的大股东为地方政府。同时，第六章的研究结果表明，考虑到融资平台肩负着地方基础设施建设的职责，地方政府也会为融资平台注入土地、国有股权等资产，帮助其顺利融资。资料显示，城投债所募集的资金中的

92%投向基础设施建设。因此，当融资平台陷入财务困境或者面临违约风险时，市场投资者大概率预期地方政府会对辖区内的平台提供资金支持甚至代偿一部分债务。由于这种救助或兜底关系并未经由合同或者法律所规定，因而被称为隐性担保。

一些文献认为，隐性担保存在的普遍性是我国债券市场的重要特征。它降低了投资者对融资平台的风险评估，从而降低了举债主体的信用利差（陈道富，2015；罗荣华、刘劲劲，2016；Liu et al.，2017），助推了城投债的扩张（马文涛、马草原，2018）。在此基础上，本章强调隐性担保预期一方面使得城投债的定价与其基本面相背离，另一方面由于缺乏明文规定，各类市场投资者对地方政府负责偿还城投债的预期并不一致，且地方政府的偿债能力与偿债意愿往往被高估。在此情况下，一旦救助预期发生突变，城投债的价格很可能会出现显著下降，债券市场的稳定性也将受到冲击。2011 年发生的"云南城投债危机"事件为这一推论提供了重要佐证，即隐性担保较强的城投债很可能会因为市场预期的突然变化而出现价格大幅度下跌，并进一步引发整个债券市场的信用危机。尤其是近年来，债券违约事件频繁发生。2020 年 10 月后，多个高评级国有企业相继发生债券违约，甚至直接破产，涉事集团其余存续债连续大跌，投资者对弱资质国有企业的政府隐性担保预期受挫。例如，2020 年 11 月 10 日，永城煤电控股集团公司（下文简称"永煤"）违约后，煤炭行业相关债券包括永煤在内的多个河南省省属国有企业的债券价格出现大幅下跌，部分债券折价幅度甚至超过 90%；在"永煤逃废债"事件冲击下，11 月河南省无一只地方国有企业债券及城投债发行成功，信用债取消发行规模创年内新高。Wind 数据库数据显示，2020 年 11 月共计 1086 亿元债券被取消发行，而前两个月信用债被取消发行的规模分别为 571 亿元、332 亿元，同比高出一倍。

本章认为，有限范围内的债券违约对于债券市场的长期健康发展可能是有益的，有助于市场出清、强化约束。但考虑到新冠疫情影响尚未完全消退、国际局势波诡云谲,国内外经济形势仍存在较大不确定性。防范债券市场重大风险对于稳增长、保民生、保运转等宏观任务的实现是一个必要条件。尤其值得注意的是,未来几年将是城投债偿还的高峰期。在这样的背景下,进一步分析支撑城投债价格的重要因素,并对潜在的风险点做出预判,对于稳妥化解地方政府隐性债务风险至关重要。为了更好地防范地方融资平台的债务风险,本章以结构性去杠杆为原则,尽可能准确地对城投债隐性担保预期做出估计,并分析隐性担保强度的分布特征,进而根据这些特征剖析隐性担保预期可能的形成机制,从而为从根源上打破隐性担保提供建议。具体而言,本章首先测度了城投债背后隐性担保预期的强度,并描绘了隐性担保预期在横截面上的差异以及在时间维度上的变化,随后考察了"43号文"以及债务置换政策分别对于新增城投债和存量城投债隐性担保预期的实施效果。最后,基于债务置换计划,分析了公司财务风险、地方财政能力以及政府部门潜在的救助意愿是否是构成投资者的隐性担保预期形成的重要机制之一。

第一步,准确测度出隐性担保预期。这是本章研究的基础。本章使用2009年至2019年间企业债和公司债的二级市场交易数据结合"利差估计法",将一般企业债的债券利差与其债券特征变量、公司财务变量回归,拟合出一个基准定价模型,再用这个模型来估计国有属性企业债券的利差,将估计的利差与实际利差的差值用于衡量债券隐性担保预期的强度。这一方法的本质是试图回答以下问题,即假设某个融资平台是普通的民营企业,以它的基本面在市场上获得的信用利差理应是多少。结果显示,隐性担保预期使得城投债的信用利差平均降低了约46%。为了考察估计结果的稳健性,本章还采用"虚拟变量法"对此结果进行验证。在较为全面地控制了包括债券特征、公司基本面和地方财政状况等影响债券信用风险的因素后,模型中引入"是否为城投债"虚拟变量,并将这部分由城投属性所解释的利差视作隐性担保预期。结果发现,隐性担保预期使得城投债的信用利差平均降低约38%,与"利差估计法"得到的结论基本一致。

利用上述方法，本章对不同评级、不同地区以及不同年份的城投债背后隐性担保预期的分布进行了异质性分析。在评级层面，评级较低的城投债有更强的隐性担保预期，这可能说明投资者在投资低评级债券时更看重发债主体背后的政府隐性支持（王博森等，2016）。在地区层面，西部地区城投债的隐性担保预期最强，中部地区次之，东部地区最弱。在时间层面，2010年至2011年，城投债的隐性担保预期较弱，而2012年至2019年间城投债的隐性担保预期整体呈上升趋势。值得一提的是，2014年10月国务院发布的"43号文"明确规定地方政府不得再为融资平台提供担保。然而，本章估计的结果却与"43号文"规划的效果出现了较大的偏离。那么，为何投资者对城投债隐性担保的预期反而增强了呢？

为了回答上述问题，本章在梳理相关政策后发现，"43号文"只是明确了地方政府不得借助地方融资平台举债以及妥善偿还存量债务，而降低城投债风险的具体措施则是后续的债务置换计划。由此，本章将城投债样本分为三类：新增城投债、未纳入置换计划的存量城投债，以及纳入置换计划的存量城投债，并重点考察这三类债券在2015年后各自隐性担保预期的变化，结果如图7.2所示。新增城投债的隐性担保预期在2015年至2016年明显减弱，而在2017年后开始增强。纳入置换的存量城投债和未纳入置换的存量城投债在2015年至2018年置换政策实施期间的隐性担保预期比较接近，且均保持上升趋势。换而言之，"43号文"对于新增城投债而言，在短期内是起作用的。本章还采用虚拟变量法对该结果进行检验，并得到类似的发现：置换计划使得存量城投债的信用利差整体上显著降低了95个基点，并且纳入置换计划的存量城投债的隐性担保预期要高于未纳入置换计划的城投债。

存量城投债隐性担保预期的增强暗示着债务置换计划可能强化了市场投资主体对于政府部门为融资平台纾困或救助的预期。本章提供了一种可能的假说，即市场投资者将债务置换视作政府控制债务风险的一种解决方案，因此进一步增强了对于政府部门救助意愿的预期。为了检验上述假说，本章构建了地方政府债务置换强度，即各省份当年地方政府置换债券

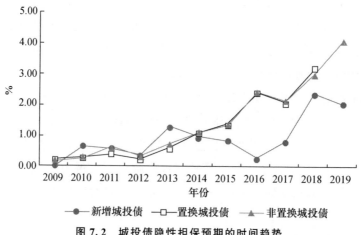

图 7.2 城投债隐性担保预期的时间趋势

发行规模/该省份当年的财政收入,用该解释变量来衡量政府部门潜在的救助意愿。一方面,该比值越高,说明相对当地的财政水平而言,地方政府的债务负荷高、偿债能力弱,财政部不得不借助置换延缓其债务风险,但这也造成风险不断积聚,未来债务继续需要上级政府救助的可能性也更大(郭玉清等,2016);另一方面,地方政府债券置换额度是由财政部规定的,可能被误认为置换后的地方政府债务最终可能会由上级政府通过新的措施解决,因此该值向市场提供了增量信息(沈红波等,2018),额度越高则体现了政府部门潜在的救助意愿越强。

事实上,从 2015 年开始至 2018 年,地方政府债券发行规模大幅增长,平均约 70% 的比例用于置换旧债。而且一些经济基本面较差的西部省份如青海、贵州等,发行了更多的地方政府置换债券。在此基础上,本章节将前述"利差估计法"得到的隐性担保预期作为被解释变量、置换强度作为解释变量进行回归检验。结果显示,当年该省份的债券置换强度越高,投资者对于该省的城投债隐性担保预期越强;另外,财政能力越强的地区以及财务指标越差(如 ROA 较低、周转率较低、负债率较高等)的城投债隐性担保预期越强。通俗地讲,融资平台财务风险越高,融资平台所处地级市政府的财政能力越强,或所属省级政府的债务置换强度越高、救助的意愿越强,投资者预期其发行的城投债被政府救助的可能性越大。本章用隐性担保=F（财务风险×地方政府财政实力×政府部门潜在的救助意愿）这个函数来概括地表示隐性担保预期的决定因素。由此,本章更为全面、深入地剖析了投资者对于城投债背后隐性担保预期的形成机制。

2018年8月,国务院下发"27号文",以部署化解地方隐性债务风险。2020年12月,国家发改委办公厅印发《关于开展2021年度企业债券本息兑付风险排查和存续期监管有关工作的通知》（发改办财金〔2020〕942号）,提出对存续期内的企业债券风险进行全面系统性排查。城投债是地方政府主要的隐性债务之一。

本章的后续安排如下：7.2节探讨政府隐性担保带来的潜在风险,分析隐性担保预期的形成机制,进而提出研究假说；7.3节列示实证数据来源、模型的设计和涉及的变量说明；7.4节测量城投债的隐性担保强度并考察隐性担保的分布情况；7.5节研究债务置换计划的实施效果；7.6节基于债务置换计划的政策效果评估,提出隐性担保形成机制的猜想,并进行了实证检验；7.7节为本章的小结及政策建议。

7.2 研究背景

7.2.1 政府隐性担保带来的风险

地方融资平台的财务基本面普遍较差,很多融资平台自身无偿债能力或已处于实质性破产边缘。然而,商业银行仍愿意通过贷款、债券或各种通道业务为其提供滚动现金流,其原因大部分是因为市场认为地方融资平台背后存在着地方政府隐性担保,即潜在的偿债或兜底预期。结合前面第五章至第六章的分析可知,这种预期最初起源于地方政府的"担保承诺"以及"财务支持"。不同的是,"担保承诺"以及"财务支持"形式的直接担保是由地方政府提供给融资平台的,而隐性担保主要是指投资者认为地方政府会对平台提供担保或救助,即一种担保预期。

更具体地说,本章认为隐性担保指地方政府在法律上没有义务但在职

政府担保与融资平台债务风险

责上愿意承担担保责任的一种意愿，即当地方融资平台不能自行偿还到期债务时，市场投资者认为地方政府可能承担"兜底"的责任。在市场投资者眼中，政府担保会将政府信用转移给企业，同时将企业风险转嫁给政府。在这种预期下，当某地的一家融资平台违约，则会被视为整个地区的财政出现了问题。即使无法直接用财政资金对融资平台救急，当地政府也会使用信贷干预，协调当地银行对融资平台或兑付困难的公司进行资金支持。进一步而言，政府的救助行为会逆向强化投资者的预期。这就给中央政府对隐性担保问题的治理提出了挑战。

我国债券市场的不断扩容，发债主体资质的逐步下沉，加速暴露了信用风险。城投债的快速发展也带来了许多问题，如城投债信用危机事件的频繁发生，给债券市场带来了很大的冲击。部分事件甚至导致了某类债券的收益率大幅上升，价格暴跌。在城投债发展历史上，债券价格产生剧烈波动的事件主要有三个：

（1）"云南城投债危机"[①]：2011年6月27日，媒体曝出云南公路开发投资有限公司在4月份向债权银行发函宣布"只付息不还本"，随后有市场传言称，云南最大的融资平台云南投资控股集团有限公司正在酝酿资产重组，其发行的债券面临违约风险。当年7月，随着与云南城投风险相关的信息被不断披露，以及同时期一系列事件的曝光，使得城投债违约的恐慌情绪迅速地在市场上蔓延，城投债被大规模抛售。一时间，整个信用债市场出现剧烈的价格下跌。进一步地，恐慌从二级市场蔓延至一级市场，最终导致债券融资成本大幅上升，并直接造成了国家开发银行债券推迟发行、部分城投债流标等后果。

---

① 参见该公司官网报道《省公航旅集团与甘肃省内16家主要银行签署1673亿元债务重组协议》，https://www.ghatg.com/detail?id=16806&navName=全站搜索&groupName=资讯信息，2020年5月25日访问。

(2) "43号文"冲击[①]：2014年10月，"43号文"公布后，城投债发行审核的门槛进一步提高。2014年12月11日常州市天宁区财政局说明将"14天宁债"纳入政府债务，但是次日突然发布更正函称，秉承"43号文"的原则，该项债券不属于政府性债务、政府不承担偿还责任。15日乌鲁木齐市财政局也发布更正文件，规定"14乌国投"不再属于政府性专项债。"14乌国投"在簿记建档完成后遭到投资者拒缴款项，债券被迫中止发行。当日，二级市场上的城投债利差大幅上升。

(3) 高评级主体集中违约事件：随着债券市场违约进入常态化，2020年10月份以来，紫光集团"15紫光PPN006"、河南永煤"20永煤SCP003"、青海国投"15青国投MTN002"、华晨汽车"17华汽05"等多个高评级国有企业发生债券违约，甚至出现"沈阳盛京能源发展集团有限公司因无法清偿到期债务而向法院申请破产重整"[②] 的事件。之后，涉事集团的相关存续债连续大跌，市场对弱资质国有企业的政府隐性担保预期受挫，如11月11日云南省城市建设投资集团（融资平台）美元债单日跌幅创历史记录，次日该城投旗下的公司债"19云投01"跌逾17％。

这些案例说明，当政府隐性担保的预期被打破时，会产生较大的尾部风险。如果隐性担保预期被打破地区的政府财政较弱，债务杠杆较高，那么这一例违约事件将会引发螺旋式的感染，使得该地区的信用债以及信用资产组合价格暴跌，最终可能演变成债券市场的信用风险和金融系统风险。

针对隐性担保对城投债定价可能产生的风险，如信用风险和价格暴跌风险等问题，本研究将重点度量政府隐性担保对债券定价产生的影响，即隐性担保到底有多大，使得城投债的信用利差降低了多少基点。

---

① 王江泓：《城投债黑天鹅事件为何频频来袭》，新浪财经，2014年12月22日，https://finance.sina.com.cn/money/bond/20141222/100721133672.shtml，2020年5月25日访问。

② 《未确定最终战投方，盛京能源将延期提交重整计划草案》，搜狐新闻，2021年7月21日，https://www.sohu.com/a/478793701_114988，2021年7月22日访问。

7.2.2　隐性担保预期的形成机制

城投债规模迅速扩大的背后是投资者对于政府隐性担保的预期。而随着近几年地方政府性债务违约事件的增多，该预期也变得日渐脆弱。在这样的市场环境下，亟须对隐性担保预期的形成机制进行深入分析，并以此为依据，逐步有序打破市场投资者的隐性担保预期。

一直以来，不少文献使用地区财政收入能力以及经济发展状况衡量该地区的政府隐性担保程度。具体指标包括 GDP、地区财政收入、税收收入（罗荣华、刘劲劲，2016）、土地出让收入、财政转移支付（钟辉勇等，2016）、固定资产投资（王博森、吕元稹，2016；潘俊等，2018）、地方政府财政盈余与 GDP 比值（汪莉、陈诗一，2015），并逐渐扩展到房价（Ang et al.，2015；秦凤鸣等，2016；邹瑾等，2020）、地方政府可流动性资产（潘琰、吴修瑶，2017）和地方政府负债率（Liu et al.，2017）等不同维度的地区宏观指标。这些指标不仅衡量了地方政府不同来源的隐性支持能力，也赋予隐性担保多维的经济意义，将隐性担保的经济内涵衍射到预算软约束（王永钦等，2016）、财政分权（龚强等，2011；陈菁、李建发，2015）和土地财政（张莉等，2018；杨继东等，2018）等理论范畴中。这些理论有助于从制度上深入理解隐性担保根源。然而，由于衡量地方财政实力的指标具有多样性，无形中扩大了隐性担保度量范围，从而增加了结论的模糊度。而且既有研究所使用的测度大多为地方政府财政能力或区域经济状况，较少考虑举债主体自身的财务风险以及政府部门潜在的救助意愿在隐性担保形成机制中发挥的作用。但是，地方政府的担保能力并不等同于地方政府对融资平台的担保意愿。具体而言，地方政府在城投债务未陷入危机前所拥有的财政实力更多地体现了地方财政统筹分配资源的能力和空间，但无法涵盖当地方融资平台陷入困境后地方政府主动担保或纾困的意愿，也不足以解释隐性担保预期在评级更低或所在地区经济发展水平更差的发债主体上更强等现象。

徐军伟等（2020）提出，地方政府对融资平台公司存在"资产延伸"

和"风险联保"行为,使得地方政府与融资平台构成一个风险共同体,因此地方政府对平台债务有刚性约束,而平台的风险会影响当地政府的风险管理或平抑对策。例如,2020年5月受新冠病毒疫情影响,甘公投作为省内重要的公路投融资平台陷入财务困境,在省政府的协调下,省内16家银行组建银团贷款对其进行巨额债务重组。类似地,在2019年末和2020年末,贵州省国有资产监督管理委员会两次要求茅台集团无偿转让股权以及利用茅台集团的良好信用在资本市场低息发债筹集资金,用于化解贵州高速等融资平台的债务。[①] 这就是说,面对陷入危机的融资平台,为了避免地区金融风险和信用风险的扩大,当地政府有动机通过调度各种资源以化解其风险。而融资平台财务风险越高,政府救助的可能性越大,投资者的隐性担保预期越强。

部分文献还从央地关系上解释了隐性担保的根源。国外的一些研究发现,在预算软约束下,当地方政府可支配财力短绌时,中央政府可能迫于压力,视情况对债务危机严重的地区进行"救助"(Talvi and Carlos,2005),比如借助征税或发债等风险分摊和展期手段为高风险区域纾困(Krogstrup and Wyplosz,2010)。郭玉清等(2016)将政治激励嵌入纵向分权的政府架构中,构建中央政府为地方政府举债融资提供隐性担保下的央地互动博弈模型,发现隐性担保和地方政府秉持的中央政府"救助预期"是导致地方债规模持续扩大的制度原因。类似地,在我国现行的金融分权、户籍管制以及分税制等特征下,马文涛、马草原(2018)发现,无论是基于对通胀的担忧还是基于对金融风险防范的考量,上一级政府都有动机对地方政府实施隐性担保;进一步地说,为维持产出的增速,地方政府对融资平台等微观个体的担保也隐含了上一级政府对地方政府的纵向担保。鉴于这些文献的发现,本章推测,在隐性担保预期的形成中,一个不

[①] 苏杰德:《争议"茅台化债":贵州高速的问题为何用茅台化解》,《中国新闻周刊》,2021年1月16日,https://finance.sina.com.cn/money/bond/market/2021-01-18/doc-ikftpnnx7872686.shtml,2021年6月25日访问。

可忽略的因素是上级政府部门的救助意愿。与之相关的一个现象是，一些学者注意到近年来中央出台了以"43号文"为代表的一系列监管政策，但投资者的隐性担保预期并未消退。邹瑾等（2020）认为，"43号文"公布之后虽然中央政府兜底或救助的无限责任被打破，但地方政府的有限责任难以切割，市场增强了对于地方政府的救助预期。牛霖琳等（2016），张雪莹、王玉琳（2019）则认为，"43号文"的出台实际上缓解了融资平台的违约风险，并且2015年开启的债务置换政策使得融资平台偿债能力提升，另一方面，市场上民营企业债违约事件猛增，反而凸显城投债的避险资产属性。客观地看，债务置换计划显著降低存量债务的信用风险（郭玉清等，2016）。这对城投债市场的投资者而言是一个有利的事件。因此这一事件可能向投资者传递了增量信息，尤其有关上级政府潜在的救助意愿和概率，而后者又影响了投资者的隐性担保预期。

基于已有的研究，本章拟使用更长的时间跨度以及更细致观测维度的城投债样本数据，以一般企业债为参照系来度量城投债估计利差和实际利差的差距，并测度每只城投债的隐性担保，而后进一步从地方融资平台、地方政府及上级政府这三个不同的层面对隐性担保形成机制进行更为全面、深入的剖析，以验证上述推测，并构建出隐性担保预期形成机制的理论框架模型。

7.2.3 假说提出

在2011年"云南城投债危机"期间，由于隐性担保预期消失，城投债价格出现暴跌。事实上，在此次危机中，最终是由地方政府提出了对发债主体、债项增信的具体措施，且追债的银行获得了政府注资涉事企业的承诺后，方才化解了这次违约风波。所以，这种隐性担保预期能够降低城投债的信用风险。基于此，提出本章的假设1：

H1：相对于一般企业债，政府隐性担保预期降低了城投债的信用风险，使得信用利差下降。

在我国具有证券市场资信评级业务资格的信用评级机构中，除了"中债资信"外,均采用发行人付费模式,这种付费模式被普遍认为存在利益交换机会。在该模式下,发债企业普遍具有获取较高信用等级的动机,以借此获得发债资格。同时,地方政府的信用背书可以让资产质量较差、原本不能举债的融资平台在采取增信措施后也能够发债融资。这种"评级采购"以及"政府增信"现象,使得低评级债券中更易混入一些低质量债券(周宏等,2013)。评级越低,同一评级不同发债主体的债券利差区别就越大,信用分化就越严重。一般而言,低评级的城投债,投资者更加看重地方政府的隐性支持。基于此,提出本章的假设2:

H2:信用评级越低,政府隐性担保预期越强,城投债的信用利差降低程度越显著。

7.3 数据说明与描述性统计

7.3.1 数据来源

债券二级市场的交易价格相比一级市场的发行价格更能充分及时地反映债券发行人的信用风险变化。本章选取2009年至2019年间所有在二级市场上的企业债和公司债的交易数据作为研究样本,以季度为窗口,记录并整理观测值。同前面章节,本章所使用的债券基本特征数据以及发债公司基本面特征数据均来源于Wind数据库,地区的宏观经济数据来源于《中国城市统计年鉴》。在剔除了数据缺失的观测值之后,最后的样本数据包含7059只债券,总计63377个债券—季度观测值。为了避免异常值的影响,本章对所有财务变量进行了两端1%水平的缩尾处理。

7.3.2 模型设定

由第三章可知,融资平台与传统的制造业企业不同,其主营业务集中在土地整理开发、市政工程建设和基础公共服务等方面,较少涉及经营性业务,具体表现为其资产端的大部分为土地使用权,经营性资产比例较少。一般而言,基建行业的投资收益率往往较低,这导致融资平台的基本面较差。但是由于隐性担保预期的存在,即使基本面恶化,融资平台仍然能够持续发债,并且以较低的成本获得债务融资。这使得债券利差与其基本面背离,价格在一定程度上出现扭曲(陈道富,2015;魏明海等,2017),进而削弱平台公司的财务信息含量,降低债券市场上的定价效率(王永钦等,2016)。基于上述特点,若使用传统的资本资产定价模型(CAPM)研究城投债,将出现较大偏差。因此,本章提出采用"利差估计法"测度城投债的隐性担保预期。这种方法的优点是可以估计出单只债券的隐性担保强度。另外,为检验实证结果的稳健性,文章也采用了较为常见的"虚拟变量法"对前一种方法得出的结论进行一致性检验和补充说明。

1. 利差估计法

本章考虑把非国有企业发行的一般企业债券作为参考标准。因为非国有企业大部分是民营企业,产权更清晰,投资者对其风险的认识更加充分,定价相对更为准确有效。首先,使用一般企业债的样本,估计出债券特征包括其流动性、企业基本面与债券利差的相关关系,进而代入地方融资平台的债券特征和基本面信息,以估计出城投债在市场化情形下的利差水平,并将该利差的估计值与实际值相减,差值即为城投债背后隐性担保预期。按照上述思路,建立如下模型:

$$Spread_{i,t} = \beta_0 + \sum Bond\_controls_{i,t} + \sum Firm\_controls_{i,t-1} \\ + Industry + Quarter + Rating + Province + \varepsilon_{i,t} \quad (7.1)$$

具体计算步骤如下:

(1)将一般企业债样本数据代入模型式(7.1)进行回归,得到各个变量前面的系数的估计值。

(2)将城投债的实际参数分别与上述各个形式参数前面系数的估计值相乘,拟合出城投债利差的估计值 $\overline{Spread}$。

(3)把利差的估计值与实际值相减,即 $\overline{Spread} - Spread$,得到城投债利差由于政府的隐性担保而被低估的利差水平,即隐性担保预期的强度($Imp\_guarantee$)。采用类似的方式,本章估计出其他各类国有属性债券背后的隐性担保预期。

2. 虚拟变量法

本章也采用债券定价模型来测度城投债的隐性担保强度,模型设定如下:

$$Spread_{i,t} = \beta_0 + \beta_1 LGFP_i + \beta_2 COE_i + \beta_3 SOE_i + \sum Bond\_controls_{i,t}$$
$$+ \sum Firm\_controls_{i,t-1} + \sum City\_controls_{i,t-4}$$
$$+ Industry + Quarter + Rating + Province + \varepsilon_{i,t} \quad (7.2)$$

具体而言,在较为全面地控制债券特征($Bond\_controls$)、企业财务特征($Firm\_controls$)、地区经济发展水平($City\_controls$)以及行业($Industry$)、年份季度($Quarter$)、评级($Rating$)、省份($Province$)的固定效应之后,本章通过估计虚拟变量 $LGFP$ 前面的系数来度量城投债利差与一般企业债利差的差异,并将这部分无法用债券特征、财务基本面以及地区宏观情况解释的利差差异视作地方政府的隐性担保预期。其中,回归模型中财务变量采用滞后一季度的数据,由于城市层面数据只有年度数据,因此地区经济变量采用滞后一年($t-4$)的数据。考虑到中央企业以及非城投地方国有企业也承担着部分地方政府公共建设的职责,即它们发行的债券也可能含有地方政府的隐性担保(韩鹏飞、胡奕明,2015b),本章同样基于上述方法测度中央企业债和地方国有企业债的隐性担保预期,从而排除了控制组中存在隐性担保的情况。此外,本章还将中央企业债和地方国有企业债的隐性担保预期与城投债隐性担保预期进行对比分析。

7.3.3 变量说明

上述两个隐性担保估计模型中涉及的主要研究变量的定义见表 7.1,其余控制变量详见表 4.1,并且表 7.2 列示了各变量的描述性统计。由表 7.2 可知,$LGFP$ 的均值超过 0.56,意味着样本中 50% 以上的债券是城投债。

表 7.1 主要研究变量定义

变量名称	定义和计算方法
主要研究变量	
利差（Spread）	债券当季度最后一天的到期收益率—到期期限匹配的银行间国债到期收益率（%）
估计的隐性担保（Imp_guarantee）	估计的利差与实际利差相减得到的差值（%）
中央企业债（COE）	债券发行主体为中央企业时取值为1，否则为0
地方国有企业债（SOE）	债券发行主体为地方国有企业时取值为1，否则为0
城投债（LGFP）	债券发行主体为地方融资平台时取值为1，否则为0

表 7.2 主要控制变量的描述性统计

变量	个数	均值	标准差	最小值	中位数	最大值
$Spread$	63377	2.1707	1.4574	−3.4840	1.9784	9.7151
$Imp\_guarantee$	63377	1.1271	1.6277	−8.9665	1.0375	11.7965
$LGFP$	63377	0.5610	0.4963	0.0000	1.0000	1.0000
COE	63377	0.1216	0.3268	0.0000	0.0000	1.0000
SOE	63377	0.1755	0.3804	0.0000	0.0000	1.0000
$Size$	63377	20.9149	0.6162	18.4207	20.9056	22.3327
$Amihud$	63377	0.0087	0.0333	0.0000	0.0000	0.2411
CP	63377	5.9989	1.3381	2.9500	6.1000	8.5900
Mat	63377	3.8523	2.2339	0.1726	3.7014	11.9699
Age	63377	3.0264	2.0568	0.0329	2.6831	9.8033
$List$	63377	0.2140	0.4101	0.0000	0.0000	1.0000
$Nbank$	63377	0.5271	0.4993	0.0000	1.0000	1.0000
GRT	63377	0.3840	0.4864	0.0000	0.0000	1.0000
Put	63377	0.4037	0.4906	0.0000	0.0000	1.0000
$Call$	63377	0.4501	0.4975	0.0000	0.0000	1.0000
$Asset$	63377	24.4528	1.3659	20.8211	24.2135	28.6595
$Leverage$	63377	57.2162	14.7811	13.5389	58.0738	88.9138

(续表)

变量	个数	均值	标准差	最小值	中位数	最大值
$Turnover$	63377	0.1693	0.2583	0.0008	0.0626	1.5970
ROA	63377	1.1873	1.6972	−1.3988	0.6703	11.2086
$Cash\_debt$	63377	0.0104	0.0939	−0.3988	0.0102	0.3588
QR	63377	1.5887	1.4942	0.1873	1.1128	9.6851
$Fiscal$	63377	15.4978	1.4044	11.6649	15.3454	17.9754
GDP	63377	17.7242	1.1494	14.9509	17.7203	19.5299
$Loan$	63377	18.0240	1.4540	14.5544	18.1163	20.3735

7.4 隐性担保预期的测度与分布

7.4.1 隐性担保预期的估计

首先,本章对四类债券的利差进行了描述性统计,结果见表7.3。可以看出,相较于一般企业债券,城投债、中央企业债以及地方国有企业债的利差平均而言要更低。其中,城投债利差比一般企业债的利差平均低109个基点。

表7.3 不同类型债券的利差

债券类型	观测值	均值	标准差	25%分位数	中位数	75%分位数
一般企业债	8996	3.2263	1.9868	1.8969	2.8776	4.0709
城投债	35552	2.1337	1.2077	1.3827	2.0833	2.8349
中央企业债	7705	1.3156	0.9453	0.8011	1.2329	1.6837
地方国有企业债	11124	2.0276	1.4822	1.1533	1.763	2.5835
所有样本债券	63377	2.1707	1.4574	1.2637	1.9784	2.8539

1. 利差估计法

进一步,本章采用"利差估计法"测度隐性担保预期。参考模型式

(7.1),先用一般企业债数据拟合出基准模型,然后用该模型分别计算出每只债券背后的隐性担保预期。表7.4列示了不同类型债券的隐性担保预期的均值统计。在全样本范围内,平均意义上,城投债背后的隐性担保预期最强,其利差平均被投资者低估了1.79%。表7.3显示城投债平均利差为2.13%。这说明地方政府的隐性担保使得城投债的信用利差平均降低了约46%〔以城投债利差作为参考基准,隐性担保的作用效果为1.79%/(1.79%+2.13%)≈46%〕,验证了假说H1。考虑到融资平台大多是从事市政基础设施服务的企业,本章还尝试以市政基础设施服务相关的一般企业债作为对照组进行回归,并计算市政基础设施服务行业城投债的隐性担保预期,最后得到了一致性结论——隐性担保对城投债利差的降低效果为40%。囿于篇幅,此处略去回归表格。

表7.4 对比不同类型企业债券隐性担保预期的均值

债券类型	观测值	均值
一般企业债	8996	0.0000
城投债	35552	1.7897
中央企业债	7705	0.1005
地方国有企业债	11124	0.6321
所有样本债券	63377	1.1271

本研究保留市政基础设施服务相关的民营企业和地方融资平台作为研究样本进行回归。具体的行业领域包括水利、电力、交通运输、建筑业、房地产业、社会服务业以及综合行业。本研究首先对市政基础设施服务行业的四类债券利差进行了描述性统计分析,结果见表7.5。可以看出,相较于市政基础设施服务行业的一般企业债券,市政基础设施服务行业的城投债、央企债以及地方国企债的利差平均而言都要更低;其中,市政基础设施服务行业的城投债利差比市政基础设施服务行业的一般企业债的利差平均低111个基点。

第七章 政府隐性担保与融资平台信用风险

表 7.5 不同类型债券利差（市政基础设施服务行业）

债券类型	观测值	均值	标准差	25％分位数	中位数	75％分位数
一般企业债	3231	3.2458	1.9674	1.8175	3.0058	4.1808
城投债	34365	2.1326	1.2083	1.3801	2.0799	2.8319
央企债	4751	1.2445	0.8979	0.7726	1.1926	1.6061
地方国企债	5970	1.85	1.4754	1.0342	1.5695	2.3306
所有企业债	48317	2.0848	1.3466	1.2399	1.9367	2.7773

其次，本研究参考正文中的模型式（1），用市政基础设施服务行业的一般企业债数据拟合出基准模型，然后用该模型分别计算出每只债券背后的隐性担保预期。表 7.6 为市政基础设施服务行业的不同类型债券的隐性担保预期的均值统计。市政基础设施服务行业的城投债背后的隐性担保显著存在，其利差平均被低估了 1.38％，由表 7.5 可知市政基础设施服务行业的城投债利差的平均值为 2.13％，即相比市政基础设施服务行业的一般企业债，隐性担保预期使得市政基础设施服务行业的城投债的信用利差平均降低约 39％。[①]

表 7.6 对比不同类型企业债券隐性担保预期的均值（市政基础设施服务行业）

债券类型	观测值	均值
一般企业债	3231	0.0000
城投债	34365	1.3847
央企债	4751	0.0726
地方国企债	5970	0.4367

本章进一步考察相对于中央企业债和地方国有企业债，城投债的隐性担保预期是否更大。具体而言，本章建立模型式（7.3）：

---

① 以城投债利差作为参考基准，市政基础设施服务行业的城投债利差被低估的程度为：1.38％/（1.38％＋2.13％）≈39％。

$$Imp\_guarantee_{i,t} = \beta_0 + \beta_1 LGFP_i + Industry + Quarter$$
$$+ Rating + Province + \varepsilon_{i,t} \quad (7.3)$$

其中，被解释变量为估计的城投债、中央企业债和地方国有企业债的隐性担保预期（$Imp\_guarantee$），并且模型中控制了行业（$Industry$）、年份季度（$Quarter$）、评级（$Rating$）、省份（$Province$）的固定效应。保留城投债、中央企业债和地方国有企业债观测样本，代入模型式（7.3），回归得到城投债虚拟变量（$LGFP$）前面的系数，从而考察城投债背后的隐性担保预期是否比中央企业债、地方国有企业债的更强。若该系数显著为正数，则表明相对于中央企业债和地方国有企业债，城投债背后的隐性担保预期更强。

表 7.7 显示，城投债虚拟变量（$LGFP$）的系数显著为正数，表明相对于中央企业债和地方国有企业债，城投债的隐性担保预期更高，并且城投债比中央企业债和地方国有企业债的隐性担保强度平均高 56 个基点。

表 7.7 城投债的隐性担保预期与中央企业债和地方国有企业债对比

变量	$Imp\_guarantee$
$LGFP$	0.5565***
	(4.8412)
$Constant$	−0.9090
	(−0.7389)
行业固定效应	控制
季度固定效应	控制
评级固定效应	控制
省份固定效应	控制
观测值	54381
R^2	0.488
R^2_adj	0.4871

注：***、**与*分别表示系数在1%、5%与10%的水平上显著。括号内为系数的 t 统计量，在行业层面进行了聚类调整。

2. 虚拟变量法

接着,本章采用模型式(7.2)测度城投债背后的隐性担保预期,并与"利差估计法"得到的结果进行比对。这种方法的关键是在充分控制债券特征、企业财务特征、地区经济情况后,考察城投债的利差比一般企业债低多少。表7.8列示了回归结果,三列回归分别表示依次加入债券基本特征、企业基本面特征和宏观层面的控制变量后的结果。其中,流动性指标($Amihud$)均不显著,说明我国信用债券利差更主要是受到信用风险的影响,流动性溢价并不明显。$LGFP$、COE、SOE的系数均显著为负数,说明城投债、中央企业债和地方国有企业债的利差都显著低于一般企业债的利差,即这三类债券背后均存在隐性担保预期。其中,$LGFP$的系数绝对值最大,表明在整体样本期间内,平均而言,城投债背后的隐性担保预期最强。由列(3)可知,在控制住债券层面、企业层面以及地区宏观层面的影响后,城投债的利差比一般企业债的利差低1.24%。而一般企业债利差的平均值为3.23%,即隐性担保预期使得城投债的融资成本平均降低了约38%(以一般企业债利差为参考基准,隐性担保的作用效果为1.24%/3.23%≈38%),与采用"利差估计法"得到的结论基本一致。这也表明采用"利差估计法"得到的估计结果是比较可靠的。

此外,本章还分析了控制变量的回归结果,得到如下结论:(1)在债券的基本特征层面,外部增信措施(GRT)的系数为正,即抵质押担保或不可撤销连带担保责任的存在反而增加了债券利差,即风险越高的企业债券发行可能越需要外部担保,与第四章的结论一致。此外,债券的票息(CP)越低、存续时间(Age)越长,利差越低。并且由上市公司($List$)发行的债券利差更低。(2)在企业的基本面特征层面,公司的资产规模越大($Asset$)、负债率越低($Leverage$)、经营能力越强(ROA)、短期偿债能力越强(QR),债券的利差越低。(3)在地区的宏观经济层面,若一个地区GDP越高,则该地区的债券利差越低。综上而言,财务风险越低以及发行人所在地区的经济实力越强的债券,信用风险越低。

表 7.8　采用虚拟变量法测度隐性担保预期

变量	(1) Spread	(2) Spread	(3) Spread
LGFP	−1.1467***	−1.2253***	−1.2427***
	(−12.5732)	(−14.0695)	(−13.6794)
COE	−0.9895***	−1.0266***	−1.0384***
	(−8.3485)	(−9.9700)	(−10.2159)
SOE	−0.8262***	−0.8926***	−0.9004***
	(−7.0155)	(−8.1228)	(−8.2151)
Size	−0.0221	0.0005	−0.0038
	(−0.6424)	(0.0216)	(−0.1564)
Amihud	−0.2625	−0.3169	−0.3275
	(−0.4167)	(−0.5061)	(−0.5327)
CP	0.2384***	0.2350***	0.2311***
	(4.7661)	(4.9022)	(4.7970)
Mat	0.0081	0.0080	0.0087
	(0.8646)	(0.8515)	(0.8813)
Age	−0.1003***	−0.1007***	−0.0996***
	(−4.2917)	(−4.2359)	(−4.3170)
List	−0.3012***	−0.2814***	−0.2779***
	(−5.8257)	(−5.1980)	(−5.2724)
Nbank	−0.0424**	−0.0322**	−0.0280*
	(−2.6527)	(−2.3042)	(−1.9419)
GRT	0.3689***	0.3453***	0.3181***
	(7.6967)	(8.0241)	(8.1011)
Put	−0.1046***	−0.1219***	−0.1230***
	(−3.0749)	(−3.8982)	(−3.9084)
Call	−0.2415***	−0.2557***	−0.2724***
	(−4.3077)	(−5.1243)	(−5.6635)

(续表)

变量	(1) Spread	(2) Spread	(3) Spread
L.Asset		−0.0453**	−0.0450**
		(−2.7982)	(−2.7674)
L.Leverage		0.0027*	0.0032**
		(1.9085)	(2.4185)
L.Turnover		−0.0830	−0.0793
		(−1.6581)	(−1.5946)
L.ROA		−0.0657***	−0.0661***
		(−6.3427)	(−6.3194)
L.Cash_debt		0.0057	0.0042
		(0.0654)	(0.0519)
L.QR		−0.0059	−0.0090*
		(−1.2972)	(−1.9661)
L.Fiscal			−0.0151
			(−0.5728)
L.GDP			−0.1475***
			(−3.0042)
L.Loan			0.0409
			(1.3804)
行业固定效应	控制	控制	控制
季度固定效应	控制	控制	控制
评级固定效应	控制	控制	控制
省份固定效应	控制	控制	控制
观测值	63377	63377	63377
R^2	0.416	0.422	0.425
R^2_adj	0.4155	0.4213	0.4237

注：***、**与*分别表示系数在1%、5%与10%的水平上显著。括号内为系数的t统计量，在行业层面进行了聚类调整。公司财务变量中$L.$表示滞后一季度，地区经济变量中$L.$表示滞后一年。

政府担保与融资平台债务风险

进一步地说，将得到的新样本按照正文中的模型式（7.2）进行回归分析。由表7.9结果可知，三列结果中变量 $LGFP$、COE、SOE 的系数均显著为负，这说明在保留了和地方融资平台类似行业的控制组样本和控制住债券层面、企业层面以及地区宏观层面的影响后，城投债、中央企业债和地方国企债的利差都显著低于同行业的一般企业债的利差，即这三类债券背后均存在隐性担保预期。其中，$LGFP$ 的系数绝对值最大，这表明对控制组样本进行严格的行业筛选后，城投债背后的隐性担保显著存在。由列（3）可知，平均而言，市政基础设施服务行业的城投债的利差比市政基础设施服务行业的一般企业债的利差低1.26%。而市政基础设施服务行业的一般企业债利差的平均值为3.24%，说明隐性担保预期使得城投债的融资成本平均降低了约39%。① 该结论与原文中使用全部样本得到的结论基本一致。

表7.9 采用虚拟变量测度隐性担保预期的强度（市政基础设施服务行业）

变量	(1) Spread	(2) Spread	(3) Spread
$LGFP$	−1.2398***	−1.2409***	−1.2629***
	(−14.7161)	(−17.7482)	(−17.7496)
COE	−1.1552***	−1.1338***	−1.1535***
	(−7.3554)	(−7.4104)	(−7.8286)
SOE	−1.0470***	−1.0435***	−1.0606***
	(−7.3141)	(−7.8184)	(−8.3248)
$Size$	−0.0441	−0.0185	−0.0191
	(−1.2418)	(−0.6711)	(−0.7168)
$Amihud$	−1.1017***	−1.1461***	−1.1428***
	(−5.5093)	(−5.9179)	(−5.7968)

---

① 以一般企业债利差为参考基准，市政基础设施服务行业的城投债利差被低估的程度为：1.26%/3.24%≈39%。

(续表)

变量	(1) Spread	(2) Spread	(3) Spread
CP	0.1902***	0.1894***	0.1861***
	(4.8511)	(5.0359)	(4.8010)
Mat	0.0100	0.0099	0.0105
	(1.1786)	(1.1650)	(1.1872)
Age	−0.1134***	−0.1131***	−0.1122***
	(−4.4033)	(−4.4428)	(−4.5698)
NList	−0.2234***	−0.3714***	−0.3581***
	(−3.7558)	(−2.9935)	(−2.9814)
Nbank	−0.0307*	−0.0249	−0.0211
	(−2.0313)	(−1.5526)	(−1.1894)
GRT	0.3534***	0.3360***	0.3019***
	(8.2630)	(7.7477)	(7.8600)
Put	−0.1568***	−0.1587***	−0.1635***
	(−3.8027)	(−4.0038)	(−4.2671)
Call	−0.2434***	−0.2549***	−0.2732***
	(−3.6511)	(−4.4135)	(−4.9387)
L.Asset		−0.0377**	−0.0389**
		(−2.2289)	(−2.2507)
L.Leverage		0.0012	0.0017
		(0.7647)	(1.1906)
L.Turnover		−0.0437	−0.0307
		(−0.6933)	(−0.5282)
L.ROA		−0.0454***	−0.0457***
		(−3.1137)	(−3.1607)
L.Cash_debt		−0.0216	−0.0230
		(−0.5178)	(−0.5448)

(续表)

变量	(1) Spread	(2) Spread	(3) Spread
L.QR		−0.0110**	−0.0142***
		(−2.9616)	(−3.8540)
L.Zscore		0.0079**	0.0073**
		(2.3371)	(2.8068)
Nego		−0.3144*	−0.2942
		(−1.9444)	(−1.7511)
L.Fiscal			−0.0586***
			(−3.3800)
L.GDP			−0.1434***
			(−4.2316)
L.Loan			0.0737***
			(3.1429)
观测值	48317	48162	48162
R^2	0.412	0.415	0.418
R^2_adj	0.4102	0.4132	0.4161
行业固定效应	控制	控制	控制
季度固定效应	控制	控制	控制
评级固定效应	控制	控制	控制
省份固定效应	控制	控制	控制

注：***、**与*分别表示系数在1%、5%与10%的水平上显著。括号内为系数在行业层面进行聚类调整的 t 统计量。变量中 L. 表示滞后一期。

7.4.2 隐性担保预期的分布特征

本节进一步对估计的隐性担保预期进行分样本统计，考察城投债背后的地方政府隐性担保预期在不同评级债券、不同地区以及不同年份上的分布差异。

1. 不同信用评级的城投债隐性担保预期

表7.10展示了不同评级城投债背后的隐性担保预期的分布特征。其中，由表7.10的第二列可知，城投债的评级大多集中在AA+和AA，评级最高的AAA级债券数量较少，但AA-以及以下评级的样本量最少。进一步，对比不同评级城投债隐性担保预期可知，随着评级降低，城投债的隐性担保预期逐渐增大，验证了假设H2。类似地，王博森等（2016）的研究也测算了政府对于AA和AA+级的中央企业债和国有企业债的兜底概率，发现AA级债券的政府隐性担保水平更高、政府兜底概率更大。这与本章的研究结论相一致。

表7.10 不同评级的城投债隐性担保预期

评级等级	观测值	均值	25%分位数	中位数	75%分位数
AAA	6245	1.3210	0.2445	1.2102	2.2369
AA+	13207	1.8406	0.8296	1.6787	2.7100
AA	15953	1.9252	0.9391	1.7819	2.7497
AA-及以下	147	2.4276	1.6061	2.3175	3.2151
合计	35552	1.7897	0.7974	1.6584	2.6585

2. 不同地区的城投债隐性担保预期

图7.3展示了不同省份城投债隐性担保预期的均值，揭示了城投债隐性担保的空间分布特征。全国31个省份中城投债的隐性担保预期最高的三个省份集中在中西部地区，其中宁夏回族自治区最高，其次是山西省，再者是青海省。分地区来看，西部省份发行的城投债背后的地方政府隐性担保预期最强，其次是中部地区，而东部地区所发行的城投债隐性担保预期相对较弱。这说明在经济欠发达的中西部地区，隐性担保预期对于当地城投债的支撑强度更高。换言之，城投债风险也可能更高。

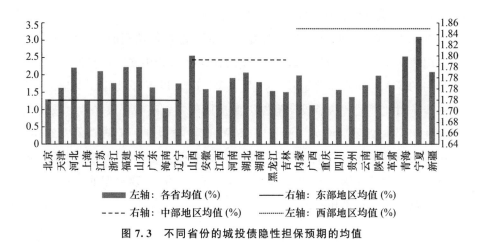

图 7.3　不同省份的城投债隐性担保预期的均值

3. 不同时期的城投债隐性担保预期

图 7.4 为城投债的隐性担保预期在 2009 年至 2019 年间的变化趋势图。由系数的变化可以看出，2010 年至 2011 年间，城投债的隐性担保预期相对较弱；2012 年至 2016 年间，城投债的隐性担保预期逐年增强，尤其 2016 年该预期迅速上升。虽然 2017 年城投的监管政策趋严，城投债的隐性担保预期有所减弱，但是 2018 年和 2019 年监管略微调松后，城投债的隐性担保预期再次上升。

事实上，在"43 号文"颁布后，当季度债券市场上城投债发行只数和规模骤减，甚至出现常州市天宁区财政局和乌鲁木齐市财政局先后拒绝为当地的城投债担保使得债券中止发行的事件。这预示着市场投资主体对城投债隐性担保预期的减弱。2014 年修订的《预算法》实施后，规定除发行地方政府债券外，地方政府及其所属部门不得通过任何方式举借债务（第三十五条），即 2015 年后新增的城投债应被视为普通企业债，地方政府将不再为其进行信用背书。因此，2015 年后市场上现存并交易的城投债的隐性担保预期应该逐渐减弱（考虑到地方政府与融资平台的分离还需要一段缓冲时间，城投债的隐性担保预期可能不会立即消失）。而本章在此估计出的隐性担保预期却呈现整体增强的趋势，与上述推测不太一致。

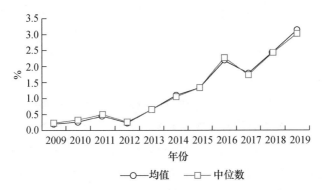

图 7.4 城投债隐性担保预期的时间趋势图

7.5 债务置换计划的政策效果

对于上述异象，本章推测隐性担保预期的变化可能与债务置换计划有关。为了避免地方政府因资金链的断裂而违约、缓解地方政府的偿债压力，2015 年财政部、中国人民银行和银监会联合推出债务置换计划。紧接着，2015 年 3 月、6 月、8 月，财政部开展了三批次的地方债务置换操作。2015 年 12 月 21 日，财政部《关于对地方政府债务实行限额管理的实施意见》（财预〔2015〕225 号）明确，将在三年左右的过渡期内，通过发行地方政府债券进而置换存量政府债务中非政府债券形式债务。债务置换是中央政府解决地方政府债务问题的一个重要手段，其意图是将 2015 年以前存量的短期高风险债务置换为以地方政府为举债主体的长期低息的地方政府债券，并纳入地方财政预算范畴内进行统一监管。

此后，各地政府发行的地方政府债券大部分用于债务置换，2015 年至 2018 年间，地方政府债券每年的新增规模分别为 3.8 万亿元、6.0 万亿元、4.3 万亿元、4.1 万亿元，相应的每年置换债券规模分别为 3.2 万亿元、4.8 万亿元、2.7 万亿元、2 万亿元。经过四年的债务置换后，城投债的原

政府担保与融资平台债务风险

债务人由融资平台转变为省级政府,降低了融资平台的违约风险,也为地方债务问题管控治理以及融资平台市场化改革争取了时间。

本章以 2015 年第一季度为债务置换事件的起点,研究置换计划对城投债信用风险的具体影响。由于"43 号文"明确规定,2015 年后新增的城投债不再属于地方政府债务,这些新增债券理论上不再具有地方政府的隐性担保。同时,债券置换计划主要针对存量城投债,其对 2014 年 12 月前发行的债券的影响可能更大,尤其是部分可能被置换的城投债。因此,本章将样本中的城投债划分为三类:新增城投债、未纳入置换计划的存量城投债以及纳入置换计划的存量城投债。其中,由于预计置换计划实施时间为 2015 年至 2018 年,对于 2014 年 12 月 31 日之前发行的城投债,本章将其中于 2015 至 2018 年到期的部分划为"纳入置换计划的城投债",其余视为"未纳入置换计划的城投债"。考虑到置换债券的具体名单难以获得,本章构建了这一近似做法。本章认为,2015 至 2018 年到期的存量城投债中大部分是被纳入置换的债券,这一假设大概率是成立的。支持证据包括:2014 年 12 月 31 日以前发行的存量城投债规模为 2.8 万亿元,其中 2018 年 12 月 31 日之前到期规模约为 0.8 万亿元,而财政部批准的置换债额度远大于此规模。另外,这种划分方法会高估被置换的城投债的数量,从而低估被置换城投债的真实隐性担保预期的强度,因此本研究得到的这个估计值可以视为被置换城投债的隐性担保预期的下界。与此同时,这种划分方法会低估未被置换的存量城投债的数量,因此这个估计值是未被置换的存量城投债的隐性担保预期的下界。在此划分基础上,本章接下来考察这三类城投债背后的隐性担保预期在 2015 年后的变化。

1. 利差估计法

前文图 6.2 为估计的各类城投债隐性担保预期的时间趋势。从中可知,在置换计划实施之后的 2015 年至 2016 年,新增城投债的隐性担保预期明显减弱,但 2017 年之后新发行的城投债的隐性担保预期又呈现出大幅上升的趋势。而对于存量城投债而言,置换计划实施之后,纳入置换的存量城投债和未纳入置换的存量城投债的隐性担保预期整体迅速增长。

表 7.11 报告了各类城投债的隐性担保预期在置换计划实施前后的均值差异。其中，在置换计划实施后，不管是新增城投债还是存量城投债，其隐性担保预期均有所增强，但是 2015 后新发行的城投债的隐性担保预期的增幅相对较小。此外，在存量城投债中，相对于未纳入置换的城投债，纳入置换的城投债的隐性担保预期的强度更高。

表 7.11　置换计划前后不同类型城投债隐性担保预期差异

债券类型	2009—2014 年		2015—2018 年		平均差
	观测值	均值	观测值	均值	
当年发行的城投债	274	0.8295	390	1.1743	−0.3448***
纳入置换的存量城投债	4073	0.6034	3395	1.9779	−1.3744***
未纳入置换的存量城投债	4760	0.9072	13705	2.1869	−1.2797***

债务置换计划这一外生政策也为本章探究隐性担保预期的变化提供了一个良好的准自然实验。因此，本章将同样存在隐性担保预期的中央企业债、国有企业债作为对照组，进一步采用双重差分法（DID）考察债券置换计划对城投债隐性担保预期的影响。为此建立模型式（7.4），模型中控制了包括债券剩余期限（Mat）和债券存续期限（Age）在内的债券特征、财务特征以及地方财政特征。其中，$Post$ 表示置换计划政策实施前后的时间虚拟变量，在 2015 年第一季度开始债务置换时及之后为 1[①]，之前为 0。

$$\begin{aligned} Imp\_guarantee_{i,t} = & \beta_0 + \beta_1 LGFP_i + \beta_2 Post_t + \beta_3 LGFP_i \times Post_t \\ & + \sum Bond\_controls_{i,t} + \sum Firm\_controls_{i,t-1} \\ & + \sum City\_controls_{i,t-4} + Industry + Quarter \\ & + Rating + Province + \varepsilon_{i,t} \end{aligned} \quad (7.4)$$

表 7.12 报告了模型式（7.4）的回归结果。回归（1）考察置换计划推

[①] 2019 年市场上仍然有少量地方政府置换债券在发行，故本研究将 2019 年也算作受到置换政策影响的年份。

出后，新发行城投债的隐性担保预期的变化。结果显示，2015 年后新发行的城投债隐性担保预期变化不显著，这与图 7.2 中新增城投债隐性担保预期在 2015 年至 2016 年先下降而后上升的趋势在一定程度上一致。回归（2）考察 2015 年前发行的存量城投债的隐性担保预期在置换计划实施后的变化。回归（3）、回归（4）将存量城投债进一步区分为纳入置换的存量城投债和未纳入置换的存量城投债，并分别考察这两种城投债的隐性担保预期在 2015 年后是否比之前更强。回归（2）至回归（4）显示 $LGFP \times Post$ 系数为正，表明在控制信用风险、流动性风险因素后，置换计划影响下，存量城投债的隐性担保预期明显上升，尤其是纳入置换计划的存量城投债，其隐性担保预期增加幅度更大。而 $LGFP$ 系数为负，说明在置换计划之前，相比中央企业债和国有企业债券，市场投资者对于城投债的隐性担保预期较弱。结合图 7.1 可知，2014 年之后地方融资平台的负债率在不断攀升的同时，ROA 在下滑，说明其基本面在逐渐恶化、财务风险上升，因此更可能出现需要政府救助的情形，从而投资者对于城投债的隐性担保预期也随之上升。

表 7.12　置换计划后不同类型城投债隐性担保预期差异

	(1) $Imp\_gurantee$ 新增城投债	(2) $Imp\_gurantee$ 存量城投债	(3) $Imp\_gurantee$ 纳入置换的存量城投债	(4) $Imp\_gurantee$ 未纳入置换的存量城投债
$LGFP \times Post$	0.1375	0.7190***	0.8583***	0.6243***
	(1.6803)	(7.6080)	(7.5413)	(7.7654)
$LGFP$	−0.0624	−0.2523***	−0.2441***	−0.2171***
	(−1.2488)	(−6.2927)	(−5.4080)	(−4.7823)
$Post$	1.7180***	1.7654***	1.5992***	1.8272***
	(9.1563)	(13.3284)	(7.8863)	(12.8172)
$Size$	0.1087***	0.0765**	0.0479	0.0839**
	(3.3413)	(2.6374)	(1.2848)	(2.5374)

(续表)

	(1) $Imp\_gurantee$ 新增城投债	(2) $Imp\_gurantee$ 存量城投债	(3) $Imp\_gurantee$ 纳入置换的 存量城投债	(4) $Imp\_gurantee$ 未纳入置换的 存量城投债
$Amihud$	4.9740***	4.9362***	4.9489***	4.9218***
	(6.4984)	(24.8251)	(10.5700)	(32.2566)
CP	−0.2483***	0.3137***	0.2692***	0.3265***
	(−5.5064)	(11.6979)	(10.5517)	(12.5035)
Mat	0.0464***	−0.0568***	−0.0450***	−0.0537***
	(5.3584)	(−6.6348)	(−5.7485)	(−6.5575)
Age	0.4386***	0.0169	0.0162	0.0113
	(3.7182)	(1.5598)	(1.3085)	(1.1822)
$List$	−0.5613***	−0.3290***	−0.4037***	−0.3389***
	(−7.1711)	(−5.4933)	(−6.4077)	(−6.0693)
$Nbank$	0.3027***	0.0780***	0.1491***	0.0565**
	(6.1996)	(3.2515)	(7.3506)	(2.3812)
GRT	0.1321**	−0.0026	0.0247	−0.0218
	(2.1482)	(−0.0942)	(0.7575)	(−0.6458)
Put	−0.0441	−0.1389***	−0.1076***	−0.1570***
	(−0.8061)	(−7.6988)	(−4.9473)	(−7.9308)
$Call$	0.0643	−0.0320	−0.0675	0.0111
	(0.6464)	(−0.9067)	(−1.4200)	(0.3267)
$L.Asset$	−0.2787***	−0.2075***	−0.2080***	−0.2137***
	(−12.5062)	(−11.9336)	(−9.2684)	(−10.6089)
$L.Leverage$	0.0094***	0.0039**	0.0020	0.0037*
	(2.9993)	(2.2185)	(1.5032)	(1.8816)
$L.Turnover$	−0.5438***	−0.4057***	−0.3649***	−0.4251***
	(−6.4312)	(−5.9589)	(−6.3736)	(−5.4769)
$L.ROA$	−0.0849***	−0.0679***	−0.0613***	−0.0666***
	(−6.2890)	(−6.8179)	(−9.8851)	(−7.8175)

(续表)

	(1) $Imp\_gurantee$	(2) $Imp\_gurantee$	(3) $Imp\_gurantee$	(4) $Imp\_gurantee$
	新增城投债	存量城投债	纳入置换的 存量城投债	未纳入置换的 存量城投债
$L.Cash\_debt$	0.1016	−0.1381	−0.2127	−0.1722**
	(0.3970)	(−1.5917)	(−1.2474)	(−2.8475)
$L.QR$	0.0014	0.0247***	0.0219**	0.0278***
	(0.1041)	(4.6433)	(2.4528)	(5.8366)
$L.Fiscal$	0.0918	0.0311	0.0627	−0.0004
	(1.2006)	(1.3250)	(1.5639)	(−0.0121)
$L.GDP$	0.1076	0.1411**	0.0984	0.1741***
	(1.1612)	(2.5032)	(1.2940)	(3.8393)
$L.Loan$	−0.0978**	−0.0593*	−0.0585	−0.0569**
	(−2.6338)	(−1.7564)	(−1.1295)	(−2.6032)
行业固定效应	控制	控制	控制	控制
季度固定效应	控制	控制	控制	控制
评级固定效应	控制	控制	控制	控制
省份固定效应	控制	控制	控制	控制
观测值	1451	41945	23530	34503
R^2_adj	0.7206	0.6424	0.5515	0.6619

注：***、**与*分别表示系数在1％、5％与10％水平上显著。括号内为系数在行业层面进行聚类调整的t统计量。公司财务变量中$L.$表示滞后一个季度，地区经济变量中$L.$表示滞后一年。

表7.12的回归结果显示交互项（$LGFP \times Post$）的系数显著为正，表明置换政策的实施使得隐性担保预期的显著增加。然而，只有在对照组和实验组满足平行性假定的时候，LGFP和Post的交互项才是处理效应。为确保所使用的DID方法有效，本研究进行了平行趋势检验。以下是采用回归的方式进行平行趋势检验。由表7.13可知，交乘项LGFP×year2011、LGFP×year2012、LGFP×year2013为正或者不显著，但是从2014年的交乘项开始显著为负。说明置换计划出台后，相比一般企业债，城投债的

债券利差才开始出现显著低于一般企业债券的现象。

表 7.13 平行趋势检验

变量	(1) 全样本 spread
LGFP	−0.5495***
	(−4.3728)
year2011	0.7803***
	(8.3303)
year2012	0.4412***
	(6.9742)
year2013	0.8548***
	(8.3619)
year2014	0.3094***
	(3.3845)
year2015	−0.2683**
	(−2.4601)
year2016	0.2471
	(1.6369)
year2017	0.5422***
	(4.0642)
year2018	1.1455***
	(4.9713)
year2019	1.1058***
	(3.7833)
LGFP×year2011	0.0148
	(0.2423)

(续表)

变量	(1) 全样本 spread
$LGFP \times year2012$	0.2622***
	(5.5417)
$LGFP \times year2013$	−0.1153
	(−1.1559)
$LGFP \times year2014$	−0.3334***
	(−3.2149)
$LGFP \times year2015$	−0.4930***
	(−4.7733)
$LGFP \times year2016$	−1.0235***
	(−7.1370)
$LGFP \times year2017$	−0.6373***
	(−5.4216)
$LGFP \times year2018$	−0.9151***
	(−6.6751)
$LGFP \times year2019$	−1.2339***
	(−6.2750)
COE	−1.0085***
	(−9.8537)
SOE	−0.8555***
	(−8.0122)
$Size$	−0.0127
	(−0.4662)

（续表）

变量	(1) 全样本 spread
amihud	−0.1616
	(−0.2703)
CP	0.2235***
	(4.5778)
Mat	0.0146
	(1.3341)
Age	−0.0776***
	(−4.0409)
NList	−0.3838***
	(−4.7248)
Nbank	−0.0647***
	(−3.9056)
GRT	0.3142***
	(8.1777)
Put	−0.1896***
	(−7.8100)
Call	−0.2458***
	(−4.1993)
L.Asset	−0.0562***
	(−3.1445)
L.Leverage	0.0038***
	(2.9817)

(续表)

变量	(1) 全样本 spread
L.Turnover	0.0012
	(0.0196)
L.ROA	−0.0719***
	(−6.3813)
L.Cash_debt	0.0011
	(0.0136)
L.QR	−0.0088
	(−1.5274)
L.Zscore	0.0039
	(0.6411)
Nego	−0.3013**
	(−2.5075)
L.Fiscal	−0.0207
	(−0.9893)
L.GDP	−0.1840***
	(−4.3032)
L.Loan	0.0715**
	(2.7774)
观测值	63166
R^2	0.442
R^2_adj	0.4406
行业固定效应	控制
季度固定效应	控制

(续表)

变量	(1) 全样本 spread
评级固定效应	控制
省份固定效应	控制

注：***、**与*分别表示系数在1%、5%与10%的水平上显著。括号内为系数在行业层面进行聚类调整的 t 统计量。变量中 $L.$ 表示滞后一期。

本研究还将城投债和央企债、国企债按照债券特征进行倾向得分匹配（PSM），排除样本选择偏误。在此基础上，对新样本进行回归。回归结果见表7.14，结果与原结论基本一致，从而验证了本研究结论的稳健性。

表7.14 置换计划后不同类型城投债隐性担保与
央企债、国企债的差异（PSM_DID）

变量	(1) 新增城投债 Imp_gurantee	(2) 存量城投债 Imp_gurantee	(3) 纳入置换的 城投债 Imp_gurantee	(4) 未纳入置换的 城投债 Imp_gurantee
$LGFP \times post$	0.1783*	0.7536***	0.7276***	0.6532***
	(1.9340)	(7.6358)	(5.3592)	(8.5028)
$LGFP$	−0.0932*	−0.2183***	−0.2147***	−0.1835***
	(−2.0231)	(−5.6711)	(−4.3431)	(−4.5558)
$post$	1.6988***	1.5661***	1.5638***	1.5714***
	(8.6735)	(7.0388)	(6.1264)	(6.5609)
$Size$	0.1327***	0.1037***	0.0968**	0.1114***
	(3.1222)	(4.5955)	(2.5121)	(5.0204)
$amihud$	5.0565***	5.0812***	4.9186***	5.0483***
	(6.7308)	(16.7633)	(12.3676)	(19.3165)

(续表)

变量	(1) 新增城投债 Imp_gurantee	(2) 存量城投债 Imp_gurantee	(3) 纳入置换的城投债 Imp_gurantee	(4) 未纳入置换的城投债 Imp_gurantee
CP	−0.2546***	0.2800***	0.2542***	0.3012***
	(−5.2751)	(11.4231)	(9.8266)	(12.9122)
Mat	0.0528***	−0.0431***	−0.0373***	−0.0444***
	(6.8467)	(−5.3812)	(−5.0878)	(−5.5044)
Age	0.4883***	0.0179*	0.0124	0.0136
	(3.4989)	(1.9021)	(1.0797)	(1.6072)
$NList$	−0.5692***	−0.4073***	−0.4869***	−0.4077***
	(−5.1106)	(−6.1753)	(−6.6151)	(−6.4279)
$Nbank$	0.2894***	0.1445***	0.1668***	0.1256***
	(6.0324)	(6.1246)	(4.4325)	(5.5836)
GRT	0.1319**	0.0335*	0.0623***	0.0289
	(2.1659)	(1.7530)	(2.9695)	(1.2142)
Put	−0.0684	−0.1524***	−0.1415***	−0.1635***
	(−1.1207)	(−7.4142)	(−5.7615)	(−7.9589)
$Call$	0.0650	−0.0888*	−0.1828***	−0.0505
	(0.6319)	(−1.9763)	(−3.4818)	(−1.0333)
$L.Asset$	−0.2841***	−0.2068***	−0.2109***	−0.2099***
	(−12.2575)	(−12.7030)	(−11.6447)	(−11.7382)
$L.Leverage$	0.0096**	0.0056***	0.0030**	0.0057***
	(2.7437)	(3.4939)	(2.3376)	(3.0134)
$L.Turnover$	−0.5935***	−0.3446***	−0.3385***	−0.3683***
	(−5.7662)	(−7.9855)	(−5.8001)	(−8.5236)

(续表)

变量	(1) 新增城投债 Imp_gurantee	(2) 存量城投债 Imp_gurantee	(3) 纳入置换的 城投债 Imp_gurantee	(4) 未纳入置换的 城投债 Imp_gurantee
$L.ROA$	−0.0829***	−0.0661***	−0.0604***	−0.0643***
	(−5.4513)	(−5.9218)	(−7.2231)	(−6.6277)
$L.Cash\_debt$	0.2105	−0.0978	−0.2298	−0.0959
	(0.8787)	(−0.7797)	(−1.2489)	(−0.7962)
$L.QR$	−0.0048	0.0274***	0.0149*	0.0348***
	(−0.2864)	(5.5608)	(1.9322)	(7.8112)
$L.Fiscal$	0.0695	0.0186	0.0336	−0.0006
	(0.8816)	(1.1322)	(1.1287)	(−0.0226)
$L.GDP$	0.1686	0.1161	0.0136	0.1858***
	(1.5326)	(1.4118)	(0.1710)	(3.0763)
$L.Loan$	−0.1207***	−0.0304	0.0206	−0.0600*
	(−3.0858)	(−0.6124)	(0.3989)	(−1.8459)
观测值	1310	27130	16768	22347
R^2	0.731	0.649	0.548	0.670
R^2_adj	0.7134	0.6477	0.5445	0.6688
行业固定效应	控制	控制	控制	控制
季度固定效应	控制	控制	控制	控制
评级固定效应	控制	控制	控制	控制
省份固定效应	控制	控制	控制	控制

注:***、**与*分别表示系数在1%、5%与10%的水平上显著。括号内为系数在行业层面进行聚类调整的 t 统计量。变量中 $L.$ 表示滞后一期。

2. 虚拟变量法

为了验证并加强"利差估计法"得到的结果的可信性和一般性，本章采用模型式（7.2）对 2015 年之后的数据进行回归以考察城投债的隐性担保预期变化。表 7.15 报告了 2015 年至 2019 年间三种类型的城投债隐性担保预期。其中，第（1）列回归结果显示，2015 年后新增城投债仍然存在着对于地方政府的隐性担保预期。第（2）列中对存量城投债的隐性担保预期进行了估计，发现该预期也依然存在，LGFP 系数在－1.65 左右，即相对于一般企业债，存量城投债背后的地方政府隐性担保预期使其利差平均降低了 165 个基点，说明存量城投债的隐性担保预期比新增城投债更高。进一步，第（3）列和第（4）列分别考察纳入置换的存量城投债和未纳入置换的存量城投债的隐性担保预期，其中纳入置换计划的存量城投债背后的隐性担保预期要稍强一些。整体上，置换计划实施后，投资者似乎进一步下调了对于城投债的风险评估，隐性担保预期变得更强。

表 7.15 2015—2019 年城投债的地方政府隐性担保预期

变量	(1) 2015—2019 年 新增城投债 $Spread$	(2) 2015—2019 年 存量城投债 $Spread$	(3) 2015—2019 年 纳入置换的 存量城投债 $Spread$	(4) 2015—2019 年 未纳入置换的 存量城投债 $Spread$
$LGFP$	－1.2287***	－1.6534***	－1.7497***	－1.6728***
	(－8.3687)	(－15.4854)	(－11.0229)	(－14.7346)
COE	－1.0867***	－1.1586***	－1.1244***	－1.1140***
	(－11.0544)	(－10.1808)	(－10.0861)	(－10.8153)
SOE	－0.9118***	－0.9309***	－0.9211***	－0.9138***
	(－11.3145)	(－8.9250)	(－10.4511)	(－9.6244)
控制变量	控制	控制	控制	控制
行业固定效应	控制	控制	控制	控制
季度固定效应	控制	控制	控制	控制

(续表)

变量	(1) 2015—2019 年 新增城投债 Spread	(2) 2015—2019 年 存量城投债 Spread	(3) 2015—2019 年 纳入置换的 存量城投债 Spread	(4) 2015—2019 年 未纳入置换的 存量城投债 Spread
评级固定效应	控制	控制	控制	控制
省份固定效应	控制	控制	控制	控制
观测值	26128	37895	22047	34500
R^2	0.513	0.428	0.509	0.441
R^2_adj	0.5115	0.4266	0.5070	0.4396

注：***、**与*分别表示系数在1%、5%与10%的水平上显著。括号内为系数的 t 统计量，在行业层面进行了聚类调整。

为考察2015年后新增城投债隐性担保预期的逐年变化情况，本章剔除2015年之前就已经发行的城投债，并采用模型式（7.2）对剩余样本进行分年度回归，回归结果见表7.16。其中，$LGFP$ 系数的绝对值整体增大，除了2017年略微下降，其余年份城投债的隐性担保预期均比上一年增加。此外，中央企业债和地方国有企业债的隐性担保预期也呈现出类似的变化趋势。

表 7.16 新增城投债隐性担保预期的逐年测度

变量	(1) 2015 年 Spread	(2) 2016 年 Spread	(3) 2017 年 Spread	(4) 2018 年 Spread	(5) 2019 年 Spread
$LGFP$	−0.5779*** (−5.7692)	−0.7703*** (−6.5913)	−0.5767*** (−3.7836)	−1.4873*** (−5.8683)	−1.8115*** (−5.6363)
COE	−0.4008*** (−5.8383)	−0.7245*** (−8.5734)	−0.6169*** (−7.7959)	−1.4708*** (−8.9573)	−1.7572*** (−8.1790)

(续表)

变量	(1) 2015年 Spread	(2) 2016年 Spread	(3) 2017年 Spread	(4) 2018年 Spread	(5) 2019年 Spread
SOE	−0.4257***	−0.6786***	−0.5938***	−1.1551***	−1.4040***
	(−7.5395)	(−5.3614)	(−8.0753)	(−8.2158)	(−10.0767)
控制变量	控制	控制	控制	控制	控制
行业固定效应	控制	控制	控制	控制	控制
季度固定效应	控制	控制	控制	控制	控制
评级固定效应	控制	控制	控制	控制	控制
省份固定效应	控制	控制	控制	控制	控制
观测值	3054	4830	5733	5949	6562
R^2	0.644	0.601	0.515	0.537	0.552
R^2_adj	0.6355	0.5949	0.5085	0.5308	0.5468

注：***、**与*分别表示系数在1%、5%与10%的水平上显著。括号内为系数的 t 统计量，在行业层面进行了聚类调整。

为进一步考察存量城投债，尤其是置换城投债的隐性担保预期在置换计划前后的逐年变化情况，本章对模型式（7.2）进行拓展，得到模型式（7.5）：

$$Spread_{i,t} = \beta_0 + \beta_1 LGFP_i + \beta_2 Replace\_bond_i + \beta_3 COE_i + \beta_4 SOE_i$$
$$+ \sum Bond\_controls_{i,t} + \sum Firm\_controls_{i,t-1}$$
$$+ \sum City\_controls_{i,t-4} + Industry + Quarter$$
$$+ Rating + Province + \varepsilon_{i,t} \tag{7.5}$$

其中，该模型中增加"是否为置换城投债"的虚拟变量（$Replace\_bond$），若该城投债于2014年12月前发行并在2015年至2018年之间到期，则该变量赋值为1，否则为0。该变量主要考察相对于所有存量城投债的隐性担保预期，纳入置换的存量城投债的隐性担保预期是否更强（更弱)。若模型式（7.5）中的 β_2 显著为正数（负数），则说明相对于所有存量城投债的隐性担保预期，纳入置换计划的存量城投债的隐性担保预期更强（更弱）。

本章剔除 2015 年及之后发行的新增城投债，采用模型式（7.5）对剩余样本进行分年度回归，回归结果见表 7.17。其中，在 2012 年前，部分年份 $LGFP$ 的系数不显著，而在 2013 年之后，$LGFP$ 系数的绝对值总体呈现上升的趋势。$Replaced\_bond$ 系数在 2010 年至 2012 年显著为正数，一方面说明，这些纳入置换城投债券的风险较高，从而使得信用溢价较高；另一方面也说明，在此期间投资者对于这部分城投债的隐性担保预期很弱。但是在 2015 年之后，$Replaced\_bond$ 的系数显著为负，并且系数的绝对值逐年增大。这意味着，相对于所有存量城投债的隐性担保预期的平均水平，纳入置换计划的存量城投债的隐性担保预期更强，并且逐年增加，与图 7.2 的趋势基本一致。此外，将城投债的隐性担保预期与中央企业债、地方国有企业债对比，可发现在 2014 年之前，存量城投债的隐性担保预期最弱。但是在 2014 年之后，存量城投债的隐性担保预期均高于中央企业债和地方国有企业债的隐性担保预期。这与前述结论一致，相比其余非城投国有企业债券，债务置换计划对城投债的隐性担保预期的影响更为显著。

上述结论均表明债务置换计划的实施显著增强了投资者的隐性担保预期。为了估计债务置换计划的平均效果，本章构建如下模型：

$$\begin{aligned} Spread_{i,t} = & \beta_0 + \beta_1 LGFP_i + \beta_2 Post_t + \beta_3 LGFP_i \times Post_t \\ & + \sum Bond\_controls_{i,t} + \sum Firm\_controls_{i,t-1} \\ & + \sum City\_controls_{i,t-4} + Industry + Quarter \\ & + Rating + Province + \varepsilon_{i,t} \end{aligned} \quad (7.6)$$

其中，$LGFP$ 表示"是否为城投债"，若为 1 则表示受债务置换计划影响的试验组；否则为 0，表示干预组。$Post$ 表示置换计划政策实施前后的时间虚拟变量。β_3 是 $LGFP$ 和 $Post$ 的交互项系数（双重差分估计量），其系数的绝对值表示债务置换计划发布后城投债利差与一般企业债利差的

表 7.17 存量城投债隐性担保预期的逐年测度

变量	(1) 2009 Spread	(2) 2010 Spread	(3) 2011 Spread	(4) 2012 Spread	(5) 2013 Spread	(6) 2014 Spread	(7) 2015 Spread	(8) 2016 Spread	(9) 2017 Spread	(10) 2018 Spread	(11) 2019 Spread
LGFP	−0.0304 (−0.1752)	−0.2266 (−1.3820)	−0.2993*** (−4.5705)	−0.0925 (−1.2205)	−0.3501*** (−4.2962)	−0.5062*** (−8.2819)	−0.8643*** (−8.9049)	−1.3759*** (−13.0296)	−1.0356*** (−16.8120)	−2.2631*** (−12.5178)	−3.2261*** (−8.1322)
Replaced_bond	−0.0397 (−0.2513)	0.2474*** (3.8797)	0.1356* (1.8717)	0.1234** (2.8161)	0.0200 (0.4915)	−0.0661 (−1.1827)	−0.0121 (−0.3279)	−0.1161** (−2.3827)	−0.1682*** (−2.9435)	−0.4690*** (−3.9083)	
COE	−0.1365* (−1.9783)	−0.3923*** (−3.9340)	−0.3329** (−2.8745)	−0.1377 (−1.6966)	−0.5750*** (−9.6675)	−0.6133*** (−4.5661)	−0.5399*** (−3.9510)	−0.8109*** (−5.8621)	−0.7129*** (−7.4277)	−1.5441*** (−8.8790)	−1.7858*** (−7.5785)
SOE	−0.3337*** (−3.8325)	−0.4100*** (−3.7060)	−0.4023*** (−5.5404)	−0.2046*** (−2.8204)	−0.4573*** (−8.9905)	−0.4509*** (−7.5865)	−0.4926*** (−4.1597)	−0.7008*** (−4.0990)	−0.6141*** (−6.8482)	−1.1665*** (−7.4792)	−1.4184*** (−9.4754)
控制变量	控制	控制	控制	控制	控制	控制	控制	控制	控制	控制	控制
行业固定效应	控制	控制	控制	控制	控制	控制	控制	控制	控制	控制	控制
季度固定效应	控制	控制	控制	控制	控制	控制	控制	控制	控制	控制	控制
评级固定效应	控制	控制	控制	控制	控制	控制	控制	控制	控制	控制	控制
省份固定效应	控制	控制	控制	控制	控制	控制	控制	控制	控制	控制	控制
观测值	592	1279	1834	3011	4808	6482	7859	8385	8351	7122	6178
R^2	0.767	0.658	0.552	0.726	0.523	0.533	0.555	0.494	0.356	0.457	0.511
R^2_adj	0.7387	0.6383	0.5347	0.7191	0.5159	0.5272	0.5503	0.4892	0.3498	0.4509	0.5044

注:"***""**""*"分别表示系数在1%、5%与10%的水平上显著。括号内为系数的t统计量,在行业层面进行了聚类调整。

差值，反映了置换计划实施的净效果。以 2014 年底前发行的存量债券为样本，包括纳入置换计划的存量城投债和未纳入置换计划的存量城投债，回归结果如表 7.18 所示。

表 7.18 显示，无论 2015 之前发行的存量城投债是否纳入置换计划，交互项 $LGFP \times Post$ 的系数均显著为负，即置换计划实施之后，城投债利差仍然显著低于一般企业债利差。其中，第（1）列回归中 $LGFP \times Post$ 系数为 -0.95，说明债务置换计划公告发布后，地方政府隐性担保预期使存量城投债利差平均低了 95 个基点。进一步，对比第（2）列和第（3）列，发现纳入置换计划的存量城投债的隐性担保预期比未纳入置换计划的存量城投债的隐性担保预期更强些，再次验证了"利差估计法"得出的结论。

表 7.18 置换计划对存量城投债的地方政府隐性担保预期的影响

变量	（1）全部存量城投债 $Spread$	（2）纳入置换的城投债 $Spread$	（3）未纳入置换的城投债 $Spread$
$LGFP$	-0.7160***	-0.7287***	-0.7831***
	(-11.1597)	(-9.0289)	(-13.1698)
$Post$	0.7299**	0.9752***	0.7290**
	(2.7846)	(3.4845)	(2.6621)
$LGFP \times Post$	-0.9515***	-0.9692***	-0.8756***
	(-10.3173)	(-8.9974)	(-10.9111)
COE	-0.9943***	-0.9675***	-0.9586***
	(-10.3832)	(-10.5922)	(-11.2406)
SOE	-0.8553***	-0.8493***	-0.8309***
	(-8.5033)	(-9.4243)	(-9.2111)

（续表）

变量	(1) 全部存量城投债 $Spread$	(2) 纳入置换的城投债 $Spread$	(3) 未纳入置换的城投债 $Spread$
控制变量	控制	控制	控制
行业固定效应	控制	控制	控制
季度固定效应	控制	控制	控制
评级固定效应	控制	控制	控制
省份固定效应	控制	控制	控制
观测值	55901	35293	48433
R^2	0.449	0.501	0.451
R^2_adj	0.4478	0.4992	0.4492

注：***、**与*分别表示系数在1%、5%与10%的水平上显著。括号内为系数的 t 统计量，在行业层面进行了聚类调整。

7.6 隐性担保预期的形成机制分析

7.6.1 隐性担保预期的影响因素

7.5节的实证结果显示，债务置换政策施行之后，城投债背后的政府隐性担保预期不降反升，表明债务置换也是影响城投债隐性担保预期的重要因素。当城投债风险较大时，中央政府出台了一系列政策，并且通过财政部设定置换额度，批准地方政府实施债务置换，通过债务展期这种"以时间换空间"的方式缓解地方债务风险。债务置换政策的推出可能会让投资者产生一种预期，即当地方债务风险较大时，政府部门可能会推出一系列债务展期或风险缓释策略。更为重要的是，由于中国地方政府并不存在破产机制，地方政府和中央政府之间行政上的垂直联系使得中央政府扮演了"最终担保人"的角色（常晨、陆铭，2017）。本章认为，债务置换政策影响了市场投资者对于政府部门潜在的救助意愿的预期，而后者是决定隐性担保预期的重要因素。

为了检验上述推测，本章构建债务置换强度变量（GbondRatio），即以各省地方政府置换债券的发行规模与发行省份当年的财政收入的比值来代理。该比值越高，说明相对于当地财政收入水平，地方政府偿还置换债务的能力可能越差，未来的债务风险越高。另外，地方政府的债券置换额度是由财政部规定的。财政部多次发文称合理确定地方政府债务总限额，对地方政府债务余额实行严格的限额管理制度。[1] 同时，债务限额指标是财政部根据各地区财政的具体情况而制定的，基本能满足地方政府的融资需求。进一步地说，根据各省财政部网站每年公布的数据，本章发现各省当年发行的地方政府债券均处于财政部规定的债务限额范围内，即各省均没有用满发行地方政府债券的额度。因此在市场投资者看来，该值越大，政府部门潜在的救助意愿就越强。地方政府置换强度指标与财政部、地方政府以及融资平台都相关，涉及融资平台债务风险、地方政府财政情况以及中央宏观调控目标等多方面内涵。再者，经过债务置换后，各地债务将纳入财政预算统筹管理，这使得债务置换强度指标能在2015—2018年这段时间内表现出中央政府对各地方政府的直接扶持力度。而地方政府对融资平台存量债务负有直接偿还责任，从而债务置换强度指标又间接体现了政府部门对融资平台的救助意愿。现有文献中的其他政府救助意愿度量指标并没有包含如此多层面的含义。

为考察上级政府的救助意愿和可能性对城投债隐性担保强度的影响，本章以估计出的城投债隐性担保强度（$Imp\_guarantee$）为被解释变量，置换强度（$GbondRatio$）为解释变量，同时控制行业（$Industry$）、年份季度（$Quarter$）、评级（$Rating$）、省份（$Province$）的固定效应，进行回归。考虑到地方政府的债务置换额度可能取决于地方政府债务余额，本章在回归中加入各省地方政府债务余额比重（$Debt$），即各省地方政府债券余额与城投债余额之和/各省财政收入。考虑到地方政府的债务置换额度

---

[1] 如财政部《关于对地方政府债务实行限额管理的实施意见》（财预〔2015〕225号）、《关于印发〈新增地方政府债务限额分配管理暂行办法〉的通知》（财预〔2017〕35号）、《关于做好2018年地方政府债务管理工作的通知》（财预〔2018〕34号）。

政府担保与融资平台债务风险

可能受到债务人的政治话语权影响，本章在回归中加入融资平台行政级别（$Level$），省级、地级市以及区县级融资平台并分别赋值 3、2、1；以及第一大股东持股比例（$Nego$）变量。同时，政府救助意愿可能与融资平台的风险敞口有关，本章进一步加入融资平台 Z 值（$Zscore$）[①]，预警 Z 值越小说明企业信用风险敞口越大（Altman，1968）。具体模型如下：

$$Imp\_guarantee_{i,t} = \beta_0 + \beta_1 GbondRatio_{p,t-4} + \sum Bond\_controls_{i,t}$$
$$+ \sum Firm\_controls_{i,t-1} + \sum City\_controls_{i,t-4}$$
$$+ Industry + Quarter + Rating + Province + \varepsilon_{i,t}$$
(7.7)

此外，本章还将模型式（7.2）拓展，在模型式（7.2）中加入滞后一年的 $GbondRatio$ 以及 $LGFP$ 和滞后一年的 $GbondRatio$ 的交互项，得到模型式（7.8），交互项 $LGFP \times GbondRatio$ 的系数 β_1 考察了在城投债置换强度较高地区的隐性担保预期。模型设定如下：

$$Spread_{i,t} = \beta_0 + \beta_1 LGFP_i \times GbondRatio_{p,t-4} + \beta_2 LGFP_i$$
$$+ \beta_3 GbondRatio_{p,t-4} + \beta_4 COE_i + \beta_5 SOE_i + \sum Bond\_controls_{i,t}$$
$$+ \sum Firm\_controls_{i,t-1} + \sum City\_controls_{i,t-4} + Industry$$
$$+ Quarter + Rating + Province + \varepsilon_{i,t}$$
(7.8)

表 7.19 的列（1）和列（2）分别报告了模型式（7.7）和模型式（7.8）的回归结果。其中，列（1）结果中 $GbondRatio$ 的系数显著为正，说明政府部门救助的意愿显著影响着投资者的预期。即一个地区的债券置换强度越高，政府部门救助的意愿和概率越大，那么该地区的投资者对政府部门进行救助的预期也就越强，并进一步调低了该地区城投债的风险评估，降低城投债利差。债券置换计划被投资者视为上级政府部门对地方债务的救援，加强了投资者对于城投债的隐性担保预期。同时，列（2）回

[①] $Z = 1.2X_1 + 1.4X_2 + 3.3X_3 + 0.6X_4 + 0.99X_5$，其中 X_1 为营运资本/总资产；X_2 为留存收益/总资产；X_3 为息税前利润/总资产；X_4 为总市值/负债总计；X_5 为营业收入/总资产。

归显示，交互项 $LGFP \times GbondRatio$ 的系数显著为负数，说明债务置换强度越高的省份，其发行的城投债的隐性担保就越高，这也体现了政府部门的债务支持和救助措施加强了城投债的隐性担保预期。一个地区的债券置换规模越大，融资平台债务被置换为政府债务的概率越高，市场投资者对地方政府进行救助的预期也就越强。正是由于中西部地区的债券置换计划执行力度更大，投资者提升了对这些地区城投债政府兜底的信心，使得投资者降低了对于该地区发行城投债的风险评估力度，与7.4.2节中隐性担保的区域分布特征一致。这些回归结果说明，政府部门潜在的救助意愿是城投债隐性担保预期形成的重要因素之一。

此外，由列（1）回归可知，对于发行规模（$Size$）越大、流动性（$Amihud$）越低、票面利率（CP）越高、剩余期限（Mat）越短的城投债，投资者的隐性担保预期越高。地区经济变量 $Fiscal$ 和 GDP 的系数均显著为正数，这表明地方政府的财政实力也是影响城投债隐性担保预期的重要因素。换言之，当城投债出现违约时，该地区的政府财政实力越强，投资者预期其能为地方融资平台提供救助的能力也越大。$Debt$ 系数为负，若某个省份的债务余额越多，则该地区政府的担保能力也越弱，从而降低了投资者的隐性担保预期。$Level$ 和 $Nego$ 的系数均为正，说明若融资平台行政层级越高或股权越集中，隐性担保预期就越强。同时，公司资产规模越小、负债率越高、资产报酬率越低、周转率越低、Z值越低的公司，其发行债券的隐性担保预期越高。换言之，投资者认为财务风险越高的融资平台越需要政府的隐性担保。

表 7.19 城投债隐性担保预期的形成机制

变量	(1) 城投债 Imp_guarantee	(2) 全样本 Spread
L.GbondRatio	0.0034***	0.0080
	(3.5301)	(1.4572)

(续表)

变量	(1) 城投债 $Imp\_guarantee$	(2) 全样本 $Spread$
$LGFP \times L.GbondRatio$		−0.0126*
		(−1.9642)
$LGFP$		−1.3366***
		(−15.6252)
COE		−1.1653***
		(−10.0191)
SOE		−0.9502***
		(−8.9034)
$Size$	0.1207***	0.0238
	(8.7262)	(0.6404)
$Amihud$	4.7388***	0.3088
	(23.9606)	(0.3796)
CP	0.4309***	0.2312***
	(26.5683)	(4.1778)
Mat	−0.0680***	0.0163
	(−6.2204)	(1.4565)
Age	0.1067***	−0.1102***
	(5.0398)	(−5.9698)
$List$	0.1855	−0.4334***
	(0.8535)	(−3.5099)
$Nbank$	0.0104	−0.0227
	(0.1861)	(−0.8140)

(续表)

变量	(1) 城投债 $Imp\_guarantee$	(2) 全样本 $Spread$
GRT	−0.0838*	0.4107***
	(−1.9449)	(8.7072)
Put	−0.1046	−0.1787***
	(−0.7219)	(−5.0638)
$Call$	0.1360	−0.3429***
	(1.2769)	(−7.2166)
$L.Asset$	−0.2253***	−0.0379
	(−13.2880)	(−1.6186)
$L.Leverage$	0.0041**	0.0059***
	(2.6309)	(4.7204)
$L.Turnover$	−0.5287**	0.1512
	(−2.7093)	(1.4691)
$L.ROA$	−0.1065***	−0.0890***
	(−4.4174)	(−8.5830)
$L.Cash\_debt$	−0.1505	−0.0277
	(−1.6665)	(−0.3847)
$L.QR$	0.0445***	−0.0083
	(10.9709)	(−1.0633)
$L.Zscore$	−0.0845***	0.0003
	(−4.8852)	(0.0068)
$Nego$	0.3634***	−0.3526**
	(3.4273)	(−2.1606)

(续表)

变量	(1) 城投债 $Imp\_guarantee$	(2) 全样本 $Spread$
$L.Fiscal$	0.1396**	−0.0389
	(2.2280)	(−0.9067)
$L.GDP$	0.1598***	−0.1146**
	(5.7545)	(−2.6335)
$L.Loan$	−0.1398***	0.0381
	(−3.9173)	(1.1711)
$L.Debt$	−0.1717***	0.0881***
	(−7.8316)	(3.8248)
$Level$	0.0972***	
	(4.2270)	
行业固定效应	控制	控制
季度固定效应	控制	控制
评级固定效应	控制	控制
省份固定效应	控制	控制
观测值	24213	42075
R^2	0.530	0.415
R^2_adj	0.5282	0.4137

注：***、**与*分别表示系数在1%、5%与10%水平上显著。括号内为系数在行业层面进行聚类调整的 t 统计量。公司财务变量中 $L.$ 表示滞后一季，地区经济变量中 $L.$ 表示滞后一年。

7.6.2 稳健性检验

对于政府救助意愿这一指标，本章参考钟辉勇、陆铭（2015），钟辉勇等（2016）的研究，考虑采用"中央政府给地方政府的转移支付/地方政府债务余额"指标来衡量上级政府的救助意愿,并观测其系数的经济意义。为此,本章收集并整理了各省转移支付数据,其中2009—2014年省转移支付数据(没有细分一般性转移支付和专项转移支付)来源于各省财政厅(局)网站;2015—2019年各省转移支付数据(包括一般性转移支付和专项转移支付)来源于财政部预算司。通常,一般性转移支付通常由中央财政一次性划拨地方财政,纳入地方预算,且按照事前给定的计算公式来进行分配,可被预测。专项转移支付是中央政府对地方政府因承担委托事务、共同事务以及自身事务而拨付的补助资金。据此,本章构建三个转移支付强度指标,其中 $Trans$ 表示"各省转移支付/各省债务余额"; $Trans1$ 表示"各省一般性转移支付/各省债务余额"; $Trans2$ 表示"各省专项转移支付/各省债务余额"。而后按照模型式(7.7)分析隐性担保预期的形成机制。

表7.20 城投债隐性担保预期的形成机制(基于转移支付制度)

	(1) $Imp\_gurantee$	(2) $Imp\_gurantee$	(3) $Imp\_gurantee$
	城投债	城投债	城投债
$Trans$	0.0034***		
	(6.6685)		
$Trans1$		0.0057***	
		(5.2716)	
$Trans2$			0.0097***
			(5.3298)
$Size$	0.1212***	0.1253***	0.1253***
	(9.6915)	(7.1237)	(7.1243)
$Amihud$	4.7156***	5.0397***	5.0398***
	(21.2037)	(13.0765)	(13.0750)
CP	0.4264***	0.4405***	0.4405***
	(27.1384)	(45.1740)	(45.1689)

(续表)

	(1) $Imp\_gurantee$	(2) $Imp\_gurantee$	(3) $Imp\_gurantee$
	城投债	城投债	城投债
Mat	-0.0667^{***}	-0.0734^{***}	-0.0734^{***}
	(-6.8648)	(-5.7980)	(-5.7989)
Age	0.1071^{***}	0.1046^{***}	0.1046^{***}
	(5.1840)	(4.0143)	(4.0143)
$List$	0.1719	0.1470	0.1472
	(0.8354)	(0.6824)	(0.6829)
$Nbank$	0.0225	-0.0119	-0.0119
	(0.4278)	(-0.1768)	(-0.1770)
GRT	-0.0802^{*}	-0.1025^{*}	-0.1024^{*}
	(-1.8392)	(-1.9911)	(-1.9911)
Put	-0.1089	-0.0529	-0.0529
	(-0.7796)	(-0.3621)	(-0.3624)
$Call$	0.1451	0.1384	0.1384
	(1.4753)	(1.4299)	(1.4296)
$L.Asset$	-0.2215^{***}	-0.2280^{***}	-0.2280^{***}
	(-15.0196)	(-14.1515)	(-14.1537)
$L.Leverage$	0.0039^{**}	0.0024	0.0024
	(2.7341)	(1.1417)	(1.1427)
$L.Turnover$	-0.5090^{***}	-0.6177^{**}	-0.6177^{**}
	(-3.1093)	(-2.3400)	(-2.3400)
$L.ROA$	-0.0982^{***}	-0.1101^{***}	-0.1101^{***}
	(-4.2616)	(-4.7541)	(-4.7528)
$L.Cash\_debt$	-0.1628	-0.2161^{**}	-0.2161^{**}
	(-1.5160)	(-2.3498)	(-2.3502)

(续表)

	(1) $Imp\_gurantee$	(2) $Imp\_gurantee$	(3) $Imp\_gurantee$
	城投债	城投债	城投债
$L.QR$	0.0466***	0.0501***	0.0501***
	(14.4318)	(10.0646)	(10.0680)
$L.Zscore$	−0.0860***	−0.1173***	−0.1173***
	(−5.4823)	(−5.9937)	(−5.9962)
$Nego$	0.3421***	0.3796***	0.3797***
	(3.2109)	(4.3102)	(4.3103)
$L.Fiscal$	0.1606**	0.1464*	0.1465*
	(2.8102)	(1.9264)	(1.9271)
$L.GDP$	0.1709***	0.1416***	0.1416***
	(5.7783)	(4.7305)	(4.7331)
$L.Loan$	−0.1592***	−0.1193***	−0.1194***
	(−4.4930)	(−3.0564)	(−3.0599)
$Level$	0.0947***	0.1063***	0.1063***
	(4.2635)	(4.6621)	(4.6620)
行业固定效应	控制	控制	控制
季度固定效应	控制	控制	控制
评级固定效应	控制	控制	控制
省份固定效应	控制	控制	控制
观测值	25549	17940	17940
R^2_adj	0.5358	0.5052	0.5052

注：***、**与*分别表示系数在1%、5%与10%水平上显著。括号内为系数在行业层面进行聚类调整的 t 统计量。公司财务变量中 $L.$ 表示滞后一季，地区经济变量中 $L.$ 表示滞后一年。需要说明的是，由于 $Trans1$ 和 $Trans2$ 仅有2015—2019年的数据，因此列（2）和列（3）的样本量少于列（1）的样本量。

由表7.20可知，变量 $Trans$、$Trans1$、$Trans2$ 前系数均显著为正数，

说明转移支付、一般性转移支付以及专项转移支付与地方债务总额比值越大,隐性担保预期越强。换言之,相对地方的债务余额来说,中央政府对地方的转移支付越多(包括一般性转移支付和专项转移支付),政府救助的可能性越高,投资者对城投债的隐性担保预期越强。

7.6.3 隐性担保预期的形成机制总结

根据上述实证结果,本章将投资者对城投债背后的政府隐性担保预期的形成机制总结如下:

$$隐性担保 = F(财务风险 \times 地方政府财政能力 \times 政府部门救助意愿) \tag{7.9}$$

其中,F 表示三元函数,满足 F'(财务风险)>0,F'(地方政府财政实力)>0,F'(政府部门潜在的救助意愿)>0。换言之,若发债融资平台的财务风险越高、所在辖区的地方政府财政能力越强或上级政府部门对存量债务潜在的救助意愿越高,城投债风险就被低估得更多,隐性担保预期越强。这也说明隐性担保预期与三方主体均有一定关系,包括融资平台自身、发行人所在地以及上级政府,这三个维度的主体因素均会导致城投债的隐性担保预期存在差异。

这里,对这一公式有两点补充:首先,同一个省份中不同城投债的隐性担保预期可能不同。原因在于,同一个省份的融资平台很多,虽然其财政能力或者政府部门救助意愿相同,但这些公司基本面仍存在一定的差异,如由于地方融资平台的基本面较差,一个发达的东部城市会有隐性担保很强的地方融资平台。同理,一个欠发达的西部城市也存在基本面较好、隐性担保较弱的地方融资平台。其次,对于一个地区的城投债隐性担保预期的判断,除地方融资平台自身财务风险外,还需要考察平台所在地方政府的财政收入及上级政府的救助意愿。例如,经济发展水平较低的西部地区,虽然财政实力较弱,但是该地区地方融资平台财务基本面更差、财务风险相对更高,并且政府部门对其债务置换的强度也相对更大,可能使得该地区城投债整体的隐性担保预期更强。

回顾 7.4 节的实证结果，虽然"43 号文"公布之后，多个省级层面的隐性债务监管会议或文件都强调，打消基层政府认为中央和省级政府会买单的想法，打消金融机构认为政府会兜底的想法，但是投资者对城投债背后的隐性担保预期依然显著存在。实际上，近年来，过于严厉的监管使得金融市场难以消化存量债券的风险。在保持经济稳定增长和防控地方债务风险过高的权衡中，财政部希望地方融资平台在一定的风险限额内规范发展并非绝对遏制。另外，在经济下行中，上级政府部门对于地方融资平台监管的放松以及问责制度的不完善使得地方政府禁止担保的威胁并不可信。由此可见，虽然中央政府三令五申地表明了对政府兜底的强硬态度，但是在政策执行过程中仍需要逐渐硬化执行程度和效果。

7.7 本章小结

近年来，地方融资平台的基本面状况不断恶化，却仍然能以较低的成本持续发债来获取资金，其背后是市场投资主体对政府隐性担保的预期会影响其对于城投债风险的判断。低成本的城投债为基础设施建设和稳增长任务提供了有力的支撑。不过另一方面，融资平台基本面不断变差以及隐性担保预期的突然改变也可能成为债券市场风险的一个重要来源。为了抓实化解城投债风险，本章使用 2009 年至 2019 年间的企业债和公司债季度数据，试图准确测度城投债背后隐性担保预期的强度并分析其分布特征。进一步而言，利用债务置换计划检验并发现政府潜在的救助意愿确实是构成城投债隐性担保预期形成的重要因素之一。

首先，本章利用"利差估计法"计算出每只债券背后的隐性担保预期，统计发现，城投债、中央企业债和地方国有企业债的利差被显著低估，尤其是城投债，其利差平均而言被低估了 179 个基点。这说明，市场投资主体对于政府的隐性担保预期在一定程度上降低了财务信息在债券信用风险评价方面的信息价值。研究使用虚拟变量法估计的结果与之相一致，表明了"利差估计法"测度结果的可信性。分组统计的结果显示，评级较低的城投债背后的隐性担保更强；经济发展欠发达的西部地区，其城投债的隐性担保更强；2012年之后城投债的隐性担保预期不断攀升，并且"43号文"公布后，城投债的隐性担保预期不降反升。针对时间维度上的异象，本研究细致地将城投债分成三类，分别考察这三类债券的隐性担保预期在2015年后的变化。对于新增城投债，采用估计法得到的隐性担保预期显示该数值在"43号文"公布后的两年内显著下降而后慢慢回升，体现政策在一段时间内的有效性；存量城投债的隐性担保预期在2015年后一直保持上升趋势。这反映了"43号文"和债务置换计划的实施效果与中央推出此类政策的初衷在一定时间内以及一定程度上相吻合。即对于新增债，地方政府按照"43号文"的精神剥离政府担保，从而投资者的隐性担保预期在一段时间内逐渐下降，后续因配套政策的放松而又上升；对于存量城投债，置换计划降低了债务风险，缓解了融资平台的压力，但是投资者对此产生了错误的理解使得对政府兜底的预期提高。最后，本章以地方政府置换债券规模占财政收入的比重来衡量政府部门对该省份的政府性债务潜在的救助意愿，并考察其对隐性担保预期的影响。结果表明，置换比率越高的省份，投资者对城投债隐性担保的预期越强。此外，投资者推测财务风险越大的融资平台越需要政府的担保，而财政能力越强的地方政府以及政府部门提供的置换力度越大区域的城投债被救助的可能性越大。

基于上述研究分析，本章就防范化解地方融资平台的债务风险提出以下政策建议：

（1）对于融资平台而言，尽快完成地方融资平台的公共职能与企业职能的分离，剥离地方融资平台的政府融资功能，并且根据地方政府融资平台经营项目的公益性和营利性，逐步推动融资平台转型，从根本上消除隐性担保问题。

（2）对于地方政府而言，明确政府和企业的责任，减少对城投平台的直接干预，逐步降低地方政府财政对城投平台的支持力度以及城投平台对地方政府财政的依赖程度，切实贯彻"43号文"的精神，确保企业不得发行政府债务，政府不得替企业偿还债务。

（3）对于中央政府而言，需要通过立法的形式规定地方政府的债务上限和惩罚措施、破产机制等等，消除中央政府对地方政府的隐性担保。否则，未来的地方政府债券市场也将面临如城投债市场一样的问题。

（4）对于市场投资主体而言，投资者需要培养客观的投资理念，理性分析融资平台的风险。尽管财政部系列监管条例表明地方融资平台举债不属于地方政府债务，但是只要政府隐性担保、刚性兑付预期未被打破，城投债的定价仍然是非市场化的，其信用风险因政府隐性担保的存在而被低估。特别地，不同地区、不同信用级别的城投债利差对政策变化的敏感度存在一定差异，投资者需要警惕伴随这些高隐性担保债券而来的不确定风险。

（5）最后，政府部门要以结构性去杠杆为原则，重点管控存量城投债中隐性担保较强的部分，尤其是信用评级较低的城投债和西部地区地方融资平台所发行的债券，防范类似于"云南城投债危机"的债市危机再次发生，保障债券市场的稳定。

第八章
融资平台债务风险防范化解建议

《中华人民共和国国民经济和社会发展第十四个五年规划和 2035 年远景目标纲要》中提出，完善债务风险识别、评估预警和有效防控机制，健全债券市场违约处置机制，推动债券市场统一执法，稳妥化解地方政府隐性债务，严惩逃废债行为。2021 年 3 月 7 日，国务院公布的《关于进一步深化预算管理制度改革的意见》（国发〔2021〕5 号）更是将防范化解地方政府隐性债务风险提升到重要政治纪律和政治规矩的高度，并提出清理、规范地方融资平台，剥离其政府融资职能，对失去清偿能力的要依法实施破产重整或清算。城投债作为地方政府隐性债务的重要组成部分，对其风险的防范也成为稳妥化解地方政府债务风险的重中之重。为此，根据前面章节的分析结果，本章进行总结并从四个方面提出建议。

8.1 融资平台债务风险总结

2008 年后，我国地方融资平台债务呈现爆发式增长。从 2014 年"43号文"公布开始到现在，地方政府债务监管政策愈加严格。然而，融资平台的债务只增不减，且屡次创下年发行量新高。尤其值得注意的是，在近年来财务基本面不断恶化的背景下，融资平台却依然能在市场上以较低的成本获得债券融资。本研究从城投债信用风险定价角度对此现象展开讨论，并推测信用债价格可能会受到公司基本面信息以及各种担保措施的影响。对于城投债而言，其担保措施主要包括外部担保和政府（显性或隐性）担保。这些担保措施的存在可能会使发债主体信用风险发生变化，城投债价格也应相应进行调整。基于此，本书第四章至第七章通过实证分析探讨了财务信息、外部担保、政府显性的财务支持以及政府隐性担保与我国城投债信用风险定价之间的具体关系，得出如下结论：

第一，相比于一般企业，虽然融资平台自身的财务质量在逐渐恶化，但是其债券信用利差却显著更低。本研究采用 2009—2019 年城投债交易数据，基于财务基本面、债券特征和地区经济等信息与债券利差的回归发现，不同于一般企业债中财务指标起主要作用的定价模式，城投债的信用利差与债券特征、平台层级以及地区财政情况有着较强的相关性，对财务指标的依赖性较弱。换言之，财务信息无法很好地解释城投债融资成本下行的现象。

第二，2015 年之后，城投债发行规模逐年增加，同时采用外部担保的城投债规模也迅速增加。外部担保是在募资说明书上明确标注且有实质性担保物或担保主体的增信措施，如抵质押担保和第三方公司担保。本研究在控制公司财务信息以及地方财政情况后发现，外部担保可以显著提高债项评级并对信用资质较弱的城投债作用更显著，但是其担保的城投债信用利差也相对更高，尤其是非专业担保公司。进一步的研究发现，2015 年后各种外部增信措施均能更显著地增加城投债信用评级和信用利差，即评级机构和市场投资者对外部担保的认可度差异进一步扩大。这意味着，主体评级较低的融资平台可能会选择外部担保来提升债项评级以满足评级门槛要求，但是这可能被投资者视为信用风险更高的信号。换言之，外部担保也无法解释城投债融资成本下行的现象。

第三，地方政府作为融资平台的第一大股东或实际控制人，有动机在城投债发行前给予融资平台一定的财务支持，以改善融资平台财务基本面，具体包括政府补贴或股权划转等措施。这些措施也被视为政府的显性担保。本研究发现，在净利润方面，政府补贴在一定程度上能够增加融资平台营业外收入，提高净利润，帮助部分平台达到债券发行的门槛条件。但是，这种补助使得城投债的信用风险溢价更高。在净资产方面，政府可能通过增资的方式帮助融资平台扩大资产规模，但对城投债信用利差的影响较弱。换言之，政府显性担保也不能解释城投债融资成本下行的现象。

第四，虽然财务基本面、外部增信措施以及政府显性的财务支持在城投债定价中发挥了一定的作用，但是无法完全解释为何城投债的信用利差整体呈现下降的现象。本研究推测该现象可能与政府隐性担保有关。本研究通过两种方法计算城投债隐含的政府隐性担保预期，发现隐性担保预期使得城投债信用利差平均降低了124—179个基点，即降低了城投债融资成本的40%左右。同时，隐性担保预期与地方政府债务置换强度正相关，即地方政府对当地债务的置换力度越大，投资者对政府救助城投债的预期也就越强。另外，该预期也与地方融资平台的财务风险以及地方政府的财政实力正相关。基于这些发现，本研究用隐性担保=F（财务风险×地方政府财政实力×政府部门潜在的救助意愿）这个函数来概括地表示隐性担保预期的决定因素。从而得出以下结论，即投资者对政府隐性担保预期是导致城投债融资成本下行的重要原因。

综上所述，相较财务信息、外部担保信息以及政府显性担保信息，隐性担保预期在城投债利差降低过程中发挥着重要作用。由此可见，尽管"43号文"公布后，政府监管逐渐趋严，但是投资者依然预期地方政府会对城投债务负责，即当融资平台无力偿还债务时，投资者仍预期政府会对债务进行救助或兜底。从发展趋势上看，随着债券市场违约规模的增加，债券市场中的信用风险将逐步显性化。当隐性担保预期消失时，城投债可能会面临价格暴跌风险。因此，政府、融资平台和投资者等主体应予以高度重视，尽早建立起风险防范机制。

8.2 融资平台风险防范化解建议

8.2.1 打破隐性担保预期

根据本研究的结论，城投债风险化解的重点在于打破投资者对于政府担保的预期，整肃债券市场纪律。各级政府以及相关部门应该严禁提供财务支持或担保承诺的违规行为，逐步打破金融机构对政府兜底的幻想，理顺风险和收益的关系，有效地分散风险，促进债券定价朝着更合理的方向发展。为了打破城投债隐性担保预期，矫正债券市场定价模式，城投债信用风险定价需要全新的评价分析框架。城投债风险的评估应该重点关注融资平台公司自身的财务质量，减少或撤除政府支持能力和政府支持意愿的考察，不应该将地方政府财政资源及上级政府通过地方政府向融资平台传递额外支持的可能性纳入城投债违约率和债务回收率的分析范畴。投资者需要更全面地分析和掌握融资平台财务风险的来源和波动，重点关注债务主体的基本面，找到收益风险较高的投资标的。投资者应该认识到，打破隐性担保是必然事件，近几年发生的一系列国有企业债券违约事件也佐证了这一点。因此，投资者需要增强风险意识，正确认识政府担保带来的信用价值虚高，警惕违约风险；在决策过程中，深入了解债券发行人实际的经营状况，科学合理评估相关风险，减少误判。

对于监管部门而言，在2021年初发改委开展2021年度企业债券本息兑付风险排查和存续期监管的要求下，政府部门要重点管控存量城投债中隐性担保预期较强的部分，尤其是信用评级较低的城投债和西部地区地方融资平台所发行的债券。此外，在债务清理过程中，监管部门应采取行之有效的方式将高风险债务出清，打击各种逃废债行为，推动债券市场法治建设。同时，在法律层面完善和推动信用违约朝着规范化方向发展，为后续不断增加的违约风险处置提供法律保障。逐步建立市场化的违约机制，完善破产制度引导风险出清。

对于金融市场而言，需要提高担保或增信机制规范性。地方政府为融资平台提供偿债保证，激励了平台投资冲动，进而不断扩张债务规模。但这种担保一方面加剧了政府部门的财政负担，另一方面可能造成借债主体过度举债的道德风险。如巴西、墨西哥曾一度实行中央对地方政府的担保，为此带来道德风险，造成债务危机。因此需要建立可信的承诺和惩罚机制，消除担保的不良影响。美国的多数州都制定了融资担保法规，政府可以对垃圾废物处理设施、地下储备设施、石油开采项目提供担保，但对提供担保的政府设置了评估条件，只有每年通过检测的地方政府才能对外担保。南非《市政财政管理法》允许市政府对其债务提供抵押担保，在违约时这些抵押资产或权益任凭继任方或受让方处置。对于我国政府而言，需要加强对政府担保的管理，以便有效控制或有负债。

8.2.2　加快融资平台转型

1. 明确政府部门和融资平台边界

在不新增隐性债务的情况下，目前一些金融机构被允许对存量隐性债务进行借新还旧或展期。① 但这仅能作为债务风险延缓或转移的一种方式，并且这种办法可能带来挤占金融市场资源、资金期限错配、债务货币化等衍生风险（翟盼盼等，2019）。城投债务的防范化解最终还需落实到推进融资平台的市场化改革，以混合所有制改革、盘活国有资产等多种方式实质性提升经营业绩和偿付能力来逐步化解城投债存量风险上。

融资平台在成立之初主要是为了承担地方政府融资建设职能。地方政府会有较大的动机通过财务支持包装平台公司，争夺金融资源。因此，在

---

① 按照财政部的要求，隐性债务置换计划应于 2018 年结束。但是早在 2019 年 2 月 20 日，湖南省就提出积极争取政府债化解隐性债务。然而直到 2019 年 12 月 24 日，《21 世纪经济报道》进行报道后，湖南、贵州、云南、辽宁、内蒙古、甘肃 6 个省、自治区的部分建制县纳入试点，可以用地方债置换部分隐性债务才广为市场所知。此外，镇江市的丹阳市和丹徒区在 2019 年财政决算报告中明确提到，有使用置换债券偿还隐性债务，但没有提到纳入试点县。2020 年以来，其他省份也在积极争取纳入建制县隐性债务化解试点（例如四川、宁夏），试点范围可能有所扩大。

城投债的风险管理中，首先需要明确融资平台和地方政府间的产权关系，厘清城投债还本付息的偿债主体和资金来源。地方政府也应主动淡化平台管理者身份，明确政府和企业的责任，减少对融资平台的直接干预，逐步降低对融资平台的财务支持力度。进一步地说，在现有信息披露的基础上，加强财务报表中的政府因素披露，包括发行人各类资产的权属关系，以及债券发行人、地方政府与投资者利益相关的交易情况。

对于融资平台而言，应尽快完成平台的公共职能与企业职能的分离，完善内部激励和治理机制，使得融资平台转变为一个真正以经营业绩为导向的市场化企业，建立健全市场化的财务风险管理制度，降低对地方政府财政的依赖程度。具体而言，在管理过程中，融资平台应该将公司的所有权和经营权分离，减少政府的行政干预，确保管理层在经营过程中保持绝对主权。在投资中，应将投资回报率纳入决策目标，统筹项目建设成本与周期，建立自负盈亏机制。在融资中，严格控制债务增速，充分利用经营现金流来满足企业资金需求，提高融资的专业化水平，高效地引入专业融资担保公司、债券保险公司等外部担保机构来为债券提供信用保障，降低对于政府信用的依赖。

对于地方政府而言，应该将工作重心转向做好监管调控工作上，通过并购等方式缩减辖区内中小平台数量，优化资源配置效率。此外，2014年修订后的《预算法》实施后，地方政府债券、政府和社会资本合作的PPP模式、政府购买服务等融资渠道被放宽，融资平台作为地方政府投融资职能部门的历史使命也基本完成。在此基础上，地方政府债券发行管理和市场建设快速推进。截至2021年末，成功发行30万亿元地方债，为地方政府债务风险的防范化解以及疫情防控下积极财政政策的实施发挥了重要作用。在第十四个五年规划提出建立现代财税体制，强化预算约束和绩效管理的战略部署下，结合本书的实证研究发现，用纳入财政预算管理的显性债务逐步取代以城投债为主的隐性债务融资，能更好地发挥地方政府专项债券在基础设施融资中的作用。同时，在债务管控上，建议把地方融资平台的隐性地方政府债务纳入年度审计范围，完善跨年度预算平衡机制，统筹管控显性债务和隐性债务。此外，各地方政府应该对自身经济发展水平及债务负担有更清醒的认识，健全以债务率、偿债率等为指标的风险预警机制，硬化债务风险约束。地方政府官员应进一步提高履职能力，强化问责机制，在城投债发行总量与地区经济发展匹配的基础上合理举债。

2. 融资平台市场化转型

根据交易成本理论和现代企业理论等相关经济学研究成果，当政府从市场购买公共服务的显性成本低于自己组织企业提供公共服务的隐性成本时，政府就应该从市场上购买服务，而非自行组织企业去生产。对某个特定的国家或地区来说，当其市场经济处于初级发展阶段时，其市场主体在经营能力、技术水平、竞争实力、市场行为等方面都处于较低水平，市场主体自身数量和市场完善程度都有待进一步提高，地方政府从市场购买公共服务的成本可能会远高于自己直接提供公共服务的成本，其通过单一市场化手段难以满足庞大的地区基础设施建设和主导产业发展需求。此时，通过构建融资平台这样政府控制下的市场主体来提供诸如基础设施建设和公共服务就成为地方政府的必然选择。一旦市场机制完善，市场运作模式基本形成，政府从市场购买公共服务的成本就会因市场竞争的加剧和市场逐渐成熟而下降，而政府直接提供公共服务并不是最有效率的方式，其供给成本的下降可能远远小于政府从市场购买公共服务的成本下降幅度。在这种情况下，随着市场的完善，此时政府就应该直接从市场购买公共服务，促使政府组建的部分市场主体将因其历史使命完成而整合和分化，并逐步退出市场。

对于欠发达地区、区县级融资平台来说，受制于区域经济及产业发展现状，平台公司的转型环境日益严峻。有些融资平台市场化程度低、部门化色彩明显，经济效益低、债务负担重、隐性债务问题突出，从地方政府的有力帮手逐渐成为地方政府甩不掉的沉重包袱。显然，传统的行政化发展模式受阻。尤其是面临经济下行、土地财政紧缩的情况下，地方政府对融资平台的输血能力明显减弱，甚至需要平台的反向输血，债务问题进一步凸显。在日益增长的融资需求和日益严峻的债务压力下，融资平台转型升级迫在眉睫。

于是，近年来各地政府都在推动融资平台转型升级，期望通过重组整合解决问题。有些区域采用减法式重组整合，即将多个平台公司重组成一家或几家，推动资源聚集，做强龙头型平台公司。有些区域受限于基本丧失融资能力的僵尸化融资平台，采用加法式重组整合，即将原有平台搁置，然后重组业务和资产设立新的平台公司，启动融资和评级、经营等工作。然而，这两类重组整合均不能解决问题，推动重组后的融资平台转型升级、市场化发展才是根本要务。

融资平台如何转型升级？只有深刻认识到自身在业务、投融资、现代企业管理上的不足，充分利用国企改革创造的发展空间，以可持续的高质量发展为目标，补齐短板，才能真正进入到市场化阶段。在业务和投融资方面，融资平台的业务表面上很丰富，地方政府手里掌握的资源及项目都可以注入到融资平台。然而，融资平台的业务以公益类项目居多，投资大，且多采用委托代建模式，该模式通常无法有效获取项目收入、经营性现金流及利润，造成投资资金外流，业务效益低，无法产生足够的现金流。这是造成债务危机的根源之一。在现代企业管理上，虽然融资平台在法律上基本都采取了公司制模式，是独立的市场主体，但实质上仍然是部门化运作、行政化管理。这表现在很多融资平台没有成熟的组织架构和管理体系，难以独立经营管理。虽然重组整合后，融资平台普遍步入集团化发展阶段，但总部定位不清、业务杂乱，子公司主业不清、管理体系杂乱等现象突出，更增加了融资平台转型升级的困难。

该如何补齐融资平台的业务短板？第一，聚焦资源做主业。融资平台的业务领域广泛，但平台不能迷失自己，应该识别关键机会，找到资源禀赋，明确自身的战略定位及发展方向，设计科学目标，立足主业发展。同时，融资平台未来集团化发展是必然的。因此，融资平台需要加强主业管理，全力推动子公司的实体化，加大对高现金流的市场化业务的支持。第二，转换模式做经营。对于融资平台来说，市场化经营并不是要完全抛开政府。相反，融资平台的市场化发展，本质上是将地方政府的资金市场化

政府担保与融资平台债务风险

转换,这样能够最大化利用地方财力,将资金留在本地。因此,融资平台要研究设计各种有效利用政府资金的市场化项目。同时,融资平台要围绕市场建立战略绩效管理体系,通过经营计划、全面预算管理、干部绩效考核、激励约束机制的设计,推动目标层层分解并落实到位。第三,拓展领域做创新。传统意义上,融资平台的建设项目主要围绕道路、医院、学校等传统基础设施,对于新基建①项目涉猎较少。融资平台应该积极设立新基建类子公司作为承接主体,积极介入城市和产业园区的新基建业务,主动对接相关部门并积极寻找新基建的切入口,改善业务结构,推动业务转型。

该如何补齐融资平台的投融资短板?第一,盘活存量资产,提高资产收益率。融资平台存在着大量的闲置资产或经营不善的资产。通过整合,地方政府会加快将闲置、零散的国有经营性资产注入融资平台。对于跟主业关联不大的资产,融资平台应积极推动以置换、出售等方式处理,优化资产结构,推动资产变现。对于跟主业关联度高的资产,融资平台应积极重组整合,推动资产与业务的优化配置,提高资产经营水平。同时,应该积极引入优质的战略合作伙伴对资产进行统一经营,通过品牌化、专业化运作来盘活资产,提高资产收益率。第二,推动融资结构调整。传统的征信融资模式已经终结。对于融资平台来说,需要守住隐性债务的红线,不能增加债务包袱。因此,融资平台要以业务的可持续发展为基础,以优质的项目推动融资工作,整体筹划融资与债务的平衡。同时,改善融资结构,除了银行信贷、企业债公司债之外,融资平台必须进入多层次资本市场,利用股权融资方式筹措资金,通过产业基金、股权多元化、混合所有制改革等方式使有限的国有资本发挥更大的作用。第三,产融结合,构建业务资本循环。融资平台要从单纯的投融资模式向产融结合模式转型,打

---

① 新基建包括5G基站建设、特高压、城际高速铁路和城市轨道交通、新能源汽车充电桩、大数据中心、人工智能、工业互联网这七大"高大上"领域,还包括城市旧基建领域的升级和补短板,比如冷链物流、公共卫生和医疗的智慧化、安防、融媒体等各个领域。

通产业资本和金融资本,提高国有资本的运作水平。一方面,融资平台要基于区域的特色经济、支柱产业、龙头企业以及其主营业务发展类金融业务,如融资租赁、供应链金融、小额贷款等业务,充分利用区位优势打造新的业务增长点,推动业务发展。另一方面,融资平台可以积极地以股权方式对外进行跨区域、跨行业合作,实现国有资本的保值增值。

该如何补齐融资平台的现代企业管理短板？第一,组织化。对于融资平台来说,只有建立发展的组织基础,才有可能承载其业务发展。因此,融资平台要高度重视组织化工作,建立健全以公司治理为核心的现代企业制度,打造战略中心型组织,塑造组织竞争力。对融资平台来说,实现组织化首先需要推动政企分开,明确地方政府、国资监管机构、融资平台三者的定位、权责边界；其次需要构建集团化发展架构,明确总部与子公司的定位、权责边界及管控方式；最后需要打造专业化的公司治理部门,建立治理现代化、流程标准化、管理系统化的现代企业管理体系。第二,选人用人机制改革。人才是融资平台可持续发展的关键和核心,也是短板。因此,融资平台要高度重视人才队伍建设,以业务为核心,推动人岗适配,人尽其用。对融资平台来说,选人用人机制改革需要优化岗位体系,明晰岗位职责及任职要求,而后全面推动经理层的市场化选聘和管理,加快推进任期制和契约化管理,最后根据业务发展的需要通过内部竞聘、岗位轮换等各种方式推动队伍流动。第三,激励约束机制改革。打破依照机关事业单位建立的行政化薪酬及考核体系,以按劳分配为主,在效率优先、兼顾公平的原则下调整融资平台的激励约束机制,如建立"薪酬与业绩对标"的业务激励机制,推动建立全员的岗位绩效工资制,增加浮动工资比例,强化考核刚性,建立多元化的中长期激励方式,如超额利润分享等各种激励工具。

8.2.3 加强金融基础设施建设

1. 提高金融中介机构服务质量

一直以来,我国债券评级市场上存在"评级虚高""评级采购""评级集聚""下调滞后"等问题（钟辉勇等，2016；寇宗来等，2015；寇宗来等，2020）。我国约30%的债券在发行时被评为AAA级，远超过欧美成熟债券市场。当下，相比企业自身的经营质量和信用水平，一些评级机构依然过多看重国有企业背后的政府担保，高估其偿债能力。因此，市场需要建立更为有效的评级制度。2021年8月6日，中国人民银行、发改委、财政部、银保监会、证监会联合发布《关于促进债券市场信用评级行业健康发展的通知》，要求构建评级质量验证机制，加强对受评主体偿债能力或偿债意愿的动态风险监测，引导扩大投资者付费评级适用范围。对此，本研究建议，评级机构在对城投债进行评级时，应排除政府支持能力和政府支持意愿的影响，并注重发债主体的财务基本面和项目盈利状况，将融资平台视作一般企业对其信用风险进行评估。与此同时，评级机构也需要合理评估专业融资担保公司的增信情况，给出符合其风险等级的信用评级。证券市场监管层也需要规范并提高金融中介机构（如承销商、信用评级机构、会计师事务所、融资担保公司等）的业务能力和服务质量，建立健全市场信用体系建设，以缓解债券市场的信息不对称，提高信息传递效率。形成从发行端到交易端的合理的市场化风险评估准则，充分发挥债券市场价值发现功能，使得债券的评级和定价能够反映其基本面真实的风险，提高财务信息效率。

2. 完善融资平台退出机制

地方政府融资平台改革在市场化的背景下，将会出现差异化发展的格局，一些地方融资平台可能因为以下原因不再履行企业职责而退出：一是不再具有稳定现金流、固定收入或收费来源的平台，将被并入政府机构或作为事业单位继续履行相关经营管理职责，从而实现平台的退出或转型。比如，2009年国务院实施成品油税费改革，决定逐步有序取消政府还贷二级公路收费，使得一些主营业务为二级公路的平台退出或转型。二是根据"19号文"，对只承担公益性项目融资任务且主要依靠财政性资金偿还债务的融资平台，如学校、医院、公园等，应转交相关政府部门管理，实现平台的退出或转型。三是过度举债但资产收益率较强或资产预期收入较高的融资平台，如果发生偿债危机，应由地方政府牵头对其进行债务重组，将资产和对应债务做进一步的拆分、剥离，厘清偿还责任，也可以考虑由其他实力较强的地方融资平台对其进行并购。目前许多平台公司宣布退出，不再承担地方政府举债融资职能。对于地方融资平台的退出形式，目前主要有以下几种：

第一种是退出银保监会名单。《关于加强2013年地方政府融资平台贷款风险监管的指导意见》（银监发〔2013〕10号）这一文件就已经对城投债如何退出银保监会名单，即退出条件和程序进行了详细说明。具体而言，融资平台退出时至少需要满足五个前提条件，其一是要符合现代公司治理要求，转化成按照商业化原则运作的企业法人；其二是资产负债率在70%以下，财务报告经过会计师事务所审计；其三是各债权银行对融资平台的风险定性均为全覆盖；其四是存量贷款中需要财政偿还的部分已纳入地方财政预算管理并已落实预算资金来源，且存量贷款的抵押担保、贷款期限、还款方式等已整改合格；其五是诚信经营，无违约记录，可持续独立发展。当融资平台退出银保监会名单之后，"退出类"平台的新增贷款应严格遵循产业政策、信贷政策和一般公司贷款条件，实行"谁贷款，谁承担风险"的责任追究机制。

第二种是行政决策退出。这是当前各地方政府最常用的方式，由政府领导组织各部门开会后决定平台的退出与合并。各地政府通过统筹汇总各政府组成部门关于地方融资平台的监管信息，可以有效缓解本地各个地方政府融资平台的信息不对称。因此，该集体决策策略不失为一种务实的选择。当然，在本级政府有限的平台中选择强者并购时，这种行政决策实施难度并不大，但是如果并购者的范围不限于本地，可能会存在并购效率低下及可行性问题。

第三种是滚动式并购。该方式比较适合在长期投融资实践中，地方政府认可度较高的融资平台对认可度较差平台的运作。即好平台在完成自身基础设施建设任务后，全盘收购差平台的投资项目和负债，同时剥离已经拥有的基础设施控制权，组建新的经营型地方融资平台。好处在于，既发挥了好平台、高效率的投融资与组织建设功能，又可以使其轻装上阵，明晰主业。但是，弊端在于同一地区的地方融资平台在不同投资领域有自身优势，好平台的投资建设经验不一定适用于新的投资建设领域。因此，该模式比较适用于专业领域接近的地方融资平台间。

第四种是招标竞购。对于区域内的融资平台，地方政府可以预先设定平台公司经营业绩的警戒指标，一旦触线，将引入招标竞争，鼓励同级其他平台、中央企业、外地融资平台参与招标竞争收购该平台资产。这种引入外地融资平台的方式是基于最优经营规模决策目标，使得公用产品突破行政区域界限，避免形成垄断格局。比如，我国一些中西部省市在高速公路建设运营上引进了东部发达地区的融资平台参与。这种方式具有市场化并购思路，一旦并购后控股权将发生转移，考虑到地方融资平台管理资产的公益性特征，建议待实践运用成熟之后再对外资和民间资金开放。此外，对于地方融资平台形成优胜劣汰的市场格局还需要采取进一步措施，如在退出机制上，加快识别和清理投入产出效率低下、管理费用过高的问题平台。

3. 市场化转型模式：芜湖模式

"芜湖模式"是我国早期融资平台融资的经典模式，属于"综合型"融资平台发展模式，但2011年城投融资监管收紧后，单一主体受到监管限制，使区域融资较为受限。2011年前后，芜湖市的融资平台进行了"一家独大"到"三足鼎立"的拆分重组。本研究以安徽省芜湖市建设投资有限公司（下文简称"芜湖建投"）的转型为例，介绍其转型背景和举措，在此基础上对当前融资平台转型的现状和困境进行剖析，提出未来的努力方向，以期为国内其他融资平台公司转型发展提供一定参考。

芜湖建投成立于1998年2月，是芜湖市最重要的基础设施建设和国有资产运营主体，是集"投资、融资、建设、运营、管理"于一体的集团型公司。为进一步推动市场化进程，实现公司良性发展，芜湖建投集团通过完善法人治理结构、优化业务布局、拓宽融资渠道等方式逐步有序进行市场化转型。除继续承担芜湖市基础设施建设、棚户区改造和国有资产投资经营等任务外，公司在推进和提升芜湖市支柱产业、战略性新兴产业等方面也发挥了重要作用。截至2022年9月，芜湖建投的第一大股东是芜湖市国有资产监督管理委员会，持股比例高达95.59%，第二大股东是安徽省财政厅发债公司，持有剩余股份。近三年末，公司资产总额分别为853.57亿元、911.97亿元和920.53亿元，资产年均增速为3.85%。2022年3月末，公司的总资产金额为943.91亿元，其中流动资产金额为397.03亿元，占比为42.06%，短期偿债能力较好。

芜湖建投是我国成立最早的融资平台之一，1998年其以"打捆借款"的形式，将6个基础设施项目打包，与国家开发银行签订10年10.8亿元借款合同，借款以土地出让收益为质押，由芜湖财政提供还款承诺的方式进行增信。芜湖建投与国家开发银行的合作创新了旧预算法框架下基础设施建设投融资的银政合作模式，被称为"芜湖模式"，而后推广至全国。1998年以来芜湖建投经历了初创期（1998—2009年）、转型过渡期（2010—2015年）和全面转型期（2016年以来）三个发展阶段，其历程也是我国融资平台发展和转型的缩影。

第一阶段（1998—2009年）：初创阶段，传统综合型融资平台。芜湖建投于1998年成立，成立初期采用典型的"综合型"城市投资建设业务模式，同时承担土地整理、市政工程建设、国有资产管理三项城投业务。较长一段时间内，芜湖市只有芜湖建投这一家主体来统筹区域基础设施投、融资职能，较有利于区域债务管控。在此阶段，土地是芜湖建投的主要资产，土地出让收入返还构成公司的核心收益。银行贷款和政府资产注入是其较为依赖的资金来源，2009年末两者占广义负债的比重分别为34%和50%，剩余的负债中6%为债券、10%为拆借款。在资金使用方面，土地整理和市政工程建设是主要的资金流出领域。在公司发展早期，其资产端的核心科目其他应收款主要为应收土地出让款和代垫市政工程款，占总资产的比重最高达到80%。此外，还款保障比较依赖土地出让收入返还、BT业务回款。

第二阶段（2010—2015年）：过渡阶段，向产投平台转型。2010年前后公司加快向产投平台转型，包括资产剥离重组、加大股权投资力度和成立各类产业基金等方式。具体而言，在资产重整方面，芜湖建投剥离部分传统业务，包括安置房业务、公交业务和担保业务。如，2011年芜湖建投剥离出子公司芜湖市宜居置业发展有限公司，在此基础上组建了芜湖宜居投资（集团）有限公司，主要负责区域内保障房建设；2012年，芜湖建投剥离出子公司芜湖市公共交通有限责任公司，将其合并入芜湖市交通投资有限公司，主要负责区域交通基础设施建设；芜湖建投则继续承担区域土地整理、基础设施建设、产业投资的职能。目前，这三家公司均由芜湖市国资委持股，均为发债主体。即由之前的芜湖建投"一家独大"模式转变为"三足鼎立"格局。在股权投资方面，2010—2015年间芜湖建投长期股权投资占总资产的比重由11.2%上升至16.6%。这一时期，传统业务收入占比仍然较高，土地整理业务对营业收入的贡献保持在90%及以上。

第三阶段（2016年以来）：转型阶段，剥离公益性业务，业务核心转向汽车产业链。2016年财政部、国土资源部、中国人民银行、银监会《关于规范土地储备和资金管理等相关问题的通知》（财综〔2016〕4号）下发后，公司转型的节奏全面加快，重点围绕剥离土地储备职能、放缓新增棚改业务、拓展汽车产业链市场化等业务而展开。2017年芜湖建投从芜湖奇瑞科技有限公司旗下收购三家汽车零部件制造子公司，2021年其汽车零部件制造、智能装备业务占其自身营业收入的比重达到95.4%。在转型过程中，芜湖建投的融资渠道也更为多元，资金来源中直接融资占比明显提高。从广义负债构成看，有息负债的来源发生较大变化，债券融资占比从2009年的14.0%升至2020年的46.9%，银行贷款占比从86.0%降至50.2%。此外，公司还通过子公司上市等方式募集资金。从资金流向看，尽管公司市场化业务收入占比已经较高，但从资产构成看，资金仍主要沉淀在公益性业务和股权投资中。2021年市场化业务资产占总资产的比重低于5%，公益性业务资产占比仍接近50%。整体而言，目前公司市场化业务利润规模还相对较小，还款仍然比较依赖政府回款和投资收益。

向融资平台注入经营性资产是短期内改善城投收入结构、规避相关融资监管较常见的操作。芜湖建投在2016年前后开始加快市场化转型，实现方式是从地方优势国企奇瑞汽车旗下获得多家汽车产业链的子公司，包括凯翼汽车（2017年售出）、莫森泰克、永达科技、泓毅汽车等。具体而言，2017年芜湖建投从芜湖奇瑞科技有限公司收购莫森泰克45%股权、永达科技51%股权、弘毅汽车60%股权，重点业务转向汽车零部件制造。这一举措使得公司80%以上的营业收入由来自公益性业务转变为来自汽车零部件等市场化业务，见图8.1，且公司的收入结构更加多元化。

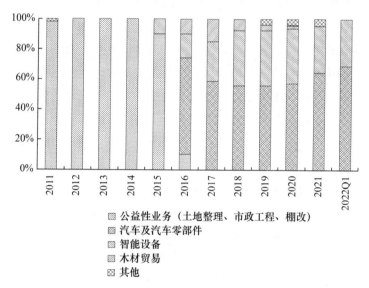

图8.1 划入经营性资产后芜湖建投的营业收入结构变化
资料来源：安信证券研究中心、同花顺数据库。

融资平台因长期从事公益性事业，与市场化发展的民营企业相比，盈利能力较为羸弱。为了更快适应经济环境和市场发展，关闭、合并或转型是融资平台发展的必经之路。考虑到融资平台公司关闭涉及资产、人员、债务、基础设施建设以及融资等问题，如果简单地关闭融资平台，将会影响地区经济的发展。而且，如果仅仅采用合并的方式，则并未改变平台公司的本质,其仍然承担着为当地政府融资的职能。因此,转型是融资平台的最好选择,而无法转型或转型失败的平台或将会被淘汰。

融资平台转型发展的实质是业务模式从输血型转向造血型。在当前市场形势下,融资平台转型需要结合当地实际情况以及政策导向,找准市场定位和转型方向,抛弃传统的城投业务融资模式,转换主营业务,梯次推进,逐步实施。目前,融资平台的转型主要有两个方向:一类是转型为公益类国有企业,主要负责当地公益性项目的建设以及市政资产运营①。这类平台通常收益很低,现金流不稳定,难以覆盖成本,亟须转型,比如转型为市政资产的运营公司,即负责当地的供水、供电、供热运营、公交资产运营、旅游景点管理等。此类业务具有区域垄断性和特许经营性,相对容易获得稳定性和持续性的现金流。另一类是商业类国有企业,转型为当地主导产业发展的企业,即结合当地产业发展特色组建产投平台,这可能是大部分平台转型的主要方向。产投平台模式指,当区域内的基建工作基本完成,平台建设业务都完成销售,政府部门将当地的一些产业类资源、国企资源划转给融资平台,或者收购当地一些上市公司的股份来获取产业资源,而后依托这些产业资源进行转型或者令其负责区域内的资产运营类工作。并购上市公司也将是融资平台转型发展中的重要方式之一。这种产融结合模式将带动区域产业升级转型,推动公司业务多元化,在城市基础设施建设管理方面构建核心竞争力,并将基建模式以公司化与市场化创新结合,找到政府与市场的结合点,为其他国有资本运营的发展提供参考。除了主营业务上的转型外,融资平台公司还需要以史为鉴,完善市场化的管理制度,如完善法人治理结构和人才管理体制,并积极拓展创新融资渠道,如直接融资和间接融资并举,提升公司风险控制水平。

8.2.4 创新基建模式和融资工具

从我国地方政府投融资平台现行融资结构来看,财政资金、土地储备

---

① 指负责民生项目、公共产品和服务的平台,平台主营的土地一级开发、市政工程、保障房建设、道路建设等项目会纳入政府预算的一种业务模式。

资产和银行借款是投融资平台资金来源的三个主要渠道。融资平台相对狭隘的融资渠道和方式存在如下问题：

地方政府财政资金数量非常有限，但是需要使用财政资金的地方非常多，对融资平台持续不断地投入大量资金将导致地方政府财政入不敷出，进出产生巨额财政赤字和债务风险。与此同时，这也使得融资平台对地方政府财政资金产生强烈的依赖心理，不利于融资平台提升自身盈利能力和建立现代企业制度，从而在一定程度上阻碍了融资平台向现代企业转型和发展。

土地储备作为地方政府注入融资平台的主要权益资产，在融资平台融资和发展过程中发挥了重要作用，但土地资源是有限的，融资平台存在的大量通过土地储备拍卖和抵质押筹集建设资金和运营资金的方式是不可持续的，还有可能使地方政府和融资平台产生无限掠夺土地资源和推高土地价格的动机，最终导致房地产市场泡沫。

作为地方政府融资平台主要债务融资渠道的银行贷款一直在融资平台总资产中占据较大比重。较大的通货膨胀压力和较高的银行贷款利率将使得融资平台融资成本增加，盈利能力下降，较高的资产负债率将在一定程度上加剧投融资平台的债务风险，降低融资平台的可持续发展能力。同时，融资平台大多数是以地方政府信用担保和土地储备抵押方式向银行借款的。地方财政资金的有限性和地方官员的流动性使得地方政府信用担保履约存在很大的不确定性，土地储备价格的波动性可能导致抵押土地贬值。这将使得银行给融资平台的借款面临较大的违约风险。在融资平台向银行借款的过程中，地方政府、融资平台和银行之间形成了一个关系紧密的关系网，地方政府将土地储备划拨给融资平台作为资本金或者为融资平台提供信用担保，融资平台将预期升值的储备土地作为抵押，或者以地方政府信用为担保向银行借款。在这个资金链条上，由于地方政府信用担保是建立在未来财政收入有保障的基础上，而地方政府未来财政收入的保障性又大多数体现在地方政府掌控的社会经济资源，特别是土地资源上，因此土地成为这条资金链上最关键的资源。地方政府、融资平台和银行都有推动土地价格不断上涨的激励，地方政府希望通过土地价格上涨来增加财政收入及其占有的融资平台股份数量，融资平台希望土地价格上涨来提升其债务融资能力和银行贷款额度，银行希望通过土地价格上涨来保持持有的土地抵押品不贬值。在这种情况下，房地产市场价格轮番上涨就成为地方政府、融资平台和银行顺利持续运转的必要条件。一旦房地产市场价格下跌，地方政府财政收入必然会大幅减少，融资平台资产也会大幅缩水，银行会出现坏账，三者间构建的资金链条自然而然断裂，进而产生不可估量的重大经济损失。同样，如果放任房地产市场价格无节制地上涨，那么其势必带动其他生产原料和生活物资价格的上涨，进而带来严重的通货膨胀。最终将严重影响国民经济的健康发展和居民的生活水平。

由此可见，当前的融资模式既不能适应我国融资平台的发展要求，也可能会带来比较严重的社会经济问题。地方政府及其所属的融资平台需要根据其实际发展情况，在法律法规指导下，规范融资平台公司行为，强化以破产清算机制为核心的融资平台制度体系建设，以现有的财政资金、土地储备资产和银行贷款等融资方式为基础，充分利用其拥有的政策资源优势，通过资本市场吸纳国内外资金进入基础设施建设领域，建立融资平台内财政资金、银行资金和国内外资金之间的创新耦合机制，理顺中央政府、地方政府、银行和融资平台公司等相关各方主体的资金配合使用关系、发挥资本协同效益和长效机制。具体从以下两个方面进行展开。

1. 完善基建融资制度

一方面，学习借鉴国外市场上政府与社会资本合作经验，建立分领域、分行业、分层级的地方政府项目库，定期对项目库内的项目进行绩效评估，构建"优进劣出"的项目库动态管理机制。对于宜采用政府专项债券模式的项目，即筛选出手续完善、可行性分析科学、自求平衡方案客观以及经济社会和生态效益良好的项目入库。另一方面，结合经济形势和市场需要，精准选取投资领域和方向，并从项目库中有重点地进行债券投资。例如，在当前"稳中求进"的工作基调下，应突出新基建的结构调整带动作用，支持符合条件的重点项目建设，加大对5G、人工智能、绿色低碳、新能源开发利用等为代表的新型基础设施建设的支持力度,增加政府投资撬动社会投资形成优质资产,提供高质量公共服务以带动居民消费,释放内需潜力。同时,对政府债务开展绩效评价,逐步将绩效评估融入项目全过程,融入部门履职和考核目标中,最终形成财政部门、项目单位、全社会范围内的绩效管理认同。

建立地方政府债务发行效率以及资金使用效率评价机制。不断完善评价指标设置,主要包括项目预期收益与融资平衡情况,项目资金使用和支付进度情况、库款垫付与归垫等情况、社会生态可持续性等效益情况,加强对债务从发行到资金使用各个环节的绩效评价,促进债券发行管理和债券资金使用效率的提升。遵循资金跟着项目走、项目跟着规划走的要求,针对专项债券项目周期长、不确定性高的特点,对项目资金实行专账管理,确保资金专款专用、收益自求平衡。此外,加强绩效评价与结果应用,健全激励相容和终身问责机制。积极探索构建多部门参与的协同创新机制,搭建权威的沟通协调平台。从部门层面看,结合不同部门职责,由财政部门牵头,主管部门主责,适时借助组织、纪检、审计等部门力量,形成部门联动。

2. 创新基建融资工具

自2019年底持续推进基建市场化改革以来,针对基建的存量资产盘活、资本金运作模式以及价格制度的改革陆续落地。这一系列变化对基建市场的格局造成了深远的影响,但其中最为核心的问题在于改变了传统的基建投融资模式。长期以来,基建的公益性虽使其中隐含的政府信用支撑着投资者的信心,但也导致地方债务规模急速增长、债务风险持续提升。因此,近年来的基建市场化制度改革是以价格机制与运作模式变革为核心的,旨在逐渐完善基建与公共服务的收益;未来基建项目仍将保持面向社会的公益性定位,但在政府付费与资源补偿上更加市场化,逐步将基建项目的投资收益与成本对应起来。如今的基建投资,已从传统的政府信用模式转为市场化模式下的项目融资,并正逐步完善基于项目投资收益的股权融资,积极引入不同渠道与性质的资金,进一步拉动基建投资、完成国内经济循环。

　　基建股权投资的逻辑是"股债分离",即基于项目本身收益自平衡的前提下,以项目实施主体基于项目本身的市场化收益进行债务性融资,以及股东基于股权份额对应的项目投资收益进行股权融资。进行股权融资时,有明确的投资权与收益权关系,风险与收益相匹配。在新的市场化制度下,基于股权所获得的项目整体投资收益通常高于债权融资。以城市基础设施建设为例,过去城市内部的基建投资与收益均由地方政府与融资平台负责,地方政府在公益性与长期发展的思维下经常出现成本与收益脱钩的现象,导致地方财政与融资平台面对严重的现金流困扰与投资有效性问题。但在新的市场制度下,城市建设项目转变为市场化运作、项目收益自平衡的城市更新项目,在实施之前就明确将投资与收益挂钩,明确收益的平衡与可实现性,促使股权投资机制逐渐形成。

　　基建项目股权投资的另一个制约因素是投资回收周期太长,与市场资金期限无法匹配。既然项目无法退出,自然使得投资者望而却步。但在存量资产盘活、基建 REITs 等政策的推动下,不仅基建项目股权投资的退出机制在逐渐完善,并且政策上也在支持地方专项债券用作项目资本金、开发金融支持阶段性的资本金融资,这些均为基建项目的股权投资机制落地铺平了道路。随着当前政策引导、地方债务风险的改善以及新的经济循环的建立,基建股权投资将成风险与收益都相对可接受的新投资渠道,助力未来新一轮基建投资落地。

8.3 研究意义

8.3.1 理论意义

　　在抓实化解地方政府隐性债务风险的背景下,地方融资平台因债务规模较大、发债主体财务基本面较差和偿债主体责任不清晰等问题成为学术界以及业界关注的焦点。这也是中国国情下一种特殊的融资模式滋生的政府或有债务问题。在前人的研究基础上，本研究以城投债为切入点，分析各种担保因素对城投债券定价的具体影响，从而对地方融资平台的债务风险成因进行深入挖掘，具有一定的理论意义，具体如下：

（1）丰富了中国地方政府隐性债务风险问题的研究。城投债在我国地方政府隐性债务中占比较重。本研究考虑以城投债为视角探讨中国地方政府隐性债务存在的一些问题，具有一定的代表性。换言之，对城投债的信用风险定价问题的分析在一定程度上也能反映出地方政府债务的风险现状，可以对我国隐性债务风险的形成以及演变进行更加合理的解释，加深市场对于隐性债务风险的认识和评估。由于我国债券市场起步较晚，市场发展尚不完全，债券发行方和投资者之间存在严重信息不对称，发行方掌握了通常不会被主动公开的大量信息。城投债的发行主体，即地方融资平台因其特殊的国资背景，存在财务价值虚高的问题，在融资过程中广泛依赖政府信用，其财务信息透明度也往往低于其他类型信用债的发行主体。一直以来，城投债都是低风险资产的代表，为避免金融市场资源错配，其价格需要在合理的范围内波动。本研究从城投债信用风险定价角度出发，在控制地方融资平台财务基本面之后，分析外部担保、政府显性担保以及政府隐性担保分别对城投债信用风险定价的影响机制，考察政府债务治理措施落地后对城投债价值的冲击，一方面有助于充分揭示信用债违约集中爆发可能引发的不良后果，提高定价效率，另一方面也有助于从金融市场化的角度理解中国地方政府债务中的预算软约束问题。

（2）丰富了政府担保的测度方法。现有文献大多数忽略了债券的异质性，采用主成分分析法（罗荣华、刘劲劲，2016）、正交分解法（王叙果等，2019）、结构化模型法（王博森等，2016；赵丹、徐承龙，2020）、虚拟变量法（韩鹏飞、胡奕明，2015b；魏明海等，2017；张雪莹、王玉琳，2019）以及事件冲击法（Jin et al.，2018）等方法估计出的隐性担保强度多为整体层面的相对大小或平均水平。本书在第七章中假定地方融资平台是普通的民营企业，用一般企业债券的定价模型估计出城投债在市场化情况下的利差水平，将市场化的利差和真实利差的差值视作城投债背后的隐性担保强度。这一估计方法更准确地测度出城投债个体层面的隐性担保的绝对强度,为研究隐性担保问题提供了更优的识别策略。进一步用"虚拟变量法"检验了该结果的稳健性。"虚拟变量法"是将城投企业看作一般的非国有属性公司,在控制了债券发行、基本面以及地方政府财政信息后,其信用利差低于一般企业债的部分即为政府隐性担保的作用效果。在利差估计法的基础上,本研究从时间、空间、评级维度探讨了隐性担保强度差异,全面细致地分析了城投债的隐性担保的分布特征,有助于理解地方政府隐性债务的结构性问题。本研究的估计方法对其他隐性债务风险测度可以提供一种可行参考。

(3) 丰富了政府担保的成因分析。已有文献主要从地区财政实力或经济发展水平(罗荣华、刘劲劲,2016;钟辉勇等,2016;王博森、吕元稹,2016)等视角来分析城投债隐性担保的成因。然而,若基于不同的方面对隐性担保的预期做出判断,往往会得出相反的结果。比如一些学者认为隐性担保增加了城投债的信用风险。由于地方政府给城投债增信过程中存在虚假出资以及抽逃出资等问题(米璨,2011),导致地方政府融资平台的实际资产价值虚高而偿债能力较弱,增加城投债风险和成本(韩鹏飞、胡弈明,2015b)。地方政府的隐性担保会导致受保护的公司疏于经营管理,进而发生资产配置不当,加大信贷风险(Strahan,2013)。

另外,有部分学者认为地方政府的隐性担保能有效降低城投债的信用风险。当融资平台面临财务困境或者违约风险时,二级市场中投资者普遍预期地方政府会为其提供帮助。这种代偿预期会使得违约期望下降(王博森等,2016),进而反映在城投债的价格中,防止城投债价格暴跌。罗荣华、刘劲劲(2016)通过实证研究证实了城投债背后存在着政府的隐性担保,这降低了城投债的信用违约风险,进而拉低城投债的发行利差,使得举债主体能以较低的成本进行融资。陈道富(2015)认为,由于政府的隐性担保,地方融资平台等举债主体可以借入相对低廉的资金,降低了政府市政基础设施和公用事业建设的成本。Jin 等(2018)研究国有企业违约债券事件,发现刚性兑付被打破后债券利差显著上升。张雪莹、王玉琳

(2019)将城投类债券和民营企业债券对比,发现政府隐性担保能够显著降低城投债的信用利差,这种效果在政府治理类政策颁布的初期并未被弱化。王叙果等(2019)发现隐性担保会降低债券发行利差,而这种降低效果会随着国有企业债券的违约而减弱。

最后,也有学者认为地方政府的隐性担保不影响城投债的信用风险。比如,钟辉勇等(2016)发现城投债的名义担保和政府的隐性担保对债券发行成本的降低均无显著影响,说明债券市场投资者对地方政府的隐性担保并不完全认可。汪莉、陈诗一(2015)研究发现在区域经济发展较差的情况下,悲观的投资者并不认可地方政府的隐性担保。涂盈盈(2010)认为,由于隐性担保缺乏明确法律约束,地方政府对城投债的信用支持缺乏相应的稳定性和强制的执行力。

本研究基于上述丰富的实证结果,说明隐性担保的决定因素至少包括三个方面,尤其强调对于不同地区政府救助的意愿的预期这一因素,由此对城投债隐性担保预期的形成机制做出了更为全面、深入的分析和描述。

(4)丰富了中央政策的执行效果研究。现有研究对于债务置换计划的政策效果存在争议。部分研究认为债务置换能够缓解地方政府偿债压力,降低地方政府违约风险(洪源、胡争荣,2018)与宏观经济风险(梁琪、郝毅,2019)。但也有研究发现债务置换加剧了经济波动,使得债务风险上升(武彦民、竹志奇,2017);并且债务置换只是转移并非消除风险,这些风险可能在其他领域产生不利影响,比如挤占金融市场资源,导致债务货币化或财政风险金融化,甚至诱发官员转嫁债务或逃避责任的道德风险(李安安,2018)等。然而,这些研究大多从宏观层面考察债务置换,尚未落实到具体的债券上。同时,"43号文"和债务置换计划的政策主旨相辅相成,颁布时间也比较接近,政策效果难以精确划分。本研究以城投债为对象,综合探讨"43号文"和债务置换计划对新增城投债和存量城投债影响的差异,从更微观的视角评估了债务置换政策的实施效果。本研究的发现暗示着,一方面债务置换确实帮助地方政府降低了城投债的信用风险,但也在一定程度上降低了债券市场的定价效率,由此为更全面地评估债务置换政策提供了新的视角。此外，在政策转轨过程中，中央政府不断加强并细化融资平台脱离地方政府并独立运作的监管要求和准则。本研究分析相关政策出台对城投债信用利差的影响，探讨地方融资平台信用风险演化过程，为地方隐性债务后续治理工作提供了一些重要的证据。

8.3.2 现实意义

新冠病毒疫情导致2020年后全球经济断崖式收缩，我国亦未能幸免。当前国内经济发展尚未企稳，结构性调整仍在持续推进。与此同时，房地产市场监管逐渐收紧，以土地出让为主的政府性基金收入明显减少，地方财政压力增加。地方政府依赖"土地财政"的发展模式不可持续。随着城投债规模的不断攀升，融资平台债务风险很可能成为触发系统性金融风险的重要原因之一。本研究以城投债定价视角分析我国隐性债务问题，对防范化解债务风险、规范地方政府融资有重要的现实意义：

（1）对投资者而言，提高投资者风险意识，进行更合理的资产配置，防范城投债违约风险。事实上，自2018年下半年之后，市场上已有云南、天津、内蒙古、贵阳等多家城投非标融资违约，市场投资者已经逐渐形成了对城投债打破"刚性兑付"的预期。如果预先清楚城投债价格未来在一定概率上会发生变动，就可以提早采取有效措施以减少损失。本研究从政府担保角度探讨融资平台债务风险成因和城投债定价机制，识别高风险城投债，避免或减少价格暴跌或债券违约带来的损失。

（2）对融资平台公司而言，可以帮助其以更合理的借贷成本来融资。从城投债自身发展来看，我国金融市场监管存在缺位，城投债的信用定价机制不够健全，难以适应城投债发展需求。因此，信用债定价的研究日益重要。通过分析融资平台信用风险的来源，对我国城投债利差的特质性决定因素以及定价模式进行研究，可以为融资平台市场化运营以及财务风险管理提供参考，为在投资者和发行企业之间合理分配风险收益提供一定依据，避免当政府担保消失时，融资平台因其自身价值虚高而产生的资产价格波动冲击。这种冲击可能会影响融资平台在金融市场的信用以及声誉，不利于融资平台和区域经济的可持续发展。

（3）对地方政府而言，有助于理解地方融资平台存在的非市场化行为，方便政府部门制定科学有效的政策工具和手段，改善地方政府隐性债务现状。在实证分析基础上，本研究也针对性地提出有关我国基建融资、融资平台市场化以及金融市场规范发展问题的对策，有助于维护政府信用，提高地方政府债务治理能力，促进社会经济的稳定和金融市场的发展。

（4）对监管部门而言，有助于完善我国的信用评级制度，防控债券市场大规模违约带来的信用冲击。伴随政府打破刚性兑付的强烈态度，债券违约的数量可能会加速上升。未来，信用事件诸如延期还款、评级下调以及债券取消发行的事情可能会发生得更加频繁，监管部门更应该注重潜在信用风险的识别和控制。本书研究城投债信用风险的决定因素，有助于监管部门找出适合我国风险度量的实用性方法，建立更加严格的信用管理体系。

8.4 创新点与研究展望

8.4.1 创新点

本研究主要围绕城投债，分析政府担保和外部担保措施对债券定价的影响，具体的创新点如下：

（1）数据样本更加丰富全面。由于银行贷款、PPP、投资基金等隐性债务门类庞杂，分类标准和统计口径主观性强，数据可得性低，具体规模难以精确测算。这给系统性研究政府债务问题带来一定难度。相对而言，城投债作为隐性债务的重要组成部分，是一种规范发行的债券，且其发行主体的财务报表可由公开渠道获得，便于分析。本研究涵盖2009—2019年间公开发行的四千多只城投债，包括城投债一级市场的发行信息以及二级市场季度的交易数据，涉及债券发行成本、评级、期限、担保方式、企业财务指标等信息。宏观层面数据包括地方政府财政状况、金融发展水平等信息，数据支撑力更强，便于更深入地探讨担保措施、公司财务与城投债定价之间的关系。

（2）研究角度的创新。现有关于地方政府隐性债务的研究多侧重成因、对策以及建议方面的定性分析，缺乏实证数据支持以及对政府部门与债务风险之间的作用机制、影响路径以及强度分析。鉴于城投债在地方政府隐性债务中的重要地位，以及相较其他隐性债务融资平台财务数据以及城投债发行交易数据的可得性更高，本研究以城投债为样本，分析各种担保措施在地方融资平台债务发行定价过程中发挥的作用，尤其是政府担保，进而更深刻地理解我国地方政府隐性债务成因。在此基础上，本研究也对我国债券市场风险、定价效率进行了评估。这给厘清地方政府与地方融资平台债务之间的关联提供一种参考，弥补了现有研究的不足。此外，既有文献在分析政府对融资平台担保问题时，多将不同方式的政府担保统一视作隐性担保。而本研究基于担保形式的可见性以及是否直接作用于融资平台，将政府担保划分为显性的财务支持和隐性的担保预期，采用不同的分析方法针对性地分析其对城投债定价的影响方式和影响程度。本研究的结论为理解地方政府隐性债务成因、防范化解城投债风险提供了一些思路。

8.4.2 研究展望

本研究以城投债为视角，研究各种担保措施下的债券定价问题，丰富了我国地方政府债务成因以及风险测度的研究思路，扩充了理论依据。这种特殊的债券定价模式为规范我国债券市场发展，提高债券定价以及配置效率也有重要意义。受制于政府债务公布数据缺乏以及城投债实质违约样本稀缺、债券风险暴露不足等局限，本研究在后续改进过程中可以进行如下拓展：

第一，本研究主要以地级市层面数据进行实证分析，事实上城投债按照融资平台的行政级别可分为县及县级市、地级市、省以及省会（单列市），若是选择在县及县级市层面上进行实证研究，准确性以及全面性可能更好，也可能产生不同的结论和意义。这有待进一步展开分析。

第二，本研究选择城投债为视角来研究地方政府隐性债务存在问题的主要原因是，地方政府其他类型隐性债务的数据不透明、难以获取，统计口径不统一，存在较大的不准确性和不真实性。随着我国政府债务数据的公开以及财政的透明化，我们可以采用这种方法来研究政府担保下其余的债务问题，比如PPP项目、银行不良贷款、养老金缺口和金融机构理财产品等。这可以作为未来研究的推进方向。

第三，本研究在分析政府担保对城投债信用风险影响时，为了方便测度，主观地将政府担保分为显性的财务支持以及投资者预期的隐性担保，并将两者视作彼此独立的因素分别展开讨论。事实上，这两种政府担保方式既可能是单向的替代关系或互补关系，也可能是通过其他路径相互影响的关系。同时，融资平台按照功能可划分为经营性平台和金融化平台，由于定位不同、职能差异，地方政府对这两种平台的担保力度和方式可能存在差异。在未来，我们可以对这些问题展开进一步探讨。

第四，本研究主要探讨外部担保、政府显性财务支持以及政府隐性担保预期对债券定价的微观机制。实际上，除了城投债外，政府担保可能通过融资平台的资金配置影响其在银行的信贷规模和信贷成本，进而对市场上其余信用债产生影响，即政府担保存在外部性。后续可以在政府担保对金融市场其余证券的影响方面进行探索。另外，除了担保因素，我国金融市场上特殊的基础设施环境、宏观政策调控手段以及地方政府财政重整或违约冲击等其他类型的经济因素都可能对城投债信用风险定价产生影响。未来可从这些视角对其展开分析。

参考文献

巴曙松：《地方政府投融资平台的发展及其风险评估》，载《西南金融》2009 年第 9 期。

巴曙松：《不宜过分夸大地方政府投融资平台融资风险》，载《经济》2010 年第 5 期．

〔美〕保罗·克雷·罗伯茨：《供应学派革命：华盛顿决策内幕》，杨鲁军、虞虹译，格致出版社 2018 年版。

〔美〕保罗·萨缪尔森、〔美〕威廉·诺德豪斯：《经济学（第 17 版）》，萧琛主译，人民邮电出版社 2004 年版。

常晨、陆铭：《新城之殇——密度、距离与债务》，载《经济学（季刊）》2017 年第 4 期。

陈超、李镕伊：《债券融资成本与债券契约条款设计》，载《金融研究》2014 年第 1 期。

陈道富：《我国融资难融资贵的机制根源探究与应对》，载《金融研究》2015 年第 2 期。

陈菁、李建发：《财政分权、晋升激励与地方政府债务融资行为——基于城投债视角的省级面板经验证据》，载《会计研究》2015 年第 1 期。

陈其安：《中国地方政府投融资平台：融资行为与公司治理》，科学出版社 2016 年版。

〔英〕大卫·李嘉图：《政治经济学及赋税原理》，郭大力、王亚南译，译林出版社 2014 年版。

戴国强、孙新宝：《我国企业债券信用利差宏观决定因素研究》，载《财经研究》

2011年第12期。

方红星、施继坤、张广宝：《产权性质、信息质量与公司债定价——来自中国资本市场的经验证据》，载《金融研究》2013年第4期。

范剑勇、莫家伟：《地方债务、土地市场与地区工业增长》，载《经济研究》2014年第1期。

范龙振、张处：《中国债券市场债券风险溢酬的宏观因素影响分析》，载《管理科学学报》2009年第6期。

冯兴元、李晓佳：《地方政府负债问题与市政债券的规则》，载《学术界》2013年第10期。

高强、邹恒甫：《企业债券与公司债券的信息有效性实证研究》，载《金融研究》2010年第7期。

高哲理：《透视城投公司包装发债与再规范》，载《地方财政研究》2017年第11期。

龚强、王俊、贾珅：《财政分权视角下的地方政府债务研究：一个综述》，载《经济研究》2011年第7期。

郭玉清、何杨、李龙：《救助预期、公共池激励与地方政府举债融资的大国治理》，载《经济研究》2016年第3期。

〔美〕哈维·S·罗森、〔美〕特德·盖亚：《财政学（第十版）》，郭庆旺译，中国人民大学出版社2015年版。

韩鹏飞、胡奕明：《债券增信定价的实证研究——来自中国债券市场的经验证据》，载《投资研究》2015年第2期a。

韩鹏飞、胡奕明：《政府隐性担保一定能降低债券的融资成本吗？——关于国有企业和地方融资平台债券的实证研究》，载《金融研究》2015年第3期b。

何杨、满燕云：《地方政府债务融资的风险控制——基于土地财政视角的分析》，载《财贸经济》2012年第5期。

〔美〕华莱士·E.奥茨：《财政联邦主义》，陆符嘉译，译林出版社2012年版。

侯合心：《地方国债转贷资金管理的理论与实践探讨》，载《地方财政研究》2008年第1期。

侯思贤：《"城投债"中应收账款质押担保问题及建议》，载《证券市场导报》2013年第3期。

政府担保与融资平台债务风险

洪源、胡争荣：《偿债能力与地方政府债务违约风险——基于 KMV 修正模型的实证研究》，载《财贸经济》2018 年第 5 期。

黄仁东：《西方公债理论的演进》，载《大经贸》2016 年第 10 期。

嵇杨、曹慧敏：《"城投债"的发展历程及信用评级方法》，载《宏观经济管理》2014 年第 6 期。

计承江：《关于政府融资平台发展问题的探索》，载《金融理论与实践》2010 年第 1 期。

纪志宏、曹媛媛：《信用风险溢价还是市场流动性溢价：基于中国信用债定价的实证研究》，载《金融研究》2017 年第 2 期。

纪洋、王旭、谭语嫣、黄益平：《经济政策不确定性、政府隐性担保与企业杠杆率分化》，载《经济学（季刊）》2018 年第 2 期。

江源：《担保公司的增信有效吗？——基于城投债信用评级和发行定价的检验》，载《财经论丛》2020 年第 4 期。

〔英〕约翰·梅纳德·凯恩斯：《就业、利息和货币通论》，徐毓枬译，北京时代华文书局 2017 年版。

寇宗来、盘宇章、刘学悦：《中国的信用评级真的影响发债成本吗？》，载《金融研究》2015 年第 10 期。

寇宗来、千茜倩、陈关亭：《跟随还是对冲：发行人付费评级机构如何应对中债资信的低评级？》，载《管理世界》2020 年第 9 期。

冷奥琳、张俊瑞、邢光远：《公司对外担保违约风险传递机理和影响效应研究——基于上市公司债券利差数据的实证分析》，载《管理评论》2015 年第 7 期。

李安安：《地方债务置换风险分配的理论检讨与法治化改造》，载《法学》2018 年第 5 期。

梁琪、郝毅：《地方政府债务置换与宏观经济风险缓释研究》，载《经济研究》2019 年第 4 期。

廖文娟：《城投债发行的政府隐性担保风险与偿付问题法律分析》，载《经济研究导刊》2014 年第 3 期。

李升：《地方政府投融资方式的选择与地方政府债务风险》，载《中央财经大学学报》2019 年第 2 期。

李扬、张晓晶、常欣、汤铎铎、李成：《中国主权资产负债表及其风险评估

(上)》,载《经济研究》2012 年第 6 期 a。

李扬、张晓晶、常欣、汤铎铎、李成:《中国主权资产负债表及其风险评估(下)》,载《经济研究》2012 年第 7 期 b。

林晚发、李国平、王海妹、刘蕾:《分析师预测与企业债券信用利差——基于 2008—2012 年中国企业债券数据》,载《会计研究》2013 年第 8 期。

林晚发、李国平、何剑波、周宏:《媒体监督与债务融资成本——基于中国发债上市公司的经验证据》,载《中国会计评论》2014 年第 12 期。

林晚发、刘颖斐、赵仲匡:《承销商评级与债券信用利差——来自〈证券公司分类监管规定〉的经验证据》,载《中国工业经济》2019 年第 1 期。

林毅夫、李志赟:《政策性负担、道德风险与预算软约束》,载《经济研究》2004 年第 2 期。

林毅夫、刘志强:《中国的财政分权与经济增长》,载《北京大学学报(哲学社会科学版)》2000 年第 4 期。

刘凤辉、刘志耕:《基于 KMV 模型的城投债发行规模研究》,载《河北金融》2019 年第 10 期。

刘海影:《中国巨债:经济奇迹的根源与未来》,中信出版社 2014 年版。

刘红忠、茅灵杰、许友传:《地方政府融资平台融资结构演变的多重博弈》,载《复旦学报(社会科学版)》2019 年第 4 期。

刘尚希、赵全厚:《政府债务:风险状况的初步分析》,载《管理世界》2002 年第 5 期。

陆正飞、祝继高、樊铮:《银根紧缩、信贷歧视与民营上市公司投资者利益损失》,载《金融研究》2009 年第 8 期。

吕佳钰:《政府财务支持与地方债务关系的实证研究》,浙江大学经济学院 2021 年硕士论文。

罗荣华、刘劲劲:《地方政府的隐性担保真的有效吗?——基于城投债发行定价的检验》,载《金融研究》2016 年第 4 期。

马文涛、马草原:《政府担保的介入、稳增长的约束与地方政府债务的膨胀陷阱》,载《经济研究》2018 年第 5 期。

孟庆斌、张强、吴卫星、王宇西:《中立评级机构对发行人付费评级体系的影响》,载《财贸经济》2018 年第 5 期。

政府担保与融资平台债务风险

　　米璨：《我国地方政府投融资平台产生的理论基础与动因》，载《管理世界》2011年第3期。

　　牛霖琳、洪智武、陈国进：《地方政府债务隐忧及其风险传导——基于国债收益率与城投债利差的分析》，载《经济研究》2016年第11期。

　　潘俊、王亮亮、沈晓峰：《金融生态环境与地方政府债务融资成本——基于省级城投债数据的实证检验》，载《会计研究》2015年第6期。

　　潘俊、王禹、王亮亮、王博森：《城投债与地方政府债券发行定价差异及其机理研究》，载《会计研究》2018年第9期。

　　潘琰、吴修瑶：《地方政府可流动性资产对其偿债能力影响的实证研究》，载《当代财经》2017年第7期。

　　蒲丹琳、王善平：《官员晋升激励、经济责任审计与地方政府投融资平台债务》，载《会计研究》2014年第5期。

　　齐天翔、葛鹤军、蒙震：《基于信用利差的中国城投债券信用风险分析》，载《投资研究》2012年第1期。

　　秦凤鸣、李明明、刘海明：《房价与地方政府债务风险——基于城投债的证据》，载《财贸研究》2016年第5期。

　　秦权利、刘新昊：《新办法实施后债券发行定价的主要影响因素分析》，载《中国物价》2017年第11期。

　　沈红波、华凌昊、张金清：《城投债发行与地方融资平台主动债务置换——基于银行授信视角》，载《金融研究》2018年第12期。

　　施丹：《会计信息在中国公司债交易市场中的有用性》，载《首都经济贸易大学学报》2013年第1期。

　　宋傅天、姚东旻：《"城投部门"议价能力与地方政府债务扩张》，载《管理世界》2021年第12期。

　　宋军：《地方融资平台债务管理研究》，中国金融出版社2015年版。

　　孙玉栋、孟凡达：《中国地方政府债务形成机制与风险管控研究》，经济科学出版社2019年版。

　　涂盈盈：《城投债的发展与风险控制》，载《中国金融》2010年第7期。

　　汪峰、熊伟、张牧扬、钟宁桦：《严控地方政府债务背景下的PPP融资异化——基于官员晋升压力的分析》，载《经济学（季刊）》2020年第3期。

汪莉、陈诗一：《政府隐性担保、债务违约与利率决定》，载《金融研究》2015年第9期。

王博森、姜国华：《会计信息在债券定价中的作用研究》，载《会计之友》2016年第8期。

王博森、吕元稹、叶永新：《政府隐性担保风险定价：基于我国债券交易市场的探讨》，载《经济研究》2016年第10期。

王博森、吕元稹：《隐性还是显性？——地方政府在城投债定价中的角色研究》，载《会计与经济研究》2016年第4期。

王博森、施丹：《市场特征下会计信息对债券定价的作用研究》，载《会计研究》2014年第4期。

王芳、周红：《担保方式效应与独立审计需求——基于中国债券市场的研究》，载《会计研究》2015年第7期。

王红建、李青原、刘放：《政府补贴：救急还是救穷——来自亏损类公司样本的经验证据》，载《南开管理评论》2015年第5期。

王叙果、沈红波、钟霖佳：《政府隐性担保、债券违约与国企信用债利差》，载《财贸经济》2019年第12期。

王永钦、陈映辉、杜巨澜：《软预算约束与中国地方政府债务违约风险：来自金融市场的证据》，载《经济研究》2016年第11期。

魏明海、赖婧、张皓：《隐性担保、金融中介治理与公司债券市场信息效率》，载《南开管理评论》2017年第1期。

吴联生：《国有股权、税收优惠与公司税负》，载《经济研究》2009年第10期。

吴秋生、独正元：《混合所有制改革程度、政府隐性担保与国企过度负债》，载《经济管理》2019年第8期。

武彦民、竹志奇：《地方政府债务置换的宏观效应分析》，载《财贸经济》2017年第3期。

肖钢：《地方政府融资平台贷款应有保有压》，载《金融博览》2010年第1期。

谢璐、韩文龙：《信息披露会降低城投债的信用风险吗？——基于城投债发行定价的检验》，载《西南民族大学学报（人文社科版）》2017年第12期。

熊琛、金昊：《地方政府债务风险与金融部门风险的"双螺旋"结构——基于非线性DSGE模型的分析》，载《中国工业经济》2018年第12期。

政府担保与融资平台债务风险

徐军伟、毛捷、管星华：《地方政府隐性债务再认识——基于融资平台公司的精准界定和金融势能的视角》，载《管理世界》2020年第9期。

杨大楷、王鹏：《盈余管理与公司债券定价——来自中国债券市场的经验证据》，载《国际金融研究》2014年第4期。

杨继东等：《以地融资与债务增长——基于地级市面板数据的经验研究》，载《财贸经济》2018年第2期。

杨靖、曾小丽：《债券担保增信原理探讨及其启示》，载《债券》2013年第5期。

杨治、路江涌、陶志刚：《政治庇护与改制：中国集体企业改制研究》，载《经济研究》2007年第5期。

余明桂、回雅甫、潘红波：《政治联系、寻租与地方政府财政补贴有效性》，载《经济研究》2010年第3期。

〔美〕约瑟夫·斯蒂格利茨：《公共财政》，纪沫、严焱、陈工文译，中国金融出版社2009年版。

翟盼盼、朱雨萌、王鹏：《地方政府债务风险识别与预警机制研究》，载《北京金融评论》2019年第4期。

赵丹、徐承龙：《隐性担保下债券定价的结构化模型及实证分析》，载《同济大学学报（自然科学版）》2020年第10期。

〔美〕詹姆斯·M.布坎南，〔美〕里查德·A.马斯格雷夫：《公共财政与公共选择：两种截然对立的国家观》，类承曜译，中国财政经济出版社2000年版。

詹向阳：《辩证看待地方政府融资平台发展》，载《中国金融》2010年第7期。

张洪刚：《基于政府干预视角的企业财政补贴研究》，载《财会通讯》2014年第12期。

张军：《分权与增长：中国的故事》，载《经济学（季刊）》2008年第1期。

张军、高远、傅勇、张弘：《中国为什么拥有了良好的基础设施？》，载《经济研究》2007年第3期。

张军华：《会计信息质量影响城投债发行吗？》，载《郑州航空工业管理学院学报》2019年第1期。

张莉等：《土地市场波动与地方债——以城投债为例》，载《经济学（季刊）》2018年第3期。

张路：《地方债务扩张的政府策略——来自融资平台"城投债"发行的证据》，载

《中国工业经济》2020年第2期。

章敏：《民营企业担保方式对债券评级的影响》，载《科技创业月刊》2017年第14期。

张雪莹、焦健：《担保对债券发行利差的影响效果研究》，载《财经论丛》2017年第2期。

张雪莹、王玉琳：《地方政府债务治理与政府隐性担保效果——基于债券市场数据的分析》，载《证券市场导报》2019年第1期。

张宇峰、王长江：《"内部人控制"与预算软约束：一个理论假说》，载《南京大学学报（哲学·人文科学·社会科学版）》2006年第6期。

郑肇晨：《我国债券违约风险对信用利差影响的结构性变化——基于区制转换视角》，载《武汉金融》2020年第6期。

钟辉勇、陆铭：《财政转移支付如何影响了地方政府债务？》，载《金融研究》2015年第9期。

钟辉勇、钟宁桦、朱小能：《城投债的担保可信吗？——来自债券评级和发行定价的证据》，载《金融研究》2016年第4期。

钟宁桦、陈姗姗、马惠娴、王姝晶：《地方融资平台债务风险的演化——基于对"隐性担保"预期的测度》，载《中国工业经济》2021年第4期。

钟宁桦、唐逸舟、王姝晶、沈吉：《散户投资者如何影响债券价格？——基于交易所同一只信用债的价格差分析》，载《金融研究》2018年第1期。

周宏、温笑天、夏剑超、方宇：《评级机构数量选择对企业债券信用风险监管的影响——基于评级机构与发债企业串谋行为的博弈分析》，载《会计研究》2013年第8期。

周黎安：《晋升博弈中政府官员的激励与合作——兼论我国地方保护主义和重复建设问题长期存在的原因》，载《经济研究》2004年第6期。

周黎安：《中国地方官员的晋升锦标赛模式研究》，载《经济研究》2007年第7期。

周雪光：《"逆向软预算约束"：一个政府行为的组织分析》，载《中国社会科学》2005年第2期。

朱莹、王健：《市场约束能够降低地方债风险溢价吗？——来自城投债市场的证据》，载《金融研究》2018年第6期。

祝继高：《银行与企业交叉持股的理论与依据——基于国际比较的研究》，载《国

政府担保与融资平台债务风险

际金融研究》2012 年第 2 期。

祝志勇、高扬志：《财政压力与官员政绩的牵扯：细究地方政府投融资平台》，载《改革》2010 年第 12 期。

邹瑾、崔传涛、顾辛迪：《救助预期与地方政府隐性债务风险——基于城投债利差的证据》，载《财经科学》2020 年第 9 期。

Aboody, D., J. S. Hughes, and N. B. Ozel, 2014, Corporate Bond Returns and the Financial Crisis, *Journal of Banking and Finance*, (40): 42-53.

Altman, E. I., 1968, Financial Ratios, Discriminant Analysis and the Prediction of Corporate Bankruptcy, *The Journal of Finance*, (23): 589-609.

Altman, E. I., 1989, Measuring Corporate Bond Mortality and Performance, *The Journal of Finance*, (44): 909-922.

Amihud, Y., 2002, Illiquidity and Stock Returns: Cross-section and Time-series Effects, *Journal of Financial Markets*, (5): 31-56.

Ang, A., Bai J., and Zhou H., 2015, The Great Wall of Debt: Real Estate, Political Risk, and Chinese Local Government Financing Cost, *Tsinghua University PBC School of Finance*.

Angoua, P., V. S. Lai, and I. Soumare, 2008, Project Risk Choices under Privately Guaranteed Debt Financing, *The Quarterly Review of Economics and Finance*, (48): 123-152.

Barro, R. J., 1974, Are Government Bonds Net Wealth, *Journal of Political Economy*, (82): 1095-1117.

Beck, R., G. Ferrucci, A. Hantzsche, et al., 2017, Determinants of Sub-sovereign Bond Yield Spreads - The Role of Fiscal Fundamentals and Federal Bailout Expectations, *Journal of International Money and Finance*, (79): 72-98.

Boubakri, N., and H. Ghouma, 2010, Control/Ownership Structure, Creditor Rights Protection, and the Cost of Debt Financing: International Evidence, *Journal of Banking and Finance*, (34): 2481-2499.

Brixi, H., and A. Schick, 2002, *Government at Risk: Contingent Liabilities and Fiscal Risk*, World Bank Publications.

Campbell, J. Y., and J. Ammer, 1993, What Moves the Stock and Bond Markets? A Variance Decomposition for Long-Term Asset Returns, *Journal of Finance*, (48): 3-37.

Campbell, J. Y., and G. B. Taksler, 2003, Equity Volatility and Corporate Bond Yields, *The Journal of Finance*, (58): 2321-2349.

Campbell, T. C., D. C. Chichernea, and A. Petkevich, 2016, Dissecting the Bond Profitability Premium, *The Journal of Financial Markets*, (27): 102-131.

Chichernea, D., A. Petkevich, and K. Wang, 2017, Why is Accounting Information Important to Bondholders? *The Journal of Fixed Income*, (26): 82-107.

Chordia, T., A. Goyal, Nozawa Y., et al., 2014, Is the Cross-Section of Expected Bond Returns Influenced by Equity Return Predictors? *Research Collection Lee Kong China School of Business*.

Crawford, Steve, Pietro Perotti, Richard A. Price, and Christopher J. Skousen, 2015, Accounting-Based Anomalies in the Bond Market, *Financial Analysts Journal*.

Duffie, D., and K. J. Singleton, 1997, An Econometric Model of the Term Structure of Interest-rate Swap Yield, *The Journal of Finance*, (52): 1287-1321.

Duffie, D., and K. J. Singleton, 1999, Modeling Term Structures of Defaultable Bonds, *The Review of Financial Studies*, (12): 687-720.

Delianedis G., and R. Geske, 2001, The Components of Corporate Credit Spreads: Default, Recovery, Tax, Jumps, Liquidity, and Market Factors, *S & P Global Market Intelligence Research Paper Series*.

Denison, D. V., W. Yan, and Z. J. Zhao, 2007, Is Management Performance a Factor in Municipal Bond Credit Ratings? The Case of Texas School Districts, *Public Budgeting and Finance*, (27): 86-98.

Donald, B. Keim, and Robert F. Stambaugh, 1986, Predicting Returns in the Stock and Bond Markets, *Journal of Financial Economics*, (17): 357-390.

Easton, P. D., S. J. Monahan, and F. P. Vasvari, 2009, Initial Evidence on the Role of Accounting Earnings in the Bond Market, *Journal of Accounting Research*, (47): 721-766.

Fama, E. F., 1990, Stock Returns, Expected Returns, and Real Activity, *The Journal of Finance*, (45): 1089-1108.

Fama, E. F., and K. R. French, 1989, Business Conditions and Expected Returns on Stocks and Bonds, *Journal of Financial Economics*, (25): 23-49.

Fama, E. F., and K. R. French, 1993, Common Risk Factors in the Returns on Stocks and Bonds, *Journal of Financial Economics*, (33): 3-56.

Feld L. P., A. Kalb, M. D. Moessinger, et al., 2017, Sovereign Bond Market Reactions to No-Bailout Clauses and Fiscal Rules - The Swiss Experience, *Journal of International Money and Finance*, (70): 319-343.

Fieldstein, M., and O. Eckstein, 1970, The Fundamental Determinants of the Interest Rate, *The Review of Economics and Statistics*, (52): 363-375.

Fisher R. C., 2010, The State of State and Local Government Finance, *Regional Economic Development*, (6): 4-22.

Friedman, B. M., and K. N. Kuttner, 1992, Money, Income, Prices, and Interest Rates, *American Economic Review*, (82): 472-492.

Juan Pedro Sánchez-Ballesta, and Emma García-Meca, 2011, Ownership Structure and the Cost of Debt, *European Accounting Review*, (20): 389-416.

Geng Z., and J. Pan, 2019, Price Discovery and Market Segmentation in China's Credit Market, *NBER Working Papers*, 26575.

Hempel, G. H., 1973, An Evaluation of Municipal "Bankruptcy" Laws and Procedures, *Journal of Finance*, (28): 1339-1351.

Hsueh, L. P, and D. S. Kidwell, 1988, The Impact of a State Bond Guarantee on State Credit Markets and Individual Municipalities, *National Tax Journal*, (41): 235-245.

Huang, J. Z., and M. Huang, 2012, How Much of the Corporate-Treasury Yield Spread Is Due to Credit Risk? *The Review of Asset Pricing Studies*, (2): 153-202.

International Monetary Fund (IMF), 2014, Moving from Liquidity to Growth-Driven Markets, *Global Financial Stability Report*.

Jin S., W. Wang, and Z. Zhang, 2018, The Value and Real Effects of Implicit Government Guarantees, *Social Science Electronic Publishing*.

John, K., A. W. Lynch, and M. Puri, 2002, Credit Ratings, Collateral, and Loan Characteristics: Implications for Yield, *The Journal of Business*, (76): 371-410.

Kidwell, David S., and Charles A. Trzcinka, 1982, Municipal Bond Pricing and the New York City Fiscal Crisis, *The Journal of Finance*, (37): 1239-1246.

Kim, J., C. S. Maher, J. Lee, 2018, Performance Information Use and Severe Cutback Decisions During a Period of Fiscal Crisis, *Public Money and Management*, (38): 289-296.

Kornai, Janos (ed.), 1980, *Economics of Shortage*, Amsterdam: North-Holland.

Krogstrup, S., and C. Wyplosz, 2010, A Common Pool Theory of Supranational Deficit Ceilings, *European Economic Review*, (54): 269-278.

Leland, H. E., and K. B. Toft, 1996, Optimal Capital Structure, Endogenous Bankruptcy, and the Term Structure of Credit Spreads, *The Journal of Finance*, (51): 987-1019.

Leland, H. E., 1994, Corporate Debt Value, Bond Covenants, and Optimal Capital Structure, *The Journal of Finance*, (49): 1213-1252.

Lewis, B. D., 2003, Local Government Borrowing and Repayment in Indonesia: Does Fiscal Capacity Matter? *World Development*, (31): 1047-1063.

Lin, J. Y., and G. Tan, 1999, Policy Burdens, Accountability, and the Soft Budget Constraint, *American Economic Review*, (89): 426-431.

Liu, L. X., Y. Lyu, and F. Yu, 2017, Implicit Government Guarantee and the Pricing of Chinese LGFV Debt, *Claremont McKenna College Robert Day School of Economics and Finance Research Paper*.

Liu, C., S. Wang, K. C. Wei, et al., 2019, The Demand Effect of Yield-Chasing Retail Investors: Evidence from the Chinese Enterprise Bond Market, *Journal of Empirical Finance*, (50): 57-77.

Lok, S., and S. Richardson, 2011, Credit Markets and Financial Information, *Review of Accounting Studies*, (16): 487-500.

Loury, G. C., 1998, Discrimination in the Post-Civil Rights Era: Beyond Market Interactions, *Journal of Economic Perspectives*, (12): 117-126.

Mansi, S. A., W. F. Maxwell, and D. P. Miller, 2004, Does Auditor Quality and Tenure Matter to Investors? Evidence from the Bond Market, *Journal of Accounting Research*, (42): 755-793.

Mendelson, A. H., 1991, Liquidity, Maturity, and the Yields on U. S. Treasury Securities, *The Journal of Finance*, (46): 1411-1425.

Merton, R. C., 1974, On the Pricing of Corporate Debt: the Risk Structure of Interest Rates, *The Journal of Finance*, (29): 449-470.

Park, J., H. Lee, J. S. Butler, et al., 2021, The Effects of High-quality Financial Reporting on Municipal Bond Ratings: Evidence from US Local Governments, *Local Government Studies*, (47): 836-858.

Park, Y. J., D. S. T. Matkin, and J. Marlowe, 2017, Internal Control Deficiencies and Municipal Borrowing Costs, *Public Budgeting and Finance*, (37): 88-111.

Strahan, P. E., 2013, Too Big to Fail: Causes, Consequences, and Policy Responses, *Annual Review of Financial Economics*, (5): 43-61.

Sola, S., and G. Palomba, 2016, Sub-nationals' Risk Premia in Fiscal Federations: Fiscal Performance and Institutional Design, *Journal of International Money and Finance*, (63): 165-187.

Scholes, M. S., and F. S. Black, 1973, The Pricing of Options And Corporate Liabilitie, *Journal of Political Economy*, (81): 637-654.

Talvi, E., and A. Végh. Carlos, 2000, Tax Base Variability and Procyclical Fiscal Policy, *Journal of Development Economics*, (78): 156-190.

Tang, D. Y., and H. Yan, 2006, Macroeconomic Conditions, Firm Characteristics, and Credit Spreads, *Journal of Financial Services Research*, (29): 177-210.

Tiebout, C. M., 1956, A Pure Theory of Local Expenditures, *Journal of Political Economy*, (10): 416-424.

Wang, T., P. Shields, and Y. Wang, 2014, The Effects of Fiscal Transparency on Municipal Bond Issuances, *Municipal Finance Journal*, (35): 25-44.

Yu, F., 2005, Accounting Transparency and the Term Structure of Credit Spreads, *Journal of Financial Economics*, (75): 53-84.

Zhao, Zhirong, and Hai Guo, 2010, Management Capacity and State Municipal Bond Ratings: Evidence With the GPP Grades, *The American Review of Public Administration*, (41): 562-576.

附 录

表 A1 融资平台相关的政策文件梳理

发布日期	政策内容
2010年6月10日	国务院印发《关于加强地方政府融资平台公司管理有关问题的通知》(国发〔2010〕19号)
2010年6月10日	审计署首次对地方政府债务全范围进行统计,2010年之前我国地方政府通过融资平台(46.4%)、所辖部门和机构(23.3%)以及事业单位(16%)三类主体举债
2010年7月30日	财政部、发改委、中国人民银行与银监会联合发布《关于贯彻国务院关于加强地方政府融资平台公司管理问题的通知相关事项的通知》(财预〔2010〕412号)
2010年12月16日	银监会《关于加强融资平台贷款风险管理的指导意见》(银监发〔2010〕110号)
2012年3月3日	银监会召开地方政府融资平台公司贷款风险监管工作会议,总结2011年平台贷款清理规范工作,部署2012年主要任务
2012年12月24日	财政部、发改委、中国人民银行与银监会联合发布《关于制止地方政府违法违规融资行为的通知》(财预〔2012〕463号)
2013年4月9日	银监会《关于加强2013年地方政府融资平台贷款风险监管的指导意见》(银监发〔2013〕10号)
2013年8月1日	审计署办公厅《关于印发全国政府性债务审计实施方案的通知》(审办财发〔2013〕123号)
2014年8月31日	《中华人民共和国预算法》(2014修正)明确政府的全部收入和支出都应纳入预算,地方政府被赋予举债融资功能,但只有经国务院批准的省级政府可以举借债务,且只能采取地方政府债券的形式,并通过限额管理给地方政府举债融资

(续表)

发布日期	政策内容
2014年9月21日	国务院发布《关于加强地方政府性债务管理的意见》(国发〔2014〕43号),提出剥离融资平台公司政府融资职能,融资平台公司不得新增政府债务,开启了在全国范围内整治地方政府性债务的步伐
2014年10月23日	财政部发布《地方政府存量债务纳入预算管理清理甄别办法》(财预〔2014〕351号),按照先清理、后甄别的办法开展,清理工作由债务部门负责,甄别工作由财政部门负责
2014年12月30日	国务院办公厅发布《关于进一步做好盘活财政存量资金工作的通知》(国办发〔2014〕70号)
2015年5月11日	国务院转发《财政部、人民银行、银监会〈关于妥善解决地方政府融资平台公司在建项目后续融资问题的意见〉》(国办发〔2015〕40号)
2016年10月27日	国务院办公厅发布《关于印发〈地方政府性债务风险应急处置预案〉的通知》(国办函〔2016〕88号),明确了一般债务和专项债务违约的处置方式
2016年11月3日	财政部印发《关于印发〈地方政府性债务风险应急处置指南〉的通知》(财预〔2016〕152号),明确对地方政府债务,地方政府依法承担全部偿还责任,对非政府债券形式的存量政府债务,债权人同意在规定期限内置换为政府债券的,政府承担全部偿还责任;债权人不同意在规定期限内置换为政府债券的,仍由原债务人依法承担偿债责任,对清理甄别认定的存量或有债务,不属于政府债务,政府不承担偿债责任;属于政府出具无效担保合同的,政府仅依法承担适当民事赔偿责任
2017年4月26日	财政部、发改委、司法部和一行两会联合发布《关于进一步规范地方政府举债融资行为的通知》(财预〔2017〕50号),明确不得以文件、会议纪要、领导批示等方式,要求或决定企业为政府举债或变相为政府举债,允许地方政府设立或参股担保公司(含各类融资担保基金公司)
2017年5月28日	财政部发布《关于坚决制止地方政府以政府购买服务名义违法违规融资的通知》(财预〔2017〕87号)
2017年7月14日	习近平总书记在全国金融工作会议上强调"各级地方党委和政府要树立正确政绩观,严控地方政府债务增量,终身问责,倒查追责"

(续表)

发布日期	政策内容
2017年7月24日	政治局会议明确"积极稳妥化解累积的地方政府债务风险,有效规范地方政府举债融资,坚决遏制隐性债务增量"
2018年1月8日	保监会、财政部联合发布《关于加强保险资金运用管理、支持防范化解地方政府债务风险的指导意见》(保监发〔2018〕6号)
2018年8月14日	财政部发布《关于做好地方政府专项债券发行工作的意见》(财库〔2018〕72号),要求加快地方政府专项债券发行和使用进度,同时解除季度均衡和期限比例结构链两个限制
2018年8月15日	《中共中央 国务院关于防范化解地方政府隐性债务风险的意见》(中发〔2018〕27号),遏制隐性债务成为重要政策主张,但却隐含着鼓励显性债务的内在逻辑
2018年8月17日	银保监会办公厅在《关于进一步做好信贷工作提升服务实体经济质效的通知》(银保监办发〔2018〕76号)中提出"在不增加地方政府隐性债务的前提下,加大对资本金到位、运作规范的基础设施补短板项目的信贷投放"
2018年8月17日	银保监会办公厅发布《关于进一步做好信贷工作提升服务实体经济质效的通知》,对符合授信条件但遇到暂时经营困难的企业,要继续予以资金支持,不盲目抽贷、断贷。按照市场化原则满足融资平台公司的合理融资需求,对必要的在建项目要避免资金断供、工程烂尾
2018年8月21日	据《中国证券报》,银保监会明确地方债风险权重有望从原来的20%降为0
2018年10月11日	国务院办公厅印发《关于保持基础设施领域补短板力度的指导意见》(国办函〔2018〕101号),明确提出加大对在建项目和补短板重大项目的金融支持力度、合理保障融资平台公司正常融资需求。同时严禁违法违规融资担保行为,严禁以政府投资基金、政府和社会资本合作(PPP)、政府购买服务等名义变相举债
2018年12月29日	《中华人民共和国预算法》(2018修正)发布
2020年8月3日	国务院发布《中华人民共和国预算法实施条例》(第729号令)
2020年9月27日	财政部发布《关于做好修订后的预算法实施条例贯彻实施工作的通知》(财法〔2020〕12号)
2020年11月4日	财政部发布《关于进一步做好地方政府债券发行工作的意见》(财库〔2020〕36号)

政府担保与融资平台债务风险

(续表)

发布日期	政策内容
2020年12月18日	中央经济工作会议指出"抓实化解地方政府隐性债务风险工作"
2021年2月28日	国资委印发《关于加强地方国有企业债务风险管控工作的指导意见》(国资发财评规〔2021〕18号),提出规范平台公司重大项目的投融资管理,严控缺乏交易实质的变相融资行为
2021年3月7日	国务院公布《关于进一步深化预算管理制度改革的意见》(国发〔2021〕5号),明确提出清理规范融资平台公司,剥离其政府融资职能,对失去清偿能力的要依法实施破产重整或清算

资料来源:作者根据公开信息整理。